想象另一种可能

理
想
国

imaginist

近代欧洲的霸权

讲谈社
兴亡的世界史 07▸09 WHAT
IS HUMAN HISTORY?

本书地图由原著地图翻译而成

原著地图制作：SAKURA 工艺社、J-map

工业化的象征·埃菲尔塔 1889 年，在纪念法国大革命一百周年的巴黎国际博览会会场，从竞标方案中选择的"金属产业的独创性杰作"埃菲尔塔完工。塔高三百米，由结构工程师古斯塔夫·埃菲尔（Gustave Eiffel）设计，施工历时两年两个月

巴黎歌剧院　夏尔·加尼耶（Charles Garnier）设计，1875 年建成

近代欧洲的霸权

的霸权

〔日〕福井宪彦—著

潘德昌—译

讲谈社
兴亡的世界史 07▶09 WHAT
IS HUMAN HISTORY?

北京日报出版社

KOUBOU NO SEKAISHI 13 KINDAI EUROPE NO HAKEN

© Norihiko Fukui 2008

All rights reserved.

Original Japanese edition published by KODANSHA LTD.

Publication rights for this Simplified Chinese character edition arranged with KODANSHA LTD.

through KODANSHA BEIJING CULTURE LTD. Beijing, China.

本书由日本讲谈社正式授权，版权所有，未经书面同意，不得以任何方式作全面或局部翻印、仿制或转载。

北京出版外国图书合同登记号：01-2019-5412

图书在版编目(CIP)数据

近代欧洲的霸权 / (日) 福井宪彦著；潘德昌译.
—— 北京：北京日报出版社，2020.1（2022.9 重印）
（讲谈社·兴亡的世界史）
ISBN 978-7-5477-3440-7

Ⅰ.①近… Ⅱ.①福…②潘… Ⅲ.①欧洲－近代史
Ⅳ.①K504

中国版本图书馆CIP数据核字(2019)第169316号

地图审图号：GS（2018）6159号

责任编辑：许庆元　王寅生
特邀编辑：鲁兴刚
封面设计：艾　藤
内文排版：陈基胜

出版发行：北京日报出版社
地　　址：北京市东城区东单三条8-16号东方广场东配楼四层
邮　　编：100005
电　　话：发行部：（010）65255876
　　　　　总编室：（010）65252135
印　　刷：山东韵杰文化科技有限公司
经　　销：各地新华书店

版　　次：2020年1月第1版　2022年9月第3次印刷
开　　本：787毫米 × 1092毫米　1/32
印　　张：11.25
字　　数：224千字
图　　片：85幅
定　　价：82.00元

推荐序

东亚视角下的近代欧洲

　　记得多年前和法国学者交流中国人文学科如何国际化的问题时，法国学者就以日本为例，提及自 20 世纪 60 年代开始，很多日本学者到欧洲的著名大学学习，学成后归国，缩短了日本学术，特别是人文学科和国际学术界的差距，并推动其发展兴盛。《近代欧洲的霸权》这本书的作者福井宪彦也是这些学人之一。福井宪彦教授曾留学巴黎第一大学，这所大学起源于索邦大学，是世界上最为古老的大学之一，仅次于意大利的博洛尼亚大学，因此文化传统悠久，学术声誉卓著。尽管他没有在此获得博士学位，但这所大学以及整个巴黎的文化学术氛围，使他获得了对欧洲历史的独到理解。回国后，他专攻欧洲近代史、法国史，以及欧洲近代史学史，特别是作为"年鉴学派"的介绍者而闻名，被誉为日本"年鉴学派"第一人。正是受以法国布罗代尔为代表的"年鉴学派"的影响，他所撰述的《近代欧洲的霸权》一书带有"年鉴学派"的鲜明特点，从经济、社会和文明的不同维度来理解欧洲历史的变迁，特别是从历史的"长时段"——这是"年鉴学派"最为显著的特质——入手来回答为什么欧洲率先迈入现代文明，其背后的动力究竟是什么。

正像作者在开篇所说："我们称作'近代欧洲的霸权'的历史性局面并不是在19世纪突然成立的，其背后是诸多相连的因素的历史性发展。这些多样化因素的发展，打个比方说，同步发展所带来的大浪潮一般的局面，是在19世纪产生的。即使回溯，这种因素的同步发展最多也就是从18世纪后半期才开始。

"正确的观点或许是，在机械工业开始实质化发展的18世纪中叶之前，欧洲即便在经济层面上，也只是步亚洲后尘而已。构成世界经济基轴的贵金属白银仅仅流向中国，就可以反映出来这一点。在农业经济为主、手工业与之结合的时代，欧洲并没有掌握世界发展的主导权。工业化的发展和民族国家的构建才是支撑近代欧洲霸权的两个车轮。

"尽管如此，欧洲在自16世纪开始的所谓'大航海时代'中，开始积极向海外扩张，将此前已经存在的世界各地的区域内贸易和区域间贸易强有力地联系在了一起。世界一体化、全球化之路在这时已经开始，而不是到了19世纪和现代之后才忽然产生。历史性地把握'近代欧洲的霸权'的旅程就从这里开始吧！"

应该说，作者对欧洲历史这一历史性关键"时刻"把握得非常到位。的确，如果说欧洲率先迈上现代之路，与世界其他地区实现了"大分流"，其时间节点自然属于15世纪，即以葡萄牙为发端的一系列海上探险。我们千万不可小看发生在这时的一次次海上探险，正是它们启动了欧洲现代文明的进程。对于我们中国人来说，作者选定这一时间和这些航海事件作为欧洲现代文明的开端颇有意味，因为就在这同一时期，我们也有郑和七次下西洋，其次数、规模和技术装备水平均与葡萄牙不相上下，但就结果而言则相殊甚远，它并没有开启中国的现代化之路，其中的原因的确令人深思。

　　15世纪之后，从葡萄牙开始，历经几个世纪，至19世纪下半期欧洲诸国终于实现了现代化，成为了世界上的发达国家。在这一过程中，尽管各国实现现代化的进程有先有后，各自的特点也不相同，但无论如何它们都存在着内在的某种同一性。在这些同一性中，作者提炼出两个最为关键的要素，一是工业化，二是民族国家的建立，认为这是欧洲现代文明最为重要的特征。对于欧洲的工业化，作者给予了白描般的叙述，并用"产业文明"这一日本学界特有的概念来进行概括。不过有些遗憾的是，作者未能就欧洲工业化，特别是作为第一个工业革命国家的英国如何能开始工业化展开论述。对此，学术界已经有很多的研究，例如劳动分工和市场、英国"光荣革命"后的政治环境及社会资本对经济的作用等等。在此，我想以知识的传承和发明，即"工业启蒙"以及对知识和技术发明的制度性保障来做一补充。

工业革命首先是一场技术发明，那为什么在18—19世纪有无数的新技术被发明，并被应用于实际的生产呢？可以想象，如果没有这些技术，工业革命不可能发生。这就如经济学家西蒙·库兹涅茨所说，工业革命受到技术或者"有用知识"扩展的驱动，这也被历史学家称为"工业启蒙"。对此，英国历史学家写道，"工业启蒙"试图理解为什么技术通过推广而运行，并最终将它们与那个时代的正规主体知识相联结。这些知识最终渗透到"应用工艺"中，转化为斯蒂文森所说的"技术素养"的内容，例如对材料属性的熟悉、对机械的领悟，以及对概念和空间图形表述的理解，从而最终实现精巧的设计和机器的运行。

如果从知识传承的角度来进行解释，认为技术的创新是根据人们所拥有的现有的知识存量而做出的，那么由此出发，美国学者诺思更进一步提出，这些新的技术发明又是由什么来决定

　　　　　　　　　　　　近代欧洲的霸权

的呢？由此，诺思触及了一个核心问题：如果没有财产权的制度性保障，就无法带来技术创新。他说："总之，研究产业革命的经济史学家着眼于把技术变化视作这一时期的主要动态因素；然而，他们常常不能回答是什么引起了这一时期技术变化率的提高。在讨论技术进步的原因时，他们似乎常常假定技术进步是无代价的和自发的。但简而言之，技术进步率的提高既源于市场规模的扩大，又出自发明者有能获取他们发明收益的较大份额的可能性。"的确，早在1624年，英国就通过了专利保护条例，宣布工业生产程序的发明人受到保护，为期十四年。在后来的英国革命中，瓦特的蒸汽机受到保护就说明了这一点。当瓦特的蒸汽机发明出来之后，很多人一看有利可图，就开始仿冒，这样瓦特发明的收益就无从得到保障，于是，他很快就申请了专利保护，使自己的技术发明得到了法律的保障。

如果扩展到"社会"视角来理解的话，可以更进一步地补充，欧洲率先实现工业化是因为这个社会在经济体制的安排上都选择了市场经济。市场经济成为整个社会的底部和基础，成为占据主导地位的经济制度。当然，在西方的历史发展中，市场经济体制的确立也是一个历史的过程，或者说是一种文化与制度的选择。马克·贝维尔和弗兰克在其主编的《历史语境中的市场》一书中就对此做出了探讨。在市场经济的发展过程中，形成了从初级集市到全球性远程贸易的市场交换网络，交换价格的制定发生了质变，与此同时，随着市场的扩展、交换的频繁，围绕市场交换也形成了一系列服务体系，如交易所的建立、金融信贷业的开展、风险的规避与保险业的兴起等。这些制度性要素不仅为市场交换服务，自身也成为市场经济体制中的有机组成。同样，市场经济还要求具有产权观念和产权安排，在社会经济的组织上形成公司制，等等。法国"年鉴学派"的代表性人物布罗代尔在三卷本《十五至十八世纪的物质文明、经济和资本主义》皇皇巨著中就详细讨论了市场经济如何确立的问题，并得出这一结论：市场经济不等于资本主义。

值得重视的是，作者将民族国家的构建作为理解欧洲文明的重要要素，并且解析了"民族"（nation）这一概念所包含的丰富意义。作者指出，"nation"一词是包括国家、国民与民族三重意味的词汇。就欧洲的历史经验而言，各国是伴随着政治体制的变迁、社会经济的发展构建起来的独立民族国家，其背后强大的思想推动力则是民族主义。学界大都认为，法国大革命催生了近代民族主义的形成，如果把法国革命与民族国家的构建看成是第一波的话，那么19世纪70年代德意志和意大利的统一则为第二波；而第三波就是 1914 年爆发的第一次世界大战所带来的奥匈帝国解体，原先帝国统治之下的中欧版图出现了新的变化，波兰、捷克斯洛伐克、匈牙利、罗马尼亚、南斯拉夫王国等国家相继独立，成为新型的民族国家而矗立在欧洲世界之中。从这一历史进程中可以看到，民族国家的构建是一种历史的产物；但如果我们仅仅理解到此，也有失偏颇，事实上，一战的爆发就与民族主义及其基础之上的社会达尔文主义息息相关，这一点已经成为欧洲学界的共识。因此，我们需要对民族主义有着十分清醒的认识。

正是因为一战，欧洲文明进入了一个"黑暗"的时期。当一战刚刚爆发时，有位英国政治家就情不自禁地说道，从此，欧洲的灯光熄灭，不再会点燃。战后，面对着如此惨重的损失，各个阶层的人都不约而同地使用"崩溃"这样的字眼来描述这一惨状。历史学家施宾格勒不禁写下了《西方的没落》这本书，认为西方已经衰落。这是因为一战所造成的伤亡实在太过惨烈。从1500 年开始，欧洲因为日益增强的军事地位，以及科学和工业革命带来的奇迹，在全球化的开始阶段成为世界的中心，整个世界体系以他们为中心而建立。这样一种地位也使得欧洲人充满着无比优越的骄傲与自信。他们全然相信进步，相信从启蒙思想家开始就提出的进步理念，未来一定会比现在更好。但让人无法想象的是，第一次世界大战在心态上彻底击碎了这一自信，使欧洲陷于"崩溃"。

一战之后，欧洲很快进入了第二次世界大战，直到1945年才彻底结束。两次大战从1914年到1945年这一时间上来计算，可以说是欧洲历史上的又一场"三十年战争"。直到二战之后，欧洲人才彻底反思，也正是为了避免战争悲剧的重演，"欧盟"应运而生，希望建立起一个超越民族国家之上的共同体，尽管这一共同体在当下的全球化过程中正在受到严峻的挑战。

通观全书，作者选择了工业化和民族国家构建这两个要素来论述欧洲现代文明的发展，为我们揭示了欧洲确立"霸权"地位的内在原因。当然，我们可以说，在这本书中，作者遗漏了推动欧洲现代文明发展的很多要素，例如政治制度的安排、思想观念的演进等内容。但如果按照"年鉴学派"的"经济、社会和文明"这些要素来看，本书的确是沿着法国"年鉴学派"所开辟的史学范式来书写欧洲历史。同时，作为一位日本学者，也用不同于欧洲学者的眼光来思考和理解欧洲，并充分发挥日本本土的学术优势将欧洲近代历史进程书写得如此提纲挈领、简洁明快、流畅易懂，的确应该值得赞叹。钦佩之余，也不禁感想，作为同属于东亚的中国，阅读日本学者所撰写的欧洲史，也许对我们更有一番新意和启迪。

李宏图

复旦大学历史系教授

目　录

序言

明暗对比中的欧洲

来自最西边的大潮　　　　隔着广袤的欧亚大陆，欧洲正好位于日本的对面。这是众所周知的事实。那么，如果转动地球仪，从世界地图上看，谁都可以再次注意到，欧洲的地理范围没有想象中那么广阔。特别是如果只看构成现在欧盟中心的西欧的话，这种印象就会更强烈。换言之，在广袤的欧亚大陆的西边尽头，许多国家挤在一起。

但是，就是这个在并不广阔的范围里拥挤着的众多国家所构成的欧洲世界，在一两个世纪前的世界历史上，显示出了极强的力量。即便说 19 世纪是世界史上的"欧洲世纪"也不为过。可谓欧洲打一个喷嚏，整个世界都会感冒。欧洲驶出的船舶，无论是商船还是军舰，像在自己家里一样驰骋于四大洋；欧洲发出的物资、信息或者人群横行世界各地。

这样的变化对于非欧洲地区，特别是对于亚洲而言，便是"西方冲击"的浪潮蜂拥而来。19世纪中叶的1853年，黑船来到德川幕藩体制下的日本便是这个浪潮的一部分。黑船来航成为打开幕末维新激变之路的重大契机。黑船当然是美国的海军，但那也是踏着欧洲近代所生成的大潮而来的。比黑船来航稍早一些，清朝在1840年到1842年的鸦片战争中，面对英国军事力量无可奈何地落败了。

　　西方浪潮的压力，不仅是直接的军事占领和政治统治，或者是经济统治和强加价值观的问题，还涉及非欧洲世界自身的思考方式、生产方式乃至日常的生活样式。不管喜不喜欢，这一浪潮的余波甚至波及了现代世界。

　　例如，中世纪末发明、到18世纪时在实用化方面已经接近完美的机械钟表，确立了工业化阶段机械生产体系发展的基础。但是，另一方面，它也约束了人们的日常行动。在19世纪的欧洲，用钟表来计时及安排行动是天经地义的事情，并且在世界上的大部分地区开始扩展。到了明治时期，日本采用太阳历被视为理所当然。19世纪末，以英国格林尼治天文台的计时为基准的世界标准时间的确立，决定了全球行动的一体化。即便不能说没有世界标准时间就没有现代世界全球规模的一体经济，但至少可以说它改变了世界面貌。

　　这仅仅是一个小例子。即便有着接受或反对、采纳或拒绝的不同，在现代的世界中，各地社会的诸多方面都受到欧洲的近代化模式的影响。就连高声提倡回归传统、反对欧洲的势力，也不以为意地使用着源自欧洲近代时期，或者在其延长线上产生的武器——无论是字面意义上的武器，还是思想上的武器。

欧洲之旅的魅力 文章开头的内容好像有些晦涩。稍微转变一下话题吧！

去欧洲的日本游客有很多，您也许也在酝酿。此外，因工作或留学而有欧洲生活经验的日本人也增加了很多。您也许就是其一。我最初去欧洲的目的是度过在巴黎大学的两年游学。我说"游学"，多少有些对不住慷慨提供奖学金的法国政府，不过我那种"什么都想看看"式的经历还是用"游学"概括比较妥帖吧！当然，档案馆我还是认真地去的。不管怎样，对于我来说，最初直接接触欧洲已经是三十年前的事情，是在石油危机刚刚过去的时候。那么，包括我在内，去过现代欧洲的日本人对自己所感受到的欧洲魅力，大概都能够列举出以下几点吧！

一提起产生近代的欧洲、提起近代，我们就会想到城市。事实确实如此，但是另一方面，丰富的自然景观，或者是对绿色植被的保护也很吸引人。即便不去因彼得·梅尔的作品而在日本也特别著名的普罗旺斯花圃，即便在巴黎等大城市，只要稍稍离开城市，也可以看到处处茂盛的森林、蜿蜒的河流，而牧场和田园的绿色，或者季节性的向日葵呈现出的满目金黄色都引人注目。当然，这样的绿色和田园风光不仅在巴黎的周边，也不仅是在法国。

欧洲冬季确实灰暗。不管怎么说，那里也是纬度高的地区。东京大约与地中海南岸、突尼斯的首都突尼斯市处于相同的纬度，所以，整个欧洲像是北海道以北的地区。巴黎与萨哈林岛同一纬度。冬季阴郁而漫长，等到一下子草长莺飞、杂花生树的春天和初夏，欧洲到处都美丽异常。此外，北欧夏季的白夜也相当有名。

现代欧洲的农业问题当然很严重，但当地生产、当地消费的方式仍然持续。在人们触手可得麦当劳这类快餐食品的同时，慢食运动也逐步发展起来。超级市场和大型百货商场不断扩展，但另一方面，在构成地区核心的城镇里，每周定期开市的市场也不失繁荣。购买日用品的居民与小贩打着交道，市场仍不失热闹。如果你去寻找，在任何地方都有自己特色的美食等着你，葡萄酒或啤酒等饮料也是同样。

现在几乎所有的旅游都是以城市为目的地，或者要路过城市。欧洲城市当中，不管是像巴黎那种因非常有名而吸引世界各地游客的繁华大城市，还是位于地方，在观光上几近无名的小城镇，实际上有很多独具特色而充满魅力的地方，甚至小村庄都是如此。

20世纪经历了两次世界大战：1914年到1918年的第一次世界大战和1939年到1945年的第二次世界大战。也有说法将两次世界大战合并称为现代的"三十年战争"。在这两场被称为

近代欧洲的霸权

世界大战的大型战争中，欧洲都成为惨烈的战场。有些城镇及村落在战争中化为灰烬，战后得以复兴；有些市镇则是在 20 世纪后半期经济发展中建设起来的新地区。尽管并非全部，但是多数城镇与乡村都用心地保护各自地区留存下来的历史性建筑，同时珍惜并保持各自的建筑样式与风格。用当地的土抹筑的灰泥墙、用石头垒筑的石墙、当地特有的屋瓦的颜色、某些地区的木结构墙壁、独特的人字形屋顶等，都美丽动人。

复原的街区 上图为恢复了被空袭炸毁的市中心原貌的德国德累斯顿。下图为复原了中世纪城堡原貌的法国南部卡尔卡松城堡

　　一些城市在大战中灰飞烟灭，比如德国的德累斯顿。恰如东京大轰炸一样，在战争末期，德累斯顿中心区域因盟军的轰炸而化为灰烬，但现在复原到以前的样子。拥有吸引众多日本游客的浪漫街道的德国城市罗腾堡，也被复原成中世纪以来的城市样貌。在 19 世纪时就有这样的城市复原工作，例如法国南部的卡尔卡松。人们根据史料修复了这座中世纪时期的城堡城市，将它复原成曾经的面貌。

漫步在欧洲的城市，多数场合，即使你不那么留心去观察，也能很容易地学习到建筑的历史。我虽然没有看到过统计资料，但是感觉主要城市历史街区的建筑物多数是 19 世纪的。在这些以古典样式为主流的建筑群中，混杂着更为古老的文艺复兴时期的建筑，有时也混杂着中世纪时期的哥特式建筑。当然，也有将古罗马的遗迹融入现代城市空间，让城市整体保持中世纪样式的地方。或者，与此截然相反，一些建筑依照全新的 19 世纪末兴起的新艺术运动（Art Nouveau），在建筑的正面装饰蔓草那样的曲线造型。而像那些大多在大战期间修建的装饰艺术（Art Deco）典范的大厦，在表面上将流畅的线型几何图案不可思议地镶嵌起来。甚至，你还可以看到现代的玻璃装饰建筑。

现代时尚或者各种品牌商品，似乎将日本或者其他地方的游客吸引到欧洲的城市中。不知为何，这一现代风潮也能够与到处充满历史性建筑群的城市很好地融合。美术馆、博物馆、剧场，或者街角的咖啡馆、商店的橱窗都交织在一起，城市空间中充满历史和文化的气息。最重要的是，城市的市民本身乐于生活在其中。

欧洲拥有最多的世界文化遗产，原因之一也许就与文化政策有关。不过，这与欧洲的历史遗迹遗存比较丰富也有关吧。

贫富差距与移民问题　作为城市颜面的中心街区，特别是那些具有历史气息的地方，多数都作为步行者专用之地，很适合用来打发时间。如果在旅途中能够体验一下的话，心情会再好不过。但是，现实却不是那样的理想。

让我们以巴黎为例吧。在塞纳河两岸有卢浮宫美术馆和奥赛美术馆，有国会大厦和市政厅，有学士院和巴黎大学，还有国立图书馆和自然博物馆。除此之外，以巴黎圣母院那样的历史建筑为首的众多文化设施、政治及经济的中心设施遍布这一地区，并得到极好的保护。但是，只要向着北部的蒙马特走去，不久必然会注意到，走在那里的人的样貌与中心街区非常不同。巴黎市区房地产价格的持续攀升，导致了低收入者无房可住的情况。但是，根据街区的不同，既有全是肤色黝黑的非裔黑人居住的街区，也有都是阿拉伯裔居住的巷子。他们是成功者吗？几乎都不是。实际上，这里暗含着一种种族隔离、分区居住的现象。巴黎也有像唐人街那样的看起来似乎好一点的地区。

这并不单是分区居住。它背后隐藏着经济差别，也难以否认有居住空间和社会活动空间上的差距与歧视现象。巴黎也有一些街区，人们认为那里"白天还好，但是晚上会有毒品交易等活动。很危险，最好不要靠近""无法保证生命安全"等等，但这些毕竟在城市内，所以还算好一点。大城市一般都存在"郊外问题"这一社会问题。城郊会有宽敞别墅并列的田园都市风情的地区。当然，这里所说的"郊外问题"与此正相反。

在第二次世界大战后的经济复兴过程当中，政府在大城市的郊外为低收入者修建了大批低房租公寓。另一方面，为了战后复兴，法国从原殖民地引进了大批劳动力，主要是从北非的阿拉伯三国，即阿尔及利亚、突尼斯、摩洛哥。这些移民及其子女在经济顺畅发展期间，作为贵重的低薪劳动者备受重视。但是，当欧洲经济增长放缓，转变为后工业化时代，失业问题不断严重之后，出身、宗教信仰和生活方式不同的他们则被视为麻烦。

　　法国自19世纪末以来，在国籍确认上采取属地主义原则，即在法国出生的移民的第二代、第三代就是法国人。作为一名法国人，他们的个人自由与法律平等地位应该得到保障，但现实中，这不过是原则而已。即使学校教育得到了保障，但是能够将其作为跳板取得成功的人极少。多数人想求职也没有职位可寻。光是因为名字和长相就被歧视。阿拉伯裔移民之后，独立后的撒哈拉沙漠以南非洲国家的移民也流入法国。其中虽然也有未取得居留许可的非法移民，但警察一方不断地审问这些移民。这种审问在许多时候采用了残忍做法，不免被看作是犯罪和不法行为的温床。那些切实感受到了原则与现实极大落差的移民后裔中的青年，即使自尊心被摧毁也并不奇怪。现实让他们反感，但反抗又使得治安当局加强控制，于是他们便陷入了恶性循环，难以脱身。

　　从2005年深秋时节开始，法国各地频发青年暴动，一夜之间，上千辆汽车被捣毁或者烧毁、商店被洗劫一空等。这些具有冲击力的新闻在日本也被报道。播放国外新闻的电视上，出现了正在燃烧的汽车或焚烧得只剩下骨架的公共汽车等画面，简直像法国突然发生了内战一样。

　　这一事件的开端是，在巴黎郊外的公寓区，几名年轻的移民子女被警察追捕，在逃跑的过程中触电身亡。"同伴被警察杀害"的坏消息，瞬间激起了居住在条件恶劣的郊外公寓中的青年的情绪。平日里积累的压抑感，也许可以贴切地形容为像火山爆发一般释放。更不幸的是，在

因移民问题而引起的骚乱　2005年秋，以青年移民触电死亡事件为导火索，法国各地出现烧毁公共汽车、轿车等事件。照片为法国南部的图卢兹近郊

青年与警察的冲突中，负责治安的内务大臣辱骂他们是"社会废物"，使事态如火上浇油般进一步扩大。2007年成功当选法国总统的这位内务大臣萨科齐，其父亲就是来自匈牙利的移民。换句话说，他本人就是欧洲移民后代的成功例子。

　　移民第二代、第三代的年轻人无处排解的苦闷的爆发原本就不是有组织的行动。最终，几个月之后，事态就平息了。不过问题本身却没有得到任何缓解。而且，这些来自非欧洲世界的合法或非法移民遭遇的歧视，以及他们带来的社会问题在当今欧洲各地如影子一般挥之不去。这绝不是法国独有的特殊问题，只是在法国——一个在共和政体下，作为欧洲近代思想的代表，倡导个性解放与自由，其政治体制主张保障所有国民的"自由与平等"的国家——围绕现在的移民及其后代的问题，清晰地表现为近代欧洲的思考方式与组织本身所要直面的难题的一个侧面。

在 19 世纪，欧洲各国纷纷实施富国强兵政策，英国和法国以实现殖民地帝国为第一目标，狂热地扩张殖民地。这一点正文中有所讨论，在此仅仅提一下。可以说，现代移民问题及其后代问题正是当时殖民地统治的后遗症。

问题所在　接下来我们再次转动一下舞台。为了结束序言，现在明确交代一下本书的基本态度。

如果以上述内容中的殖民地统治和移民歧视等问题为中心展开论述，很容易只得出欧洲霸权非常恐怖、欧洲霸权带来令人厌恨的时代之类的观点。实际上，有些人就只谈论近代欧洲的阴影部分，打出反欧的主张，装腔作势地摆出反近代的态度。但是，这样就能够理解从近代到现代的世界历史吗？就能够确定我们现在所处的位置吗？不能。特别是对于日本来说，殖民地统治与歧视问题绝不仅仅是隔岸观火的事情吧。

反过来说，如果仅聚焦于近代欧洲所具有的合理层面，即聚焦于政治权利的确立和经济的繁荣、科学技术和学问艺术的先进、历史与文化的丰富保存、以各种社会志愿服务活动为代表的市民社会的成熟等层面的话，只不过是粗浅的对近代欧洲的礼赞、对欧洲的神往之类的过于乌托邦式的印象罢了。

在世界历史上，本来就不存在只有有幸或者只有不幸的理想国。乌托邦终归是"不存在的地方"。人类的任何时代任何文明，都会有光，也会有阴影。本书对于"近代欧洲的霸权"这一时代，

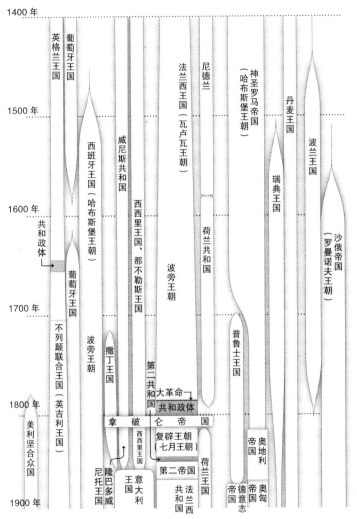

欧洲各国的兴亡（1400—1900）

在关注它在世界历史发展中的位置和作用的同时，试着留心其光和影两方面。光和影的共生之中，在世界上投出什么样的明暗对比？近代欧洲为什么能够在世界上大放光彩？这给全世界带来了什么？对此，我们当然应该关注欧洲内部的历史性发展，但是仅仅关注内部，是无法明白欧洲世界的兴起的。

提醒一下我们讨论的前提。像"近代欧洲霸权得以成立的原因是欧洲文明远比其他文明进步与优秀"，或者"近代欧洲霸权成立是不可避免的世界历史发展的法则"这种欧洲中心主义的观点，在我们现在生活的时代已经难以解释得通了。

我们称作"近代欧洲的霸权"的历史性局面并不是在19世纪突然成立的，其背后是诸多相连的因素的历史性发展。这些多样化因素的发展，打个比方说，同步发展所带来的大浪潮一般的局面，是在19世纪产生的。即使回溯，这种因素的同步发展最多也就是从18世纪后半期才开始。

正确的观点或许是，在机械工业开始实质化发展的18世纪中叶之前，欧洲即便在经济层面上，也只是步亚洲后尘而已。构成世界经济基轴的贵金属白银仅仅流向中国，就可以反映出这一点。在农业经济为主、手工业与之结合的时代，欧洲并没有掌握世界发展的主导权。工业化的发展和民族国家的构建才是支撑近代欧洲霸权的两个车轮。

尽管如此，欧洲在自16世纪开始的所谓"大航海时代"中，开始积极向海外扩张，将此前已经存在的世界各地的区域内贸易和区域间贸易强有力地联系在了一起。世界一体化、全球化之路在这时已经开始，而不是到了19世纪和现代之后才忽然产生。历史性地把握"近代欧洲的霸权"的旅程就从这里开始吧！

第一章

全球化的先导

"大航海时代"与欧洲海外扩张的开始

葡萄牙参与亚洲贸易　　众所周知,在憧憬"东方财富"的欧洲各国的海外扩张中,先驱当属伊比利亚半岛的小国葡萄牙。

中世纪时期,伊比利亚半岛处于来自北非地区的伊斯兰势力的统治下。反抗伊斯兰势力的运动,正如《罗兰之歌》所描述的那样,在 8 世纪末的查理大帝远征中就可以看到。欲统治半岛的基督教势力也在整个中世纪时期间歇地与之对抗。这种攻势后来被西班牙语称为"收复失地运动"(Reconquista),即将其定性为"再征服",或者视其为十字军东征的一环。

到 14 世纪末,葡萄牙完成了收复失地运动,并确立了王国

瓦斯科·达·伽马　第一位绕过好望角，横渡印度洋的欧洲人

的领土。但是，小国葡萄牙并没有足够的领土和金钱给予在收复失地运动中立下功勋的贵族们。此外，葡萄牙也有将收复失地运动扩展到海洋对岸，将基督教传播到全世界的志向。更何况，这个位于半岛、面向大海的国家积累了优秀的航海技术，也不足为奇。1415 年，葡萄牙攻占了北非的伊斯兰据点休达，在接下来的 15 世纪，以"航海王子"恩里克为代表的葡萄牙航海家们，开始沿着非洲西海岸不断寻找通向"东方财富"的航路。

回过头来看，欧洲"大航海时代"的开幕已经准备妥当。"大航海时代"这一术语带有冒险的意味，很容易让人们想到向往大海的浪漫情怀。但是，当 15 世纪初葡萄牙开始沿着非洲西海岸探寻南下的航路时，中国郑和率领的大型船队就已经尊奉明朝皇帝的旨意，从南海出发，横渡印度洋，到达了遥远的非洲大陆东岸和阿拉伯半岛。对亚洲来说，大航海时代已经开始了。

在葡萄牙冒险航海的延长线上，巴尔托洛梅乌·迪亚士终于在 1488 年到达了非洲大陆南端的好望角；1498 年，受国王派遣的瓦斯科·达·伽马绕过好望角，得到了穆斯林领航员的帮助，横渡了印度洋。最终，欧洲人首次经由海路到达印度西岸的卡利卡特（Calicut）。穆斯林领航员表明，在印度洋海域已经存在从东南亚经印度洋连接波斯湾和非洲大陆东岸的大规模贸易世界。利用季风的印度洋贸易，早在公元前后的古罗马帝国时代就已经存在了。这是一个相当古老的贸易区域，但是在瓦斯科·达·伽马冒险航海的时代，印度洋贸易是穆斯林商人和船员们活跃的世界。

此后不久的 1510 年，葡萄牙以武力为后盾占领了印度西岸的果阿，并在此设置了总督府。他们还在非洲大陆东岸的莫桑比克和波斯湾入口处的霍尔木兹等地构筑了要塞，希望以此限制这个海域的穆斯林商人，谋求掌握贸易的主导权。此外，从印度往东，葡萄牙又于 1511 年占领了香料贸易的东部中心马六甲，控制了海上交通要道马六甲海峡，最终将香料主产地摩鹿加群岛也置于殖民统治下。1517 年，葡萄牙涉足广州，直接与明代的中国开展贸易；1557 年，葡萄牙将澳门变为居住地，作为对华贸易的据点。其间的 1543 年，葡萄牙人到达种子岛。他们带去了火枪，不久就在平户岛从事和日本的贸易以及传教，日本也随之与葡萄牙发生了联系。经由这些商人之手，日本产的白银在亚洲贸易中占据了重要的位置。

恰好此时，以东南亚海域为中心的亚洲内部贸易呈现出现代澳大利亚历史学家安东尼·瑞德（Anthony Reid）所称的"大贸

里斯本的科梅尔西奥广场 令人追思海洋帝国葡萄牙繁荣的、面向河港的交易市场

易时代"的活跃局面。葡萄牙开始参与，并尝试控制此时的亚洲贸易。尽管这种努力没有成功，但商人将从亚洲带回的胡椒等香料和宝石等物品在欧洲内部转卖，获取了巨大的利润。我们现在也许会觉得，不过就是胡椒而已，但是，对于当时不产胡椒的欧洲而言，它简直贵重得令人难以想象。葡萄牙首都里斯本的一个古老修道院回廊的廊柱上就雕刻着胡椒树，其珍贵程度可见一斑。

　　沿塔霍河逆流而上，距离大西洋十三公里处，面对良港的城市就是里斯本。依然雄伟的商业广场面对港湾敞开，使人追忆昔日的海洋帝国。过去，比起那些直接面对大洋的外港，这些能够保证大型船只溯河而上的内港，无论是在抵御外敌，还是抵抗暴风雨的安全方面都具有优势。

　　里斯本的繁荣，成为后来不可避免的欧洲"繁荣中心转移"的先驱。整个中世纪，欧洲远途贸易的中心是面对地中海的意大利海港城市。当然，此后威尼斯和热那亚的繁荣也并未过时，但是以海路直接与亚洲相连、取得巨大财富的葡萄牙及其首都里斯本的繁荣，意味着欧洲远途贸易中心开始转移到面向大西洋一侧。这是象征着新时代开始的一个变化。

哥伦布　在女王伊莎贝拉的资助下，最初到达的地方是圣萨尔瓦多岛

西班牙开始统治美洲

在伊比利亚半岛，西班牙比葡萄牙略晚一些完成了再征服运动。1492 年，残留在半岛的最后一支穆斯林势力奈斯尔（Nasrid）王朝投降，丢弃了优雅的阿尔罕布拉宫，逃往北非地区。也就是在这一年，新生国家西班牙的女王伊莎贝拉为热那亚商人出身的航海家哥伦布提供资金，资助他向西冒险航海，探索通往印度的航路。对"东方财富"的憧憬在这里也发挥了很大的作用。

众所周知，哥伦布船队经过艰难的航海后，最初到达的地方是位于现在巴哈马群岛的圣萨尔瓦多（San Salvador）岛。这当然不是该岛最初的名字。"神圣的（San）救世主（Salvador）"这个名字是他们赋予的。哥伦布此后三次成功横渡大西洋，探查了加勒比海诸岛屿和中南美洲沿岸，试图开发这些殖民地，但到最后他还是相信这里就是印度。他将该地命名为印第安（Indian），称该地居民为印第安人（Indians，印度的人）。欧洲各国的冒险家们先后横渡大西洋来到这里，然后回国，进而不断将南北美洲的情况带给欧洲。同时，被欧洲命名的情况也在美洲各地上演。

1519 年，在西班牙国王的援助下，麦哲伦船队横渡大西洋，越过南美洲大陆南端进入太平洋，然后自东向西航行，到达了现在的菲律宾群岛。之后他们穿过印度洋，绕过非洲南端，于

1522 年回到了西班牙。"菲律宾"即是以当时的西班牙王子菲利普的名字命名的。领队麦哲伦死于途中的战斗，其他继续航海的船员成为最早以自己的实际行动证明地球是圆的之人。大约从这时起，西班牙正式开始了在美洲的殖民活动。

西班牙对美洲的殖民与葡萄牙对亚洲的殖民有相同之处，也有不同的地方。向往东方财富的动机、继续收复失地运动并意图向海外扩展基督教的意图，以及从一开始就伴随着以武力为后盾的军事行动的强行扩张，都是二者的相同点。但是，美洲没有可与亚洲匹敌的经济，尤其是以海洋为中介的富裕的贸易活动，因而，西班牙的殖民活动从一开始就表现出抢掠贵金属和财宝的掠夺经济的特点。但是，这种掠夺经济自然难以保证持续统治。将美洲定位成"新西班牙"的西班牙殖民统治，迅速明确了建立殖民地经营生产的组织化方向。在这一点上，它与葡萄牙的亚洲殖民具有明显的不同。

可以看到，美洲有黄金国、黄金乡的幻想在这里发挥了极大的魔力。最初，科尔特斯成功攻陷了位于墨西哥的阿兹特克帝国，并掠夺大量财宝。这是 1512 年的事情。1533 年，皮萨罗效仿科尔特斯的做法，征服了印加帝国。对于那些陆续横渡大西洋的征服者们来说，这就是以生命做赌注的一攫千金的大冒险。但是，对于那些没有任何理由就遭受到攻击的人来说，这显然不是什么可接受的事情。

这样的征服和掠夺的另一方面是，当时西班牙在统治美

洲上采取了委托监护制
（Encomienda），即委托征
服者们将当地居民变成基
督徒，作为代价，赋予他们
统治当地的权限，即代行统
治的方式。但是实际上，当
地居民因殖民者开发经营农
场和矿山而遭到残酷的奴役
和剥削。此外，殖民者从欧
洲带来了当地之前没有的感
冒、天花和麻疹等。随着这
些疾病的流行，美洲人口锐

征服者科尔特斯　攻陷了阿兹特克帝国，抢掠大量财宝。出自《日本的博物馆 第5卷》

减。学界对此有很多估算，其中一种说法是，在西班牙殖民统治开始后的一个世纪里，拉丁美洲的原住民人口从五千万锐减到了四百万。

　　结果，为了填补劳动力的不足，殖民者开始买卖非洲原住民作为奴隶使用。这是一种以人为商品的罪恶贸易行为。到19世纪奴隶贸易被禁止前，这种跨越大西洋，连接美洲、非洲和欧洲的奴隶贸易给奴隶商人带来了巨大的财富。

　　伊比利亚半岛港口作为连接西班牙和美洲的船队的据点得以繁荣起来，特别是构成其重要中心的塞维利亚，它也是和里斯本一样的河港。

塞维利亚的繁荣 因与"新大陆"间的贸易而繁荣起来的塞维利亚,拥有瓜达尔基维河上的港口,画面中心矗立着12世纪穆斯林时代建造的希拉达塔

"梦幻东方"的吸引力 促使葡萄牙和西班牙海外扩张的重要动机,是基督教势力再征服运动的扩展和对"东方财富"的渴望,这在上文已经多次提到了。乍一看好像完全无法结合在一起的宗教动机与现世的经济动机,在当时似乎完美地融合在了一起。换句话说,存在于东方的财富,不仅仅是丰富的黄金和商业利益。

在距今二十年左右的时候,东方学者弥永信美出版了《幻想的东方——东方主义系谱》一书,该书汇集大量史料,是非常重要且有意义的工作成果。这本书给了我很多启发。对于中世纪欧洲而言，想象当中的印度是一个位于东方某处的富庶地方，与现今我们脑海中浮现出的位于南亚次大陆的印度完全是不同的地方。这种差异在地理知识很有限的当时是能够被理解的。但是，那里被看成是祭司约翰尼斯（Johannes）治理下的强大的基督教国家，早晚应该与欧洲世界联合，实现世界全体基督教化。或者在地极的约定之地、"流淌着奶和蜜"的印度帝国就是一个神学意义上的存在。英语中的"祭司王约翰"（Prester John）和葡萄牙语中的"普莱斯特·约翰"（Prester John）指的都是祭司约翰尼斯。

葡萄牙开始探险茫茫大海的时候，有关祭司约翰尼斯的各种想象力丰富的传说，被煞有介事地创造出来。另一方面，以意大利商人和阿拉伯商人为主角的从地中海到红海的贸易，也在现实中将东方富庶的物产带到了欧洲。让我来引用一下弥永信美的书里的内容吧！

> 耶路撒冷和印度——至上的神性与无限的财富——在这里通过复杂的政治、经济和神学的方程式连接在一起。在这样的脉络当中，即便幻想中的祭司约翰尼斯的影子再次牵系人们的心灵也并不奇怪。
>
> 想要不经由穆斯林的中间榨取，从神秘的印度直接运回无尽的财宝，并与治理印度的基督教国王祭司约翰尼斯联手，夹

击伊斯兰教，并据此最终完成夺回耶路撒冷的终极目标，是中世纪后期拉丁世界的基本世界战略。因此，最为紧要的任务首先是探明"印度"所在。

最初，迪亚士将气候恶劣的非洲南端尖角命名为"暴风角"，但后来该地被称为"好望角"，原因就是它"表达了到达普莱斯特·约翰王国通道入口后的喜悦与希望"。即使在精于算计、唯利是图的现代，唤起人们想象力的形象依然左右着人们的判断。这一点我们屡次经历，在宣传营销方面也成为被考虑的对象。过去，现实与幻想之间的界线更不明确。16 世纪及其前后，欧洲各地一度刮起狩猎女巫的风潮，那个时代的代表性学者也醉心于炼金术，潜心于恶魔学的研究。

从我们现在掌握的世界地理知识来看，沿非洲西海岸南下寻找通往印度的道路，或许太过于异常了。但是，就像刚才所说的那样，当时欧洲人心中的印度，并不是我们今天所说的印度。在卡利卡特，当地人问达·伽马一行为何而来时，他们的回答是"为找寻基督徒和香料而来"。达·伽马不仅带着葡萄牙国王给当地国王的亲笔书信，还带着给普莱斯特·约翰的信。

即使哥伦布本人也不完全是为了成为有钱人，或者为了黄金才冒险航海。他在航海日志和书信当中频繁表达了自己的宗教观点和神学世界观。的确，正因为哥伦布本人认真地考虑要将"地上的乐园"印度（印第安）地区的财富和黄金献给夺回圣城耶路撒冷的事业，因此最终在无比失意中死去。不过，以现世的眼光来看，那只不过是他在印第安地区的殖民地经营尝试以失败告终而已。

"大航海时代"在世界史上的评价

美洲白银与
全球化的开端

16世纪中期，由于在现代的墨西哥、位于玻利维亚西部高山地带的波托西等地发现了产量巨大的银矿，西班牙在美洲大陆的统治迎来了重大转换期。尤其是波托西银矿产的白银，给欧洲政治和世界经济带来了相当大的变化。印加帝国等当地政权早就知道银矿的存在，但大规模的开采是在西班牙殖民者到来之后才正式开始的。

尽管波托西位于海拔近四千米的高山上，但在1570年，它还是迅速发展成为拥有十五万人口的城市。当然了，这里的大多数居民是从事开采矿山这种体力劳动的印第安人。对于作为统治者的西班牙人来说，这里是一座可以获取宝藏的银山，但是对于印第安人则是地狱之门。除了前面所提到的疾病的流行之外，事故自然也让他们送命。精炼白银时使用的汞也侵蚀着他们的健康。有关原住民的大量死亡以及从非洲引入奴隶的事情已经在上文中提到过了。

波托西银矿 在玻利维亚的高山上，为了开采银矿，有十五万印第安人在此工作

大量美洲白银直接输送到西班牙，成为欧洲内部被称为"价格革命"的物价上涨的主要原因。关于这一点虽然也有异议，但是西班牙国王梦想实现统治全欧洲的基督教帝国的复兴，频开战争，为了购买武器、支付军费，确实向各国的武器商人和银行家们支付了大量的白银。尽管获得了大量的白银，但西班牙的国家财政依然时常拮据，帝国复兴梦也终究破灭。这明确反映出时代转换的情况。现在既不是由古代的帝国，也不是由中世纪时期位于封建王权国家群之上的权威，而是由具有明确国家疆域的主权国家群所主导的时代。关于这一点，我们之后再做思考。

围绕着白银所发生的变化不仅局限于此。进入欧洲的白银被用作亚洲贸易和传教活动的资金。不止如此，在墨西哥太平洋沿岸的港口城市阿卡普尔科，白银被装上西班牙大帆船（Galleon），然后向西穿过太平洋，抵达16世纪末就成为西班牙殖民地的菲律宾的马尼拉。在那里，它们成为购买中国物产的货币。在欧洲世界，除了胡椒等香料以及宝石类，中国产的丝绸、瓷器以及印度产的高级棉织品也同样享有很高的评价；即使在

近代欧洲的霸权

美洲，中国产的丝绸也是统治阶层妇女们的喜好之物。

在那个时代，欧洲还几乎没有值得积极销售且商品价值高的产品。硬要说的话，也就是毛织品、高级工艺品之类，或者是毛皮、北欧的木材吧，但这些在远途贸易中，都难以做到大量交易。因此，对于欧洲的对外贸易而言，白银必然是极具价值的东西。欧洲也产白银，奥格斯堡的富格尔家族就是典型的例子，他们因经营南德意志地区的银矿而积累了财富。但是，美洲产的白银在产量上占有压倒性的优势。

白银在世界范围内肆意流动，促进了经济方面的世界一体化。也可以说，西班牙对美洲的统治实现了白银大量供给，在世界一体化方面发挥了催化剂的作用。这是面向现代的全球化的肇始。但是，应该注意的是，在此之中，以西班牙为代表的欧洲各国还未掌握主导权。或许更正确的观点是，以能够生产出大量贸易商品的中国和印度为核心的亚洲贸易圈构成了世界经济的中心，而欧洲尚处于边缘。

殖民地经营与奴隶贸易

相比于在统治疆域内组织生产，进入亚洲的葡萄牙更倾力于整合不同区域的海上贸易线路，试图垄断世界贸易，即构筑一个海洋帝国。而相比之下，西班牙从一开始就希望统治整个土地和全体居民，即统治该疆域，将其纳入基督教世界当中。

但是，葡萄牙在美洲的巴西殖民地也采取了与西班牙同样的殖民统治策略。简单来说，在当时农业和手工业高度发达的亚洲，葡萄牙尝试着参与并统治其已有的贸易；在不具备这种条件的美洲，则自己组织生产并与贸易相连。西班牙也是如此，在亚洲只是利用已有的贸易。可以说，在美洲的西班牙和葡萄牙，是欧洲最早选择构建殖民地帝国的国家。

到17世纪，美洲的西班牙殖民地不仅出现了矿山经营，大土地所有者的大农场经营也扩展开来。大多数大农场，即种植园，用来栽培用于出口的经济作物，如甘蔗、咖啡、烟草、蓝靛以及棉花等。提供劳动的是因无力偿还债务而失去自由的债务奴隶以及被当作商品从非洲贩卖来的奴隶们。

在使用奴隶劳动这方面，将巴西作为殖民地的葡萄牙是先行者。葡萄牙从沿着非洲西海岸探寻通往亚洲航路时，就占据了那一带的许多岛屿，开始种植甘蔗，那时就开始经营使用非洲奴隶的种植园。在刚刚开发的巴西殖民地，栽培甘蔗的种植园也同样使用这种方式。当地无法满足农场的劳动力需求，从葡萄牙本土移植劳动力也不可能，因此殖民者依靠的便是从非洲贩卖的黑人奴隶。等到西班牙和葡萄牙合并的16世纪末，这种方式在巴西的种植园经营中已经是普遍做法。在这个时期，贩卖奴隶的是葡萄牙和荷兰的商人。

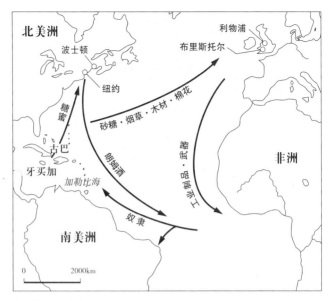

大西洋的三角贸易

**贩卖奴隶在内的
两个三角贸易**

此后，受欧洲砂糖需求量扩大的影响，依靠甘蔗种植园的砂糖生产规模不断扩大。在加勒比海域，17世纪中期，英国在巴巴多斯殖民地真正开始了种植园经营方式的砂糖生产；在从西班牙手中夺得牙买加岛以后，生产规模更是扩大。与此同时，法国也在以马提尼克岛为代表的安的列斯群岛进行了同样的种植园经营。从17世纪末到18世纪，出口到英国和法国本土的砂糖给种植园主们带来了巨大的利润。他们自己频繁地回国，炫耀作为"砂糖王"的权势，即出现了不在地地主（absentee landlord）的现象。而被残酷对待的劳动者和奴隶，以及当地的自然环境则蒙受损害。砍伐森林开发成的大规模农场里连年种植甘蔗，土壤肥力不断减少；为提炼砂糖需要焚烧木材作为燃料，又使得森林被进一步砍伐。被破坏了的自然环境无法复原。

截止到 19 世纪禁止奴隶买卖之前，被当作种植园劳动力而从非洲贩卖到美洲的成年奴隶大约有九百万或者一千万人。在大约三个世纪的时间里，在大西洋两岸迁徙的绝大多数人是这些黑色肌肤的非洲人。这是被剥夺自由的强制性迁移。最初是葡萄牙和荷兰的奴隶商人，接着是法国，以及最多的英国奴隶商人。他们每年从非洲当地的统治者或者商人手里买来大量的奴隶，然后贩运给美洲的种植园主，攫取巨额利益。

17 世纪到 18 世纪，连接大西洋两岸的两个三角贸易发展成为紧密的经济网。一个三角贸易是将欧洲、非洲与美洲联系在一起，即将英国和法国生产的各类工业品、火枪等武器，印度产的棉织品等出口到非洲，然后将在那里买来的奴隶运到美洲卖掉，再在美洲购买砂糖、烟草、木材以及（18 世纪以后）棉花，运送到欧洲。另一个三角贸易是在美洲世界内部和非洲间，即在北美的英国殖民地购买朗姆酒，然后贩卖到非洲，用于购买非洲奴隶，然后再将奴隶卖到加勒比海域的种植园，再将精炼砂糖过程当中产出的糖蜜卖到英国殖民地，用于朗姆酒的生产。这就形成了三角贸易关系。

近代欧洲的霸权

**欧洲对外扩张的
不幸开始**

当然，今天回头来看确实会很难允许，但是在围绕着大西洋所建立的三角贸易关系当中，作为商品的奴隶不可或缺。这种奴隶贸易造成亲自捕获奴隶并将之商品化的非洲各国的畸形发展，在输入地的美洲殖民地社会中，也形成了以奴隶为最底层、拥有严格阶层差异的身份制结构。

位于社会阶层最顶层的是少数往来宗主国和殖民地之间的欧洲人。他们中的多数人是赴任的职员和军人，或者是神职人员和商人。那些不在地化的种植园主等人也可以纳入这个范围当中。接下来是欧洲出身但定居在当地、后代在当地出生的白人，即西班牙语所称的 Criollo（克里奥尔人）、法语所称的 Créole。他们构成了当地社会、经济及文化的中心。在他们下面是这些白人与原住民混血的梅斯蒂索人，接下来是被称为印第安人的原住民、白人和黑人混血的穆拉托人、从奴隶身份获得解放的自由黑人，最底层则是黑人奴隶。概而言之，美洲殖民地形成了伴随肤色偏见的严厉的阶层秩序。

拥有种植园的种植园主、作为贸易商而积累了巨额财富的宗主国人以及克里奥尔人，与处于社会最下层的人的差距无法想象。即使在 19 世纪前半期，美国实现以克里奥尔人为中心的独立后，这样的贫富差距也依然存在。可以说，这是现今拉丁美洲社会依然存续的巨大阶层差距的历史渊源。

欧洲对外扩张中，大规模实施像围绕美洲大陆开发而进行

大炮的制造 葡萄牙和西班牙以压倒性的武力
优势侵略了亚洲和非洲

的买卖奴隶那样的罪恶商业
行为。在亚洲的扩张也从一
开始就存在问题。葡萄牙试
图参与活跃的亚洲贸易，但
其行动绝非和平开展。他们
的商船上配备了大炮等武器，
较之防卫，不如说是从一开

始就包含着武力威胁。在这一点上，葡萄牙也成为其他欧洲各国
的先驱。

在欧洲，相对狭窄的地域空间中簇拥着的众多国家彼此对
抗，国家关系的调整手段以互派外交使节的形式开始发展。正
如此后所看到的那样，主权国家间的国际关系体系在 16 到 17 世
纪不断形成。但另一方面，频发的武力冲突也使武器制造的技
术不断进步，尤其是火炮生产与构筑要塞的技术。在葡萄牙和
西班牙真正开展海外扩张时，相比于非欧洲地区，欧洲在武力
方面拥有绝对优势。

可以肯定的是，以压倒性的武力优势为背景来进行强制性
贸易的葡萄牙方式，从一开始就有一种大炮外交的特征。不只是
葡萄牙，在那个时代，整个欧洲都没有能够大量卖到亚洲去的
有价值的物产。正因为如此，美洲产的白银才具有了重大意义，
而在亚洲区域内贸易上，日本产的白银对欧洲也同样具有重大
意义。

葡萄牙和西班牙率先开始的欧洲对外扩张确实不仅是军事侵略和掠夺，也包括正当的商业活动、农业和矿业开发以及以基督教为基底的文明的传播。但是无论哪一项活动，它们根本没有考虑对方的情况和处境，甚至说他们不断给对方造成破坏、不做反省、做出了很多极端自私自利的事情也很难被反驳吧！当然，历史上以自己为中心开展对外关系的不仅限于这个时代的欧洲，因此，将所谓的大航海时代时欧洲向外部世界的扩张称为"不幸的开始"，并不是追溯到历史上去批评欧洲，反而是说，对于今天仍不得不解决殖民地统治后遗症的欧洲自身而言，这样的开始也必然是不幸的。

毫无仁义的贸易战争时代

新兴国家荷兰的崛起

当葡萄牙和西班牙通过海外扩张攫取巨额经济利益的时候，欧洲其他近邻国家并非只是悠闲地观望。没过多久，荷兰、英国、法国等国也开始参与这样的活动。以现代的价值标准评断，武装民船（privateer）实施的海盗行为怎么着也是不被允许的行为，然而那时候这种袭击、劫掠从美洲驶回的满载贵金属和珠宝的西班牙商船的行为也会在国家利益的名义下备受赞赏。但是，随着欧洲内部主权国家体制的确立，围绕世界经济霸权的斗争中，国家对抗的色彩不断强化。

葡萄牙和西班牙海外殖民扩张的成功，使欧洲远途贸易中心从意大利和地中海转移到了大西洋。现在的比利时到荷兰一带，因为海拔接近海平面而被称为低地地区。其中一个海港安特卫普也在16世纪后半期相当繁荣。但是，在这个时期，一部分处于西班牙统治下的低地地区开始了独立运动。1581年，荷兰（尼德兰）宣布独立，与想要镇压他们的西班牙开战。相比于信仰天主教的西班牙，与荷兰在羊毛贸易上有密切关系的英国也是新教国家，因此它也站在了支援荷兰独立战争的一方。

在涉及宗教改革的复杂国际形势当中，荷兰最终实现了独立。安特卫普在独立战争中受到破坏和打击，新生荷兰的首都阿姆斯特丹取而代之，一跃而发展为贸易和金融中心。阿姆斯特丹也是被环绕的运河塑造城市空间的海港城市。

荷兰在国际政治上获得独立国家的地位，是依据1648年三十年战争的媾和条约（《威斯特伐利亚条约》），但其实它早在16世纪末就已经实现了实质上的独立。那时荷兰的人口只有两百万，但渔业一直很繁荣，在造船以及航海技术上积累了优越的实力。荷兰商人积极参与到在里斯本收购胡椒，然后在欧洲地区转卖的商业贸易中。这些商人可以说是新兴国家荷兰的新生力量，他们也开始着手与亚洲的贸易。

为此，他们出资设立了东印度公司这一股份公司的先驱。这是在英国东印度公司设立后两年的1602年。与以自由设立和自

由经营为前提的近代市场经济的公司不同，东印度公司是国家给予特权的公司。它不仅垄断对外贸易活动，甚至还拥有包括缔结条约和行使武力的特权。

荷兰人的亚洲航海　1595年，荷兰商船第一次向东印度航海，图片为遭到爪哇人袭击的阿姆斯特丹号。出自豪特曼（Houtman）等，《向东印度诸岛的航海》（涩泽元则译，岩波书店）

17世纪初，享有特权的荷兰东印度公司在亚洲成功地瓦解了葡萄牙的多数权益。1609年，荷兰东印度公司从爪哇岛的万丹王国手中借用了巴达维亚，即后来的雅加达。它以这个港口为据点，控制了摩鹿加群岛，真正参与到香料贸易。1623年，荷兰东印度公司又在摩鹿加群岛的安汶岛以武力赶走一直想参与亚洲贸易的英国商人。这是作为武装势力的荷兰东印度公司显示权势的事情，但英国放弃了东南亚的香料，将主要精力放在印度。如果考虑到18世纪以后印度的重要性，这件事虽说是被动的客观现实，但对于英国来说，可以说是一个极大的方向转换。

荷兰想控制之前葡萄牙掌握的面向欧洲的胡椒贸易，但另一方面，它也通过在台湾构筑据点（虽然该据点持续时间并不长）等活动，发展在亚洲地区的中介贸易。他们在锁国时代的日本长崎的出岛从事贸易就是这一体现。但是，在所谓的"大贸易时代"，亚洲区域内活跃的贸易活动中也存在着阴影。到了17世纪中叶，日本推行锁国政策，强化了贸易和信息流通的国家管理体制。在亚洲大国的中国，清朝也强化了统治。这样的举措进一步抑制了进入收缩期的世界经济。

另一方面，欧洲市场的胡椒价格暴跌，原因是供给过剩。除此之外，已经将发展重心转向印度的英国，开始真正威胁到了荷兰的制海权；法国也更加关注印度，开始寻求在亚洲的真正扩张。17世纪后半期，荷兰与英国先后进行了三次战争，结果在美洲的权益几乎全部让渡给英国。同时，荷兰还不得不忙于应付一直想把南部法兰德斯（Flanders）纳入囊中的路易十四挑起的战争。

在这种霸权争夺的多极化局面当中，18世纪，荷兰试图转变在亚洲的行动路线。它以拥有统治东南亚据点的爪哇岛为中心，转向正式的殖民地经营方式。他们毁掉某些地区的水田，将其转为收益更高的砂糖生产。19世纪，爪哇岛引入强制性的栽培制度，开始大规模经营甘蔗种植园与咖啡种植园。到太平洋战争时期日军进驻为止，以爪哇岛为中心的荷属东印度的殖民地经营仍在继续。

英法向大西洋世界扩张　　17世纪以后，荷兰、英国和法国都竞相向西班牙殖民统治没有涉及的加勒比海岛屿和北美地区扩张。他们在这些地方全都模仿西班牙的先例，从一开始就追求殖民地经营。在亚洲，开始时是荷兰压制了英国，但是这里的局势完全相反。

在荷兰独立战争中，英国因与西班牙的矛盾而支持荷兰。等到荷兰发展成自己竞争对手的时候，英国首先以制定航海法的形式开始制约它。在克伦威尔政权时期的 1651 年，英国制定了最初的航海法，以后虽经过了多次修订，但最根本的想法仍是在进出口商品买卖和运输中排除在中介贸易和海运方面得利的荷兰，优待自己国家的船只。

从这时起，欧洲各国在海外贸易方面逐步采取优先保护本国产业、希望取得经济霸权对抗胜利的政策。其中既有航海法那样的围绕航运的保护政策，也有以高关税的形式保护本国的制造业、优先扶植出口产业的政策。在 19 世纪，人们回顾这一系列政策，将其称作重商主义。

英国进攻荷兰，不仅在北海进行海战，在北美地区也爆发了战争。荷兰为方便在北美扩张，在哈德逊河河口，即现在曼哈顿岛的前端，建造了城堡新阿姆斯特丹。英国使用武力夺取了这个地方。已经在此开展商业活动的荷兰商人们并没有进行无谓的抵抗，而是选择了商业活动得到保障的实际利益。1664 年，新阿姆斯特丹成了英国的领地，更名为纽约。现在，纽约的华尔街（Wall Street）发展成左右世界金融界的中心，但是，其名称还是取自荷兰殖民时代在此建造的城堡墙壁（Wall）。

从纽约往北到马萨诸塞，往南经弗吉尼亚到佐治亚，英国在北美东海岸建设了十三块殖民地。众所周知，这十三块殖民地

北美东部殖民地　1750 年

构成了以后美利坚合众国的核心。

　　与英国的扩张相比，法国从更北边的现在的加拿大东岸开始扩张。亨利四世时期，法国在圣劳伦斯河河口建造了魁北克据点，并于路易十三、路易十四时期向五大湖方向扩展，广泛开展殖民和传教活动。魁北克现在仍以法语为主要语言，原因就在于此。此外，法国沿密西西比河南下，将这一地区命名为路易斯安那（Louisiana），即"路易的土地"。

英国和法国的扩张区域并不是无主之地。有时，他们从原住民手里用极低的价格购买，遭到抵抗时则以武力赶走原住民。到了18世纪，最初分头在北美扩张的英国和法国出现了直接的武力冲突。

此外，我们转移一下目光就会发现，英法两国都在西班牙没有统治或者说统治薄弱的加勒比群岛扩大了控制领域。正如上文所述，从一开始，这个地方就被开发成使用奴隶的大规模甘蔗种植园，生产当时作为重要出口产品的砂糖。

英国与法国的霸权斗争　从17世纪末到18世纪，国际经济霸权斗争的中心，转换成英国与法国的对立。两国原本虽是隔海峡相望的邻国，但关系疏远。自中世纪末的"百年战争"以后，两国的对立一直成为欧洲政治中重要的对抗轴。这一时期，它们对立的重要的焦点，在亚洲是对印度的介入，在北美则是殖民地的扩张。

印度的棉织品本来就是亚洲区域内的重要国际贸易商品，在亚欧间的贸易与大西洋贸易联系在一起后，价值不断上涨。欧洲除了毛织品外，能生产麻织品，尤其是亚麻制品，但是还不能生产可以作为商品的棉织品。也许可以说，正是这种对印度生产的高品质棉织品的向往，促成了以英国为首的国家发明机械生产，并开始了产业革命。

英国东印度公司以孟买、马德拉斯、加尔各答为据点，强化对印度的介入。法国东印度公司在本地治里（Pondicherry）和金德讷格尔设置了据点。两国为追求商业利益同时踏出了一步，开始尝试掌控作为国际商品的棉织品的产地，将生产、商品运输、销售全部控制在自己手里。但是，在整个18世纪，它们都不具备实现这一追求的实力。

18世纪前半期到中叶，欧洲围绕主权国家的领土扩张、国家权力的正统性与主导权的强化而不断爆发战争。其中，英国与法国依然经常对立，那些战争没有局限于欧洲，自然也烧到了印度与美洲。

欧洲正值1756—1763年"七年战争"之际，英国东印度公司的军队在印度军队的支持下，一举打败了法国与孟加拉王公的联军。结果，英国确保了在孟加拉地区的统治范围。这一事件成为将印度全境纳入英国殖民统治的一大转机。

英国在北美地区也取得了有利的战局，依靠结束"七年战争"的《巴黎和约》，英国从法国手中夺得了加拿大全境和密西西比河以东的地区，从西班牙手中夺得了佛罗里达，由此确立了在北美东海岸的殖民统治。

这样一来，英国虽然因许多战争而背负了沉重的财政负担，但却在世界经济霸权的争夺中开始占据决定性的有利地位。另一方面，法国对宿敌英国的愤慨之心更加强烈。当英属北美十三块殖民地发动独立战争时，法国支援打起反叛大旗的殖民地一

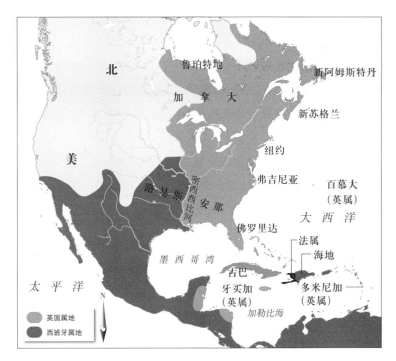

北

鲁珀特地

加　拿　大

美

新阿姆斯特丹

新苏格兰

纽约

弗吉尼亚

密西西比河

路易斯安那

佛罗里达

百慕大
（英属）

大　西　洋

墨西哥湾

法属
海地

太　平　洋

古巴

牙买加
（英属）

多米尼加
（英属）

N

加勒比海

英国属地

西班牙属地

英国在美洲的统治　1763 年《巴黎条约》签订后

方，并派遣了军队。君主制下的法国支援独立派，如果撇开这种
对英政策就无法理解。同样，在 19 世纪初，拿破仑出台的大陆
封锁法令就是为了对抗英国，追求欧洲全境的经济区域化。

　　关于美利坚合众国的独立将在其他章论述。独立之后，美
国自然是和英国不同的国家。其后，美国也时常与英国发生利害
冲突，但是有些英国留下的遗产难以忽视。截止到独立，在过去
将近两百年的时间里，从英国去的大量移民形成的这一社会，形

成了以共同语言为首的一种文明。英国没有办法，在对抗恶化前承认了美国的独立，可以说是有利于将来关系发展的。这或许就是成为现在盎格鲁美洲（Anglo-America）精神纽带之强的一个远因吧。

第二章

近世欧洲的政治与文化

主权国家与君主政体

"近代"的时代划分

提起本书的标题"近代欧洲的霸权",该如何理解附在"欧洲"前面的、既是形容词又是名词的"近代"一词呢? 生活在 21 世纪的我们已经十分熟悉"近代"或"近代的"这些词语。但是,一旦被问到该从哪些方面理解这些词语时,答案一点都不明晰。近代欧洲到底是什么? 我也可以说它就是本书的主题,但是这个回答依然不完整。因此,我们在此稍微停顿,思考一下这个问题。

实际上,即使在欧洲,在各国的历史认识中,"近代"[对应英语的"modern"(现代)、"modernity"(现代性)]这一词语也存在着细微的差别,有时在同一语言中,"近代"一词也有歧义性。作为时代概念的"近代"到底从何时开始？这一问题涉及各国历史发展进程的差异，因此定义的方法也不一致。在此，我们看一下英国和法国的情况。

在法国，发生在 18 世纪末的革命，作为划分绝对王权期和 19 世纪的分界线，被赋予了极大的意义。正因如此，革命以前的历史被视为"modernes"（现代），即近代史，而革命以后的历史被称作"contemporaine"（同时代的），即现代史。这样一来，近代史就对应了绝对王权时代。这种分期方法本来是在 19 世纪末第三共和国时代成立的，所以现代史也就意味着同时代史。"contemporaine"一词的意思就是时代相同。法国在整个 20 世纪仍延续这种将 19 世纪视为现代史的历史划分，有相应的理由。大革命结束之后，法国经历了 19 世纪的帝制和君主制复辟等、20 世纪的纳粹占领和维希政权等种种政治激荡，但最终确立了以民主主义为原则的共和政体并持续到现在。这样的时代划分表明他们确信这是一个连续时代。

然而，英国的情形与此不同。法国的"近代史"时期，反而对应英国从古代到近代的中间期（early modern），即近代初期。日本最近多将这一时期翻译为"近世"。在英国史视域下，"early"之后的"modern"的起点应该在哪里，现在仍未明确。因为根据所选基准的不同，各种见解存在微妙差异。一般而言，我们将 18 世纪中叶视为起点。

德国、意大利、西班牙等国家因为各自的国情不同，对"近代"的理解也存在着细微的差异。像法国那样发生大革命进而区别开近代史的事情反而是例外。即使在法国，也不是单纯都以革命划分近代史，将革命前后视为连续性的观点，无论是在19世纪，还是现在都一直存在。

欧洲的"漫长的19世纪" 本书到此为止，在使用"近代欧洲"这一词组时并没有进行特别限定，在此则稍微确定一下。从包括后面"霸权"一词在内的整个标题来看，或许可以想象出，它的时代是指19世纪，就像另一种说法"欧洲的世纪"给人的印象一样。如果用最近在欧洲也流行的说法，则叫作"漫长的19世纪"。换句话说，我把从18世纪后半期的某个时间开始，到第一次世界大战为止这个包括19世纪前后的大阶段定为"近代欧洲"的时代范围。或许有人觉得，把起点定在"18世纪后半期的某个时间"怎么看都不明确。但是，从工业化的角度也好，从民族国家构建的角度也好，从人口转向增加的角度也好，从思想和学术的发展、行政财政和经济的理性体系的扩大等角度也好，我们都很难确定像革命或战争那样明确的时点。本书主体内容会说明这一点，所以在此我就先说下文。

如序言所述，通过合理构建以工业化、民族国家这两个主轴为中心的多样组织体系，"欧洲的世纪"，换句话说，欧洲的霸权在现实中得以确立。不过虽说如此，它也不是突然就在19世纪或者 18 世纪后半期实现的。此前就已经发展的多种因素复合共鸣，或者说相互回应形成强有力的磁场，这种状况大约在 18 世纪后半期就开始了。

因此，与此相连的前面一个时代可称为近世。这种划分也许与英国史中的近代早期相似。不过，这里我想强调一点，本书没有采取那种结果论的观点，认为从"大航海时代"就开启的欧洲霸权之路顺利推进，或者说稳步推进。因为在讨论近世的时候，我想明确一些要点，即这个时代中哪些东西构成了与此后的欧洲霸权相关的要素。

依然如涉及近世的第一章所述，近世是欧洲进行经济性的扩张，并开始构建相关组织机构的阶段。这种经济扩张朝向类似现代全球化一样的全球规模。通过这一阶段，欧洲内部形成了拥有足够多资本的社会，能够对工业化前提的机械进行大规模资本投资。同时，另一个前提也已经出现，即在寻找销售机械生产出来的大量产品方面，欧洲迈向了在全球范围内寻找市场的时代。另一方面，近世时期，欧洲形成了领土确定的主权国家原则，对于 19 世纪欧洲霸权的确立具有极为重大的政治意义。这项原则构成了之后近代民族国家的前提。关于这一点，本章将重点剖析。

主权国家体制的确立　　从国家作为国际政治的单位的角度来看，当今世界的原则是主权国家。当然，在 20 世纪后半期，各主权国家经历了各种各样的战争和对立后，以法国和德国为中心的欧洲各国摸索并成立了欧盟。其中，限制各成员国主权的特点十分明确。但尽管如此，当前世界依然是以各国主权这一原则为前提，最多也只是进行限制和调整。成立联合国的原则也正是主权国家体制。

抛开复杂的议论，所谓的"主权国家"，就是保持以下三原则的国家：以国境线内部的领域为国土；以居住生活在此的人民为国民；内部政治性决定不受外来干涉和控制，能够独立下决定。涉及国家存立的这种独立至上的决定权即为国家主权。因此，假如邻国侵犯了被国际社会认可的国境线，则该行为就被视为对国家主权的侵害。20世纪末海湾战争时，伊拉克对科威特的进攻，正是基于这样的判断而使伊拉克成为联合国军事制裁的对象。这一事件至今令人记忆犹新。

岛国日本被大海包围，或许很容易陷入这一国际政治原则无论何时都理所应当的错觉当中。然而，从历史的角度看，这种思考方式变成一项原则的时间并不久远。那是16世纪到17世纪近世欧洲发生的事情。从国际政治的观点看，这个时代明确带有从中世纪秩序转换的特征。

欧洲中世纪的统治原则是人与人之间的主从关系。某个领属的统治者，与实力和权威上比自己更为强大的统治者结成一种主从契约关系。这样的契约关系不论是自发形成的，还是因战斗中的强弱关系决定的，双方均予认可。总之，以国王为顶点的多重主从关系的网络支撑着统治秩序。这种基于人与人之间直接性的契约关系而形成的秩序，用稍难一点的说法就是基于属人原理的秩序。

因此，一旦某种主从关系产生裂缝，上层权力能够有效支配的范围也将发生变化，王国的有效统治范围也不稳定。这样的结构成为了14世纪中叶到15世纪中叶英法百年战争的背景，那场战争并非近代以后同为主权国家的英国和法国争夺势力的战争。如果这样定性的话，很容易陷入荒唐的时代错误当中。

但是，在基于这种原则的秩序当中，各地的国王开始慢慢地集聚各自的实力和权威。也可以说，这是国王权力追求更安定状态的过程。这一过程绝非轻易完成的，不过从结果来看，国王确立了作为领土国家首领的权威。这与经济社会安定发展的时代要求也相一致。因此，成为统治性秩序的原则已经不是属人主义，而是属地主义。

也就是说，国王作为国境线内部领土国家的首领，将生活在领域内部的人民作为臣民，置于自己的统治下。不过，在近世时期，统治领地的领主们多数还保持着对领民的直接统治权，所以中世纪时期的封建性社会构造在一定程度上依然存在。例如，尽管年贡之类的租税开始向地租转变，但是依然有领主享有裁判权。由于国情和社会的不同，这种状态存续的时间也各不相同。但是，不管怎么说，16世纪的欧洲是国家将位于下层的个别权力纳入统一的统治体系的大变动时代。

欧洲的这种政治秩序变换中始终伴随正当化理论，因为有必要驳倒反对派和抵抗派。在16世纪后半期，致力于将国家主权理论定式化的是法国政治思想家让·博丹。他认为国家是最好的统治体制，但是现实当中却存在作为市民共同体而发挥功能的社会。为了能够将这个统治体制与市民共同体有机地结合在一起，必须保障二者的连接。主权正是能够确保二者连接的东西。他认为作为体现主权的人，即主权者，就是国王。换句话说，国王立于一切之上，保障了国家和社会秩序。

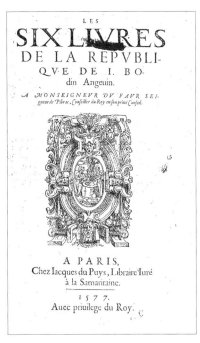

博丹的《国家六论》 1576年，在巴黎初版发行。在欧洲各国均能读到翻译版本。小樽商科大学附属图书馆藏

　　近世国家主权的承担者不是国民而是国王，国家是根据国境而被确定的政治共同体。以后世的眼光来看，博丹的思想可以说是给法国路易十四时期典型的绝对王权提供了理论根据。但同时，绝对王权绝不是任由国王恣意而为，国王也应该遵守王国基本法，必须充分符合王国存续这一绝对性目标。国家的存续是第一位的，国王即最高统辖者是这一事业的负责人。

补充一点，博丹用法语写的《国家六论》经由他自己翻译成了拉丁语版本，同时，也被翻译成以英语为代表的多种语言版本，在欧洲内部广为流传，成为议论的对象。尽管中世纪时期拉丁语是欧洲知识界的通用语言，但是，到了近世之后，在拉丁语依然作为知识界通用语的同时，通过各国语言之间的相互翻译，欧洲逐步形成了内部知识共享的局面。与此后相比，这是个移动方式都受限的时代，但学者间的交流跨越国境大范围进行。可以说，欧洲全体共享知识创造这一点，在此后的近代欧洲势力壮大方面是一个不那么显眼的重点。

意大利战争与超越性的帝国皇权的退步

让·博丹对国家主权这一观念的理论化探索背后有着现实的课题，即如何将法兰西王国从 16 世纪后半期发生的宗教战争（胡格诺战争）这一血腥内乱中拯救出来。在法国内乱末期，新势力"政治派"兴起。他们认为与选择新旧教的宗教问题相比，消除外国干涉的危险、恢复国内统一秩序的现实问题更为优先。博丹本人也属于这个党派。

实际上，围绕中世纪秩序的转换与主权国家体制的建立，在国王与诸侯领主的关系变化、属人原理到属地原理的秩序原则变化之外，还有一个需要留意的变化，即认为存在超越诸国的、立于这些国家之上的权威的观念及其体制弱化。主权国家体制是随着教俗双方的普世权威退步而成立的。

查理五世与菲利普二世 左图为查理五世即位神圣罗马帝国皇帝时的游行图。查理五世与儿子菲利普二世（右）打造了哈布斯堡家族的黄金时代。出自《文艺复兴的历史》（*Une histoire de la Renaissance*）

　　在此，我们首先观察教俗的俗。这里的"俗"是指位于个别国家之上的、更高权威的神圣罗马帝国的皇权。它的实际效力如何暂且不论，但在国际关系礼仪上，皇帝能够俯视所有国王，其帝国的形象也和古罗马帝国或者约翰大帝的帝国重叠，具有很大的象征意义。正因为如此，从近世初期，围绕着帝国皇位的争夺也就很显著。

　　15世纪末，年轻而富有野心的法兰西国王查理八世主张对那不勒斯的权利，并进攻了意大利。查理的野心还没有实现，就因为意外事故而死去，不过，以此为开端的意大利战争背后，就有奥地利的哈布斯堡家族与法国的瓦卢瓦家族（Valois）争夺皇位的矛盾。成功争得皇位的是前者。将西班牙也置于自己统辖下的哈布斯堡家族查理五世，不仅击败了敌对的瓦卢瓦家族法兰西国王弗朗索瓦一世，还成功地获取了皇位。成为西班牙国王、神圣罗马帝国皇帝的查理五世，丝毫没有隐藏他追求普世帝国的野心。正如第一章所述，那时西班牙进入美洲，抢夺金银财宝，不久就开始了正式的殖民地经营。查理五世和他的儿子菲利普二世时期，可以说是西班牙的鼎盛时期。但是，其他势力担忧统治了奥地利和西班牙的哈布斯堡家族日益强大。因为以法国和英国为首的各种势力的联合对抗，以及德意志地区诸侯的反抗，至16世纪中叶，查理五世的野心最终被挫败。继承者菲利普二世也立刻承受了荷兰独立这一惨痛的反击。

意大利战争以诸多城市共和国割据分立的意大利半岛为舞台，各种势力进行着让人眼花缭乱的合纵连横。在间歇性的战斗中，这场战争持续了大约半个世纪之久，直到1559年签订《卡托—康布雷西和约》（Peace of Cateau-Cambresis）才得以终结。最终，各国在没有得到任何战果的情况下不得不结束战争。

但是，意大利战争的过程和结局所显示的，在历史上具有重大意义，即代表超越性、普世性权威的皇帝之下的帝国这一理念，无论是在实态上，还是在象征意义上，都不再有多大的意义。各国为了避免特定国家压倒性的强大，基于实力均衡的理念而开始构建同盟关系。昨天的敌人可能是今天的朋友，反之亦然。这种状况成为平常的国家关系。各国不仅结成军事行动方面的同盟，也形成互派常驻外交官的体制，由他们调整国家关系、收集信息。与主权国家一起，这个可以称之为现代外交制度原型的制度也开始出现。如今，欧洲各国重视 diplomacy 和 intelligence，即外交和情报工作，同时长于外交手段和策略，也许能够回溯到这样的历史经验。

而此前所提的圣俗中，"圣"的普世权威是指作为宗教权威的天主教会，特别是位于阶层性组织秩序顶点的罗马教皇与罗马教廷所拥有的超越性权威。关于这一点，我们将在接下来思考。

两大宗教改革

神学家路德的挑战

作为一支武装力量，半岛重要势力罗马教廷积极参与到这场以意大利为舞台的战争，亲自上演合纵连横中的一个片段。意大利战争时期，和 15 世纪于佛罗伦萨正式兴起的文艺复兴运动向罗马扩大的时期重合。罗马教皇不仅是宗教上的权威，在其他方面也有很大的权势。他们在围绕战争的现实政治舞台上干预政治，也是因文艺复兴而繁盛的艺术的赞助人。

例如，1503 年继位的罗马教皇尤里乌斯二世（亦称儒略二世）既是在合纵连横方面具有非凡外交手腕的知名人士，也是我们现在所熟知的天主教总部梵蒂冈城圣彼得大教堂的建设者。负责设计和施工的多纳托·布拉曼特和米开朗琪罗为此付出艰

尤里乌斯二世与圣彼得大教堂 在意大利战争中获胜的教皇尤里乌斯二世（左）作为艺术资助人，委任米开朗琪罗与布拉曼特设计和施工大教堂（右）

辛的努力。教皇的言行既具有权威性，也具有世俗性。继任的利奥十世同样具有毫不逊色于尤里乌斯二世的外交手腕，作为艺术赞助人，也毫不吝啬资金。

中世纪前的教皇和教廷凌驾于世俗国家之上，或者说凌驾于世俗权力之上，以教义和教会组织统辖着全部基督教世界，作为普世的、超越性的权威，炫耀着巨大的力量。可以说，因为处于世俗和宗教还没有明显区分的时代，他们的权威和言行能够左右现实政治。逐出教会和宣布为异端都具有强烈的意义。

但是，正如前文所述，像尤里乌斯二世、利奥十世这样的文艺复兴时期的教皇以及教廷，一边作为神学上的最高权威活动，一边左右世俗政治，玩弄外交权术，采取丝毫不浪费自身

能力的态度。恰在此时，涌现出一个
不畏权贵、仗义执言的人物，他就是
德意志地区虔诚的神学家、传教士
马丁·路德。

对于天主教徒而言，罗马是与耶
路撒冷、西班牙的圣地亚哥—德孔波
斯特拉并列的最重要的巡礼地。据
说，年轻的路德初次朝拜罗马后，惊
诧于教廷被世俗所染的现状，失望地
回去了。之后，得知了教廷宣扬的用
金钱获得神的恩宠的赎罪券，即所谓

马丁·路德 以兜售免罪符为契机，
在 1517 年公开批判教皇

的免罪符的兜售活动，路德于 1517 年贴出了《九十五条论纲》，
公开批判罗马教廷。天主教的传统认为，教徒这一世的善行可以
带来来世的救赎。购买赎罪券是支持罗马教廷的行为，所以是
一种善行，因而也就与获得救赎相连。路德彻底否定这一说法，
主张灵魂的救赎完全取决于对福音的信仰，即"因信称义"，强
调教徒唯有回到《圣经》这一原点方能获得救赎。

这里并不打算回顾复杂的宗教改革的历史。依照本书的目的，
我们仅理解其中必要的重点吧。

路德的主张肯定不是突如其来的东西。在中世纪末，英格兰
的威克里夫和波西尼亚的胡斯等人就提出了相似的主张。但是，
与局限于地区运动的威克里夫和胡斯不同，得益于当时不断进步

印刷工厂的内部 因印刷技术的普及，路德的主张得到了传播。出自《风景和农民》(*Paysages et Paysans*)

的活字印刷与版画等媒介的发展，路德的主张以飞快的速度在各地传播。罗马教廷革除了路德的教籍，但此举反而是火上浇油。路德的宗教主张在德意志民众当中迅速传播开来。最终，路德得到萨克森选帝侯弗里德里希的保护，在他的城堡中将《新约圣经》翻译成德语。既然要回归《圣经》原点，教徒就必须自己去读《圣经》。此前，不懂拉丁文就读不懂的《圣经》，现在用世俗语言也能读懂。对于知识的共享、思想的普及来说，这一变化预示印刷媒介的力量不断增大。教廷无法限制路德思想普及，其超越性权威必然动摇。

　　神圣罗马皇帝查理五世在意大利战争状况不利的形势下，暂时容忍了路德派的活动。但是，等危机过去不久，查理五世就再次镇压否认超越性权威的路德派。那些已经接受路德派信仰的城市和诸侯一致抗议，自此开始，"Protestantism"（抗议者）即"新教徒"一词就代表反抗罗马教廷的势力，之后成为反天主教的各种宗教改革派的总称。

　　1555年奥格斯堡帝国议会的宗教和议中表现出的方向也很重要。为解决当时天主教和新教的对立，神圣罗马帝国和德国诸侯召开了此次会议。路德派的活动得到了认可，但是个人的宗教信仰自由并没有得到承认。这次会议确定德意志各州君主选择的教派为该州的正统教派，即君主的选择决定所有臣民信仰的州教区制（Landeskirche）。这时，构建以君主或国王为首的主权国家的时代风潮也正在兴起。

宗教与政治　　从前文中可以看出，16 世纪前半期，天主教与新教的对立并非只是信仰和教义上的矛盾，与世俗政治的变化也有很大的关系。从 16 世纪后半期将法国带入内乱状态的宗教战争，到 17 世纪前半期以德意志为舞台的"三十年战争"，在欧洲各地的纷争当中，两教派的对立虽然形式多样，但都广泛参与。前文提到的荷兰独立也是如此。对于自命为天主教长子的西班牙帝国，荷兰旗帜鲜明地支持新教徒并与之对抗。其中，比路德派更为激进、要求彻底改革的加尔文教派成为反抗中心。

路德派正如路德本人一样，既不否定现存的政治秩序，也不倡导个人信仰自由。他所倡导的"信徒皆祭司"（the universal priesthood, the priesthood of all believers）虽然否定天主教教会的超越性权威和阶层性秩序，但它以个人在信仰层面上直接面对《圣经》的教诲这一点为基本理念，并没有与现实的秩序直接相关。因此，1524 年，西南德意志地区的农民受路德的教义启发而发动大规模起义，提出废除领主制等要求时，路德明确表达

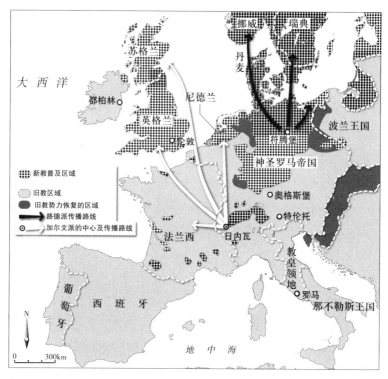

新旧两教派的势力范围　16世纪中叶

否定的态度也就不是什么不可思议的事情了。

　　而另一方面，加尔文的观点中，"信徒皆祭司"更为彻底。他完全否定以主教为代表的圣职人员阶层，追求一种神权政治，即从信徒中推选领袖作为长老，组建信徒共同体。被请到日内瓦去的加尔文，在那里清除了反对派，暂时建立起了彻底的神权政治。加尔文主张彻底的救赎预定论，认为应该以《圣经》所示的神谕为根本；救赎并非由人的功绩决定，而是完全根据个人的信仰；信仰是神所赋予的，这一恩宠已由神预定好。

20世纪初，马克斯·韦伯解释说，加尔文派主张的并不是沉溺欲望，觉得既然是神预定好的，那做什么都一样，而是一种把自己的工作看作是神所赋予的天职，要刻苦努力地做好的伦理思想。这种思想与近代性的努力态度相连。不过，需要指出的是，在后文中将要看到的对抗宗教改革中，在回答现世当中各自的伦理性行为方式上，天主教也包含与近代性的努力态度相连的东西。

黎塞留与"国家利益"　从16世纪意大利战争和法国的宗教战争，到17世纪前半期将德意志地区变成荒芜之地的三十年战争，这些战争使拥有领土的主权国家间的对立，以及以国家利益优先的国际关系的发展明显化。虽说世俗政治和抗争几乎总与宗教问题纠缠在一起，但各国也开始采取实用主义的力量关系的判断与行动选择，有时即使国家的宗教是天主教，但如有必要，该国也不辞与新教国家结盟。在这个时代，展现出这种态度的代表性人物是黎塞留。他在法国参加"三十年战争"之际，是事实上主导国家的宰相。

黎塞留是17世纪前半期帮助强化法国王权的人物。同时，他也是天主教会在法国境内职位最高的枢机主教，以压制国内新教势力、攻陷新教势力据点拉罗谢尔要塞等对宗教改革派的攻

宰相黎塞留 虽然任枢机主教，但是在三十年战争期间，为了国家利益，与新教势力结成同盟

击性态度而闻名。但是，黎塞留让法国参加了以德意志为舞台的"三十年战争"；为了国家的利益应该优先打击哈布斯堡家族，因此不辞与新教势力结盟。这些举措中，以国家利益优先的国家伦理超越了宗教或教义的对立，毫不胆怯地站在了前面。这一表露在前的伦理正是"国家大义"（raison d'etat），译作"国家利益"（national interest），即追求对于国家利益来说的理性（raison）的伦理。

　　简而言之，商讨结束三十年战争的威斯特伐利亚和会是欧洲多数主权国家进行的第一次真正意义上的外交谈判。因为是第一次，没有任何可以依赖的先例，并且会议涉及许多国家，所以谈判在摸索中缓慢进行，到和约订立历时近四年。结果，奥格斯堡宗教和议的内容再次得到确认，加尔文派也得到认可。事实上已经独立的荷兰，与瑞士一起正式获得了国际政治上的承认。教皇和皇帝的权威，即位于中世纪秩序顶点的圣俗两方面超越性的权威，在势力增大的主权国家面前，于实质方面不得不屈服。

　　但是，此前掌控人们的信仰世界，不仅将教会组织扩展到欧洲各个角落，还力图将其传播到欧洲外部世界的天主教会，在新教徒的攻击，以及主权国家和统治它的国王和政治家面前，是不是就无能为力地衰退下去呢？并非如此。

天主教宗教改革与传教之战

虽说确实丧失了中世纪那样的超越性的权威地位，但受到以路德派和加尔文派为代表的新教势力挑战的天主教教会并没有那样衰弱下去。否则，在现今世界上拥有无数信众，拥有极强力量的天主教就将无法理解了。

天主教会的对抗运动英语称作"Counter-Reformation"，在内战激烈的法国则同样有"Contre-Réforme"。日本过去将此翻译成"反宗教改革"，从而让人仅能想到他们要打败宗教改革。最近日语也将其称为"对抗宗教改革"，在表达上更正确了。

再进一步说，也许将其称为"天主教宗教改革"更为贴切。不可否认，天主教会的姿态重建确实与新教势力的挑战有关，但是部分神学家和圣职者站在人文主义角度对教旨的重新解说比新教势力更早。只是关注世俗动向的罗马教廷在15世纪到16世纪初的时间里，没有对这样的动向有所反应。15世纪末，佛罗伦萨的严厉修士萨佛纳罗拉成为最终引发反叛的先驱。

1545年，罗马教廷在当时神圣罗马帝国统治下的特伦托，即现在北意大利城市特伦托召开了大公会议（天主教会高级圣职者会议），开始真正的重建探索。在截至1563年断断续续召开的三期会议上，教廷决定了其后直到20世纪中叶的罗马天主教会的基本线。因此，这是一个历史上极为重要的会议。

根据这次会议，天主教会确认了教皇超越性的至上权，同时，在教义方面统一了《圣经》的正典、原罪、以洗礼为首的七个圣礼等；在教会的形式上确认主教住在教区的义务、禁止保持复数圣职俸禄、统一弥撒的做法、要求尊崇圣人等。此外，加强对异端的宗教裁判、制定禁书目录制度等，在会议之后也由教廷制定了方针。强化宗教层面的教育也没有被遗漏，它不仅包括为培养正规的圣职者而设立神学院，以及为防止圣职人员在教义和典礼执行上出现偏差的教育，也包括加强对一般信徒的宗教教育。不仅是欧洲以外，欧洲各地的居民也再次被视为布道和教化的对象。

耶稣会的创立与传道　在宗教教育开展方面，走到天主教会前面的是，在特伦托大公会议召开以前的1534年，由西班牙的圣依纳爵·罗耀拉（St. Ignatius Loyola）与六名弟子在巴黎创立的修道会，即耶稣会。1540年，通过召开特伦托大公会议而掌握重建天主教会改革主动权的教皇保禄三世认可耶稣会是天主教的正式修道会。耶稣会刚被认可的时候大约只有六十位会员，在1556年罗耀拉去世时增加到一千人左右。此后，随着天主教会在欧洲内再传道活动的开展，以及向世界各地派遣传教士事业的进展，耶稣会急速膨胀。在17世纪初时，会员人数远超一万人。

随着 16 世纪中叶开始的葡萄牙和西班牙海洋帝国或者殖民地帝国的真正形成，美洲大陆自不用说，就连东亚地区也成为耶稣会的活动范围。众所

罗耀拉与泽维尔 耶稣会的创立者罗耀拉与传教士泽维尔。京都大学综合博物馆藏

周知，1549 年来到日本并开始传教的方济各·沙勿略（泽维尔）、16 世纪末到 17 世纪初在中国传教的利玛窦都是耶稣会派遣的传教士。这些传教士在向欧洲以外地区传播天主教的同时，也给当地带去欧洲物品，并带去了接触物品背后的知识和技术的机会。另一方面，在海外布道的传教士当中，也有人注意到欧洲以外的非基督教文明同样具有值得尊重的独立价值。但遗憾的是，这种认识并没有占到上风。正因为有了以罗马教廷为背景的强大组织的支撑，以耶稣会为代表的修士们的传教活动使天主教在欧洲以外的地区领先于新教各派。

在欧洲内部，新旧基督教两派激烈对抗，有时甚至不惜进行流血的布道战争。如前文所述，法国内战和三十年战争即是如此。16 世纪后半期到 17 世纪初，因为两派都增加了严厉程度，频繁发生异端审判和猎杀女巫的事情。无论是天主教区域，还是在新教区域均为如此。新旧两派教会的对立与矛盾，在 19 世纪

前一直给政治和社会留下了细微的阴影，不过，在三十年战争结束的 17 世纪中叶，欧洲内部两教派的势力圈几乎确定下来。大致来说，天主教在意大利和西班牙等地中海一带和法国的大部分、南德意志、从奥地利到波兰的东欧，重新确立了无法动摇的主导权。从德意志北部到北欧，以及北海沿岸的荷兰和不列颠岛，成为了新教的地盘。

宫廷文化与中产阶级文化

作为宫廷典范的凡尔赛宫　　　自中世纪起就可以看到，在国王和大诸侯所住城堡里的宫廷，臣下聚集，有宴席时则邀请音乐家和艺术家到来，成为一个共享的独特文化场所。但是，中世纪勇猛的君主们屡屡为了战争而亲自出战，将城池留在身后，或者为了治理统治地区而不断携带着宫廷移动。即使在已经不能称为中世纪的 16 世纪前半期，移动宫廷仍然普遍。无论是查理五世，还是弗朗索瓦一世，互为宿敌的他们都因坐席尚未温热就再次移动而出名。大概是从 17 世纪中叶起，这样的移动宫廷变成了住在城堡里进行统治的体制，即以城堡中的宫廷社会为轴心运作的政治局面固定下来。

　　这样的宫廷社会的确立，与以国王为轴心的主权国家的确立密不可分。在宫廷当中，从国王身边的顾问官，到下层的政务官以及各种杂役人员，各种各样等级的贵族及其家人、家臣和用人们，连一举手一投足都要在形式化的礼仪中体现出政治秩序。能够靠近国王身边的人与不能够靠近的人、在国王面前的座次，所有的要素都是构成差别化的材料。那既是政治世界，同时也是不擅长死板规矩的我们可能连一小时都无法忍受的、殷勤的社交场所。那是以国王为顶点的权力关系上下运作的空间，希望哪怕稍微上位一点的权术，在背后翻腾出各样的旋涡。

确实像诺贝特·埃利亚斯在其著作《宫廷社会》中所论述的那样，把握住人际关系微妙之处的礼节在宫廷中极度发展，并在此之后扩展到了外部的社交界和政界。埃利亚斯想说的是，这是一种文明化的发展，但是果真如此吗？这个观点显然值得质疑。不过，在宫廷这个有限的空间当中确实形成了约束炫耀武力的社会，以及一些行动方式，即人们在明里暗里蠢动着政治性博弈的世界，抓住环境和人际关系的心理，巧妙地分清话里话外，同时，立足于身份和等级，但也进行在实权中凌驾其上的博弈。这是一个只有耿直必将无法游刃有余的政治性欺诈（maneuver）、策略与操纵心理的世界。

17 世纪末到 18 世纪初，在路易十四亲政时期所修筑的凡尔赛宫里，以极度凝练的形式形成了这样的宫廷社会。那里汇集了该时代所有的文化精髓。研究这个时代的学者二宫素子曾经这样简洁地概括过，在凡尔赛宫里，"除了我们现在能够看到的园艺、建筑、雕刻、从挂毯到家具的装饰艺术，还有路易十四自己演奏乐器的音乐、芭蕾、戏剧以及初期的歌剧。这里凝聚着当时最高的艺术水准。（中略）可以说，作为勒诺特尔代表作的这座法兰西风格的园林就是路易十四统治思想的具象体现，而宫殿本身就是古典主义建筑的壮丽代表"。（《宫廷文化与民众文化》）

作为宫廷文化舞台的宫殿

不久，以凡尔赛宫为代表的欧洲宫廷汇集的文化财产，与规模相对较小的某些贵族的财产一起，作为重要的文化财富而被社会全体继承。从这一点上看，他们最终发挥了重要的历史作用。例如，以卢浮宫、普拉多博物馆、埃米塔什博物馆（冬宫）等为代表的欧洲各地的大型国家博物馆及其展品，多数情况下都是由过去君主和贵族的收藏品构成其基础。国家图书馆的藏书基本上是从皇家图书馆继承过来的，国家档案馆的古籍档案基本上也是从皇家档案馆继承过来的。

以宫廷社会及其汇集的文化为基础，路易十四毫不懈怠地以看得见的形式向全部臣民昭示自己作为统治者的权威。将路易十四描绘为太阳王的画像、奖牌不仅赏赐给宫廷社会成员，甚至还赏赐给臣民。作为战胜纪念的骑马塑像，给人一种生动的引领国家前进的国王形象。欧洲的贵族原本是军人，但在这个时候，担当司法和财务职位的穿袍贵族（noblesse de robe），以及以现在的话说近似于高级官僚的实务派也开始兴起。尽管如此，率领国家的国王和贵族似乎仍保持着作为军人的自豪。路易十四就

路易十四骑马像 为纪念太阳王的胜利而修建的巨大骑马像，背后是凡尔赛宫

是一个亲赴战场的国王。只是，事实的情况是，路易十四在位期间不仅有战争，还有饥荒和瘟疫等，对于臣民来说绝非安居乐业的时代。也许正因为如此，他反而更重视国王形象的塑造。

路易十四时代的法国，全国人口大约两千万，是欧洲第一大国。其宫廷不仅是法国政治中心，在欧洲国际政治中也占有重要的位置。也由于这个原因，在欧洲各地的宫廷中，法语作为优雅的语言以及政治上的核心语言而广为使用。

在 18 世纪，稍晚于法国，许多君主也修建了堪比凡尔赛宫的华丽宫殿。他们以那里为舞台构建了宫廷社会，并且如下一章所述，尝试实施开明专制统治。作为法国宿敌的哈布斯堡家族的玛丽娅·特蕾莎在 18 世纪后半期，将自己的女儿玛丽·安托瓦内特嫁给了法国王室，亲自导演了一幕"外交革命"，震惊欧洲大陆。但同时，她也在维也纳郊外修建了拥有庞大园林的美泉宫。一直与奥地利对抗的新兴国家普鲁士，国王腓特烈二世在柏林郊外的波茨坦修建了华丽的洛可可样式的无忧宫，将启蒙思想家伏尔泰从法国邀请到此。而在俄罗斯，在彼得大帝的女儿、女皇伊丽莎白时代，彼得大帝梦想的夏宫也在圣彼得堡建成。

知识的变化与近世社会

近世的欧洲战争不断。这些战争并不是要将敌人毁灭殆尽，而是以包围战攻取阵地，获得外交上的有利条件，进而以媾和条约的方式实现扩大领土等战果。这是当时最主要的战略。在这样的战争当中，中世纪盛行的骑士决斗、以弓箭为主的战斗已经成为背影，使用火药的大炮和对火枪技术的改良，改变了战争样貌，削弱了骑士贵族、军事贵族的存在意义。

枪炮的真正使用，使得欧洲大规模建造能够抵御火力攻击的要塞。日本函馆的五棱郭就是近世欧洲要塞的小型版。战争规模扩大，与强化国家主导权的方向相一致。被动员的士兵数量也很庞大。最初，保障军队数量的是雇佣兵队长。"三十年战争"时期出任神圣罗马帝国军司令官的雇佣军官阿伦施泰因闻名于世。不过，他们将此作为一种生意，率领自己集结起来的雇佣军参战。在这一过程当中，各国暂时依赖雇佣兵，但也开始真正地建立国家的常备军。为了能够在国家财政上支持军事力量的强化，国家也必须建立租税制度。主权国家的构建，与这些不断发生的战争密切地并行。

另一方面，枪炮的改革与要塞的构筑等军事技术的发展，也与技术开发的整体发展密不可分。众所周知，17世纪的欧洲迎来了"科学革命的时代"。虽然称其为科学革命，但是基督教世界观，不管是天主教还是新教，仍有着绝对的支配地位这一点反而强调这个时代科学的局限。例如，推广通过实验来验证的方法、被视为"近代化学之父"的约翰·道尔顿是一位虔诚的新教徒；被称为近代物理学的创始人、证明万有引力定律的牛顿也热心于炼金术；或者是上文中已介绍过的16世纪末的政治理论家博丹，也同时是恶魔论相关书籍的作者。这样的事例不胜枚举。

确实如此，推动17世纪科学和学问发展的学者们，既不是无神论者，也不是唯物论者。他们从未想过自己的研究可能创造出与基督教对立的认识吧。但是，在经济和军事上出现可谓欧洲的霸权的局面后，只要意识到学问的发展与科学技术的进步所搭建的基础极其巨大，那么，不管是否把近世学问的新进展称作"革命"，它都是一个必不可少的重要因素。

正如哥白尼、开普勒、伽利略等人的名字深入人心那样，16世纪到17世纪，以地动说为首的天体运行规律相继被发现，使用望远镜的观测开始进步。超越个别发现与证明的共性事情是建立理论性假设的态度、通过系统性实验对假设确认，以及数学性的逻辑性。不擅长数学的我不能够从专门的数学角度说明这些学问状况，但是，牛顿代表作《原理》（日译名）的完整标题是《自然哲学的数学原理》这一点就有象征性。到了18世纪，对数学的逻辑性、理性的执着更加强烈。

这些学问的探究，大多数确实还处于学者们的头脑中，或实验室阶段，因此，除了与这个时代的基督教世界观冲突的以外，大多都没有变成社会性的大话题。对于普通人而言，那些还是一些无关的东西。但是，不能忽视的是，这些学问的发展与实用事物的变化在局部上是同时发生的。上述要塞的构筑、大炮的制造以及装备大炮的大型舰船的制造等军事相关的实用技术的改良是如此，望远镜的改良及天文观测和航海术的革新、机械钟表制作中精密技术的改良与制作过程的组织化分工等，也都是工学方面学问新发展的例子。

印刷与识字教育、书籍的普及

在 15 世纪，古腾堡发明了活字印刷并不断得到改良。前文已述，活字印刷物的刊行对于新教信仰的普及起到了不小的推动作用。但是，活字印刷物绝非新教的垄断物。天主教方面也与之对抗，在加强传教、教育的活动过程中，出版了版式或大或小的多种书籍。在通过手抄书籍传播知识的中世纪手抄本时代，书籍大多都很大，一般人得见的可能性很小。但到了近世，书籍的尺寸出现了大小不一的多种样式，明显是以民众为读者群的一整页的印刷物，或者是纸张质量低劣但是价格低廉的薄册子开始销售。知识的传播方式、媒介的形式渐渐地开始发生了变化。17 世纪到 18 世纪，欧洲各国相继出现了许多相当于后来报纸的印刷品。

普通老百姓能够读懂这些印刷品或者书籍吗？这也就是识字

率的问题。识字程度自然应该很低。虽然没有准确的数字可以说明，但根据专家们的研究推测，在 17 世纪的英国和荷兰，能阅读的人似乎最多。当然，不同的社会阶层也存在着很大的差异。这在学校教育尚未普及的当时，很容易想象到。但是，即使在民众阶层当中，通过听识字的人读出来的方式，文字信息得到相当广泛的传

叫卖图书　小贩斜挎着箱子，沿街叫卖里面的小册子，17 世纪。出自《风景与农民》(*Paysages et Paysans*)

播。与现代以默读为常识的读书方式相比，那时读书的方式本身也不同。

　　通过教会的主教和牧师向孩子们提供的宗教教育，民众阶层当中也能接受到某种程度的识字教育。对比日本，这就像寺子屋教育一样。欧洲出现国家确立民众应该掌握的写作、作为前提的语法体系，以及更前提的共同语言也是在近世时期。这一点也是与 19 世纪相连的重要的社会发展。国家整体经济的顺利发展、军队指令的统一，或者政治指令贯彻到全国各个地区都是近代国家的要谛，但这些并非从一开始就自动存在。一般情况下，国内各地都有地区性语言，或者是使用完全不同的语言的人混居在

一起。

　　在近世时期，西班牙和法国作为先导，在王权的指令之下确定并推广本国语言，订立语法体系。17世纪前半期，法国宰相黎塞留创立的公共机构法兰西学术院就是其中的典型。这一机构的任务是统一法语的词汇、语法、写作、发音，并在此基础上编修词典。这项任务一直延续到今天。

　　另一方面，这时学术组织化也开始得到加强。各国以皇家科学院或皇家协会为名，将科学和学术研究权威汇集在一起，力图进一步推进各自的研究。比起过去研究者各自独立的研究工作，依靠国家财政支持的学术研究工作，无论是在规模还是在质量上，都有取得更大进展的可能性。对学术和文化活动的公共投资作为国家战略的一部分，开始在近世欧洲出现。虽然与重视专家的局面相距甚远，但是，与学术的距离不断拉近的现象，逐渐具有了重大的意义。

**民众文化与
中产阶级文化**

前文已述，在宫廷里兴起华贵社交世界的同时，构成社会大多数的普通民众的生活一点也不乐观。尽管近世欧洲不断扩大与遥远海外的贸易范围，但是无论哪个国家，基本上都是以农业经济为基础。因此，一旦遇到恶劣气候，产生歉收等现象，就会立刻出现经济收缩与饥馑问题。贵族也好，富裕商人也罢，上层社会的人不仅不会忍饥挨饿，反而时常出现可谓奢侈的消费。与此相对，百姓却只能勉强生活。不仅是城市当中不断增加的民众，生产粮食的农民也是同样。

这些民众阶层的文化是怎样的呢？读写能力相当低下的实际情况已经在上文有所涉及，但并不能简单地下结论，认为他们文化程度也低下。认为文字文化比口头文化水平更高，或许是熟悉文字的人的迷信。一般而言，民众的文化是在生活习惯中形成，并通过口头传承延续下来的。因此，这种文化与职业和地域紧密联系在一起，具有地域性特征。

农民生活在农村共同体中，有着继承下来的一年的生活循环，即农业历与基督教历法相互重合形成的生活安排。他们既有送冬迎春的祭祀，也有祈祷收获或者感谢收获的礼仪，与日本和亚洲的农业社会相似，只是各地的作物种类及被赋予的宗教意义不同而已。不过，欧洲农村虽然信仰基督教，但在对咒术等的强烈信仰这一点上，与其他地方有着共同的特征。简而言之，基层文化具有很大程度上的共通性。关于这一点，在稍后的 19 世纪社会变革部分再做思考。

说到城市民众阶层，首先，可以称为街区共同体的地缘关系构成了生活的基本框架。其次，这时也存在不同职业的共同体。在近世时期，城市虽说是城市，但几乎都很小，工作地点和居住地点基本上接近，因此这两个共同体也可能重叠在一起。在婚丧嫁娶时，活跃的各个街区、行业团体（confraternity）等的活动重合也就不足为奇了。在稍微大一点的城市当中，大多数商人或者工匠领导结成了总称为"行会"（Guild）的同职团体。这是一种垄断性的职业利益保护团体，等到市场经济开始发展时，就成为批判的对象，走向解体，但是它们保持了各自职业所特有的习惯与礼仪。不过，在居民流动性很大的城市里，没有特定的职业限制，从事杂业的民众增多。某种城市社会问题此时已率先出现。关于这一点，将会在下文讨论。

在近世时期，每个地域、每个职业领域都多彩多姿。如果将农村和城市的民众在生活中保持的文化称为大众文化，那么，这种文化与宫廷社会中所看到的优雅文化之间的隔阂极其巨大。大众文化以包括暴力行为在内的直接身体性，以及爱用脏话和拟音词的语言表达激烈性为特征。在法国，嘈杂音乐（Charivari）的盛行就是极好的例子。这是众人采取的一种对违反共同体规范的人的处罚行为。像英国的粗暴音乐（Rough Music）、德国的吵闹音乐（Katzenmusik）一样，人们敲击锅具等发出咚锵的声音，作为一种警告的方式。不过，其中也曾发生近似于真正意义上私刑的悲惨事情。这与推崇礼仪化的委婉表达，即高度重视抑制感情的宫廷文化相比，是同一时代的另一极。

但是，城市居民中也出现与大众文化明确划清界限的人。市民当中，例如在那些因从事远洋贸易之类而获得财富的富裕商人当中，一些人因财力而备显优越。他们虽然生活在同样的城市当中，但是与大众文化保持着一定的距离，从抑制感情的生活方式来看，近似于宫廷文化。这些上层市民中涌现出在宫廷也备受重视的人，通过将女儿嫁给贵族的联姻形式，将家族带入贵族行列的事例开始出现。在贵族方面，为了维持家产、保住家族威望与社会地位，也出现了下嫁富裕商人的现象。此外，像法国那样，这时也有富裕市民从政府那里购买官职，并获得了该官职所带的贵族称号，或者收购贵族领地的情况。近世欧洲虽然依然保持着以贵族阶层为最高等级的身份制度，但实际上它绝对不是牢固不变的制度，流动性反而很高。

例如，在将宫廷文化发展到顶点的路易十四时代，支持国政的国务卿中，绝大多数都是出身资产阶级的穿袍贵族。他们不是以战斗在战场第一线而自豪的骑士贵族。这些人虽然被称为贵族，但其性质也随时代一起变动。原本就是依靠经济活动而兴起的他们，不管是得到了贵族称号，还是依然作为一介市民，到了18世纪后，都认为国王的庇护没有必要，并形成了以城市为舞台的独立的文化。阶层身份本身依然具有重大意义，但是18世纪以后，以城市为中心的社会活动、经济发展同社会流动性一起，加强了城市的活力状况。依靠国王和贵族的支持而保持活力的音乐、芭蕾、戏剧涌入城市的剧场，市民们也可以欣赏。可以说，18世纪后期出现的天才音乐家莫扎特，以自己的切身事例展现出那个时代的变革。

皇家和贵族的门第，在阶层性很强的社会中依然占据着相应的特殊位置。但是，形式化达到极致的宫廷社交世界，甚至成为人们不断讽刺挖苦的对象。在18世纪里，反而是启蒙思想这一基于理性的思考，能够为政治、经济和社会等各部门提供指引，成为被追求的对象。

第三章

开明专制君主与思想家们

自上而下的近代化探索

18 世纪欧洲的国际战争

欧洲的 18 世纪以战争，即西班牙王位继承战争拉开帷幕。

没有继承人的卡洛斯二世逝世，哈布斯堡家族出身的西班牙王室直系断绝。欧洲的王侯贵族因联姻政策，彼此复杂地连接在一起。希望获得继承权的是法国和奥地利，再简单地说，是长年对立的波旁家族与哈布斯堡家族。两个家族这时都与西班牙王室有姻缘关系。不过，我在此不打算说那些复杂的姻缘关系。那些错综的姻亲关系，对于不熟悉该领域的我来说并不简单，而且对于我们在这里所要进行的讨论也没有直接的关系。

1701年，法国国王路易十四的孙子菲利普，遵照卡洛斯二世的遗嘱即位，成为西班牙国王菲利普五世。对此，不希望法国势力扩大的奥地利、英国、荷兰，以及大部分德意志诸侯邦国结成联盟对抗。战争断断续续进行，直到1713年《乌特勒支和约》以及1714年《拉什塔特和约》签订。从结论来看，同法国波旁王朝联姻的西班牙波旁王朝虽然成立，并成为一直延续至今的西班牙王室，但路易十四扩张法国势力的政策，因其他欧洲国家的干涉而以失败告终。甚至这都不是简单的失败，如果考虑到给国库带来巨大赤字和丧失海外的加拿大殖民地等巨大损失，则或许可以说路易十四的统治是在巨大失败中告终。

但是，这种围绕继承权而发生的国际干涉战争并没有就此终结。1733年到1738年有波兰王位继承战争；1740年到1748年，因为对玛丽娅·特蕾莎继承奥地利哈布斯堡家族族长不满，诸国也发起了干涉战争，即所谓的奥地利王位继承战争。此外，1756年到1763年有可称为此事后续的"七年战争"。这是一场法国和奥地利结盟，打击在奥地利王位继承战争中发展起来的新兴国家普鲁士的战争。法奥同盟标志着哈布斯堡家族和波旁家族间的长年对抗关系向合作关系的转换，可谓实现了外交革命。

正如第二章所述，通过这些18世纪的战争可以确认的事实是，主权国家对势力扩张的追求不断导致多样化的合纵连横，战争已经不是两国间的战争，而是国际战争。这时的国家主权在国王本人身上，因而围绕王位继承而频发战争。这与19世纪以后的情况有很大不同。但是，即便是因为王位继承问题而发生的战争，战争的主体也不是王朝，而是国家，在结束战争的条约当中，最关键的问题不是王室利益，而是国家利益。

因为是战争，自然要依靠军事实力，但同时，也要依靠为了国家利益而制定或实施的巧妙外交战略和战术。这个时期所发生的战争不是像后来看到的、工业化后 20 世纪的世界大战那种全面战争，但夹杂着间歇战斗的长期战争费用巨大。在第一章末尾处也提到，战争规模也不仅局限于欧洲内部，还扩展到了美洲和印度等地。如果不能建立起以税收体系为代表的严密的国家政治经济体制，国家连维持军队都办不到。在国家经济的有效组织发展上，占有领先地位的国家的优势更加明确。为此，安定国内政治状况和社会秩序也成为国家面对的必要问题。

英国君主立宪的确立与绅士

在 18 世纪，能够满足上述条件，并取得成功的当属英国。确切地说，这个时候还没有英国，正确的称呼应该是大不列颠王国。即便是在现在，在足球和橄榄球国家对抗赛时，英格兰、苏格兰、威尔士往往与爱尔兰并列，各自组队参赛。这是因为这些地方历史上曾经是不同的王国，其历史背景和文化也不相同。本书为了避免烦琐，在后文中也同样使用惯用的"英国"这一称呼。不过，这里必须首先交代一下 17 世纪到 18 世纪大不列颠的情况。

构成大不列颠王国核心的英格兰，早在 13 世纪末就在战争中击败了威尔士，将其置于统治之下，并在 16 世纪前后的亨利八世时代，根据合并法将其纳入同一法制之下。在苏格兰方面，因为英格兰女王伊丽莎白无嗣而终，1603 年，英格兰迎立苏格兰国王詹姆士作为国王，此后二者只是结成了拥有同一国王的共主邦联。1707 年，英格兰以事实上合并苏格兰的形式实现了两国合并，成立大不列颠王国。这种合并不仅有利于天主教徒，也同样有利于新教徒，但是信仰与英格兰国教不同的加尔文派长老宗的苏格兰人，无论如何也不会举双手赞同。本来，在历史上，苏格兰与英格兰的语言和文化就不相同。但不可否认的是，从 18 世纪初开始，相比于苏格兰，英格兰无论是在经济上，还是在政治上都已经占据了压倒性的优势地位，并且两国的关系已经密不可分了。

实际上，在宗教改革之后的 17 世纪，不列颠岛的政治社会经历了一场大混乱，即由被称为"清教徒革命"及"光荣革命"，或者将二者统称为"英国革命"的一系列事件构成的大混乱。其中，国王被处决，共和政体暂时出现但旋即结束；复辟的继任国王推崇天主教，遭到反对，詹姆士二世最终被迫流亡海外。18世纪初，英国合并了苏格兰，最终确立了大不列颠王国这一主权国家的结构。某种意义上讲，这一确立在政治上可以说是落后于他国，但是经历过 17 世纪极端政治变动的英国，反而在 18 世纪建立了安定的君主立宪政治制度，达成了经济进一步发展的一个前提。

也就是说，英国在 18
世纪确立了国王作为主权者
君临天下，但议会的审议和
决定具有重要性、议会具
有基本的决策权的政治体
制。欧洲的其他国家在强化
王权的同时建立了近代主权
国家，英国因为王权的不稳
固，反而建立君主立宪的政
治体制。君主立宪的原则已
经通过 1689 年的《权利法

沃波尔　英国第一任首相。通过他的辞职，英国
诞生了责任内阁制

案》得到了确认。虽然国王被立为统治者，但即便是国王，如果
违反议会所代表的国民意愿，恣意而为，就会成为否认和排斥的
对象。议会是政治的实质性决定主体。以首相为首的内阁负责
国政，并且不对国王，只对议会负责。这种责任内阁制在第一任
首相沃波尔（Walpole）辞职的 18 世纪中叶明确建立下来。

即使在最早采用君主立宪这一主权国家政治体制的英国，在
18 世纪中叶前，苏格兰地区仍存在武力抵抗。他们认为合并是
对英格兰的从属。同时，随着商业繁荣和圈地运动，剩余人口向
城市的流动等开始引发社会问题。因此，如果认为这时的英国社
会十分和谐那就错了。但是，君主立宪这一政体的安定，使英国

在主权国家间的竞争当中占据了有利位置，可以说是为英国在世界范围内进一步发展经济提供了解除内忧的重要前提条件。实际上，到18世纪中叶，以与非欧洲地区的贸易为中心的收益已经带来了被称为"商业革命"的社会经济活跃化，打通了通往接下来的工业革命的道路。

在社会经济活跃的同时，英国绅士社会阶层取代封建制以来的贵族，成长为统治阶级，这对实现政治体制和社会秩序安定十分重要。随着时代的变迁，绅士的构成并非单纯不变，但阶层内部的上层则是一部分贵族，以及地位与贵族没有太大差别的大地主，到了18世纪，还包括贸易商人和在殖民地经营土地的殖民者等在社会经济中有实力的阶层。属于这个阶层的资产阶级，都过着以收利息等为主的富裕生活，同时也提高自身修养，做着社会瞩目的事情，即他们是相当于时代领袖的名门望族。已经成为统治阶层的他们，积极接受海外贸易进口的砂糖、咖啡以及红茶等嗜好品，引领生活样式的变化。后来，没有下午茶的英式生活难以想象，但是，这其实是他们生活样式变迁的起点。于是，在英国，绅士在引领新的社会经济活跃化的同时，也处于稳定这种新秩序的中心位置。

"开明专制"的近代化探索

17世纪到18世纪，与取得独特发展的英国相对，荷兰从西班牙那里获得独立，商业实力派组成了政治上的统治阶级。

如第一章所述，欧洲各国在初次全球规模中的经济霸权斗争，在18世纪开始变成以英国和荷兰的斗争为中心。荷兰富裕市民积蓄的资本依然保持着强大的实力。阿姆斯特丹的金融市场，在19世纪被伦敦取代之前，在世界享有中心地位。18世纪，这些资金投资到英国国债，给英国经济带去了更多的活力。

即使在欧洲其他主要国家，君主或多或少地都认识到，国内经济基础的完善和对外贸易的发展是避免在霸权斗争中落后的必要条件。但是，以贵族等身份为代表的旧特权阶层和行会等职业特权集团的力量都绝非弱小。尽管如此，国家依然需要变革，换句话说，需要探索如何实现近代化。

即使在国内的社会经济基础建设方面，例如在维修或者新铺道路以改善通行、物品流通等条件方面，也需要数个国家合力完成。通过整修主干道、架设桥梁、疏通运河等发展起来的交通网络的建设，对国家军队的调动和政治统治也很重要。就连当时的大国法国，交通上也常常出现非常麻烦的状况。在此之前的道路，一下雨就泥泞不堪，干爽之后则车辙痕迹交错。但是在18世纪，政府进行了相当大程度的维修改善。在同一时期，邮递系统取得很大的进步，而这也得益于道路交通网的完善。同时，农业无论有多大的发展，产量有多大的提高，如果流通得不到保障，也就与社会经济整体的活跃无关了。

在建设交通网的同时，扶持国内产业、废止国内关税、废除各种限制、引进技术，特别是建设国内劳动力市场和商品市场，都被视为实现经济发展的最低条件而提上日程。但是，在多数情况下，拥有既存特权的集团对于侵害自身特权的东西神经质地反对。这样做不仅是为了维护自身的经济利益，还因为对于他们来说，特权就意味着自由和自律。

鉴于由底层开始的结构性变动缓慢，或者说不能期待马上出现成果，多数国家开始自上而下地推动面向近代化的政治性举措。这种在不变更王权政治体制前提下，尝试推动社会经济革新的做法，一般称为"开明专制主义"或"开明专制政治"。除了英国和荷兰，18 世纪中叶到后半期的欧洲，在政治上是被称为"开明专制"或"开明君主制"的时代。

法国君主政治与新兴国家普鲁士

例如，我们看一下法国的君主政治。君主之下，在历史中形成的社会集团拥有各自等级相应的一定的自律性，从而形成一种可以依靠各集团内部管理能力达到顺利统治的结构。这样的社会集团被称作中间团体（Corps Intermédiaires）。中间团体为了获取承认，以一定的代价换取自己的权利。对于他们来说，废除特权、撤销限制等行动也就意味着侵害了自身的权利。因此，对享有免税特权的贵族课税以及其反抗运动，与废除行会限制、保障职业活动自由及对此的抵制都是同样的事例。

从君主政治来看，经济基础的建设，不仅是指道路和运河等所谓基础设施的建设，还应该包括市场自由化的实现。因此，

国王腓特烈二世与无忧宫 在柏林郊外，腓特烈大帝（左）模仿凡尔赛宫修建了宫殿（右），并聘请了启蒙思想家伏尔泰来无忧宫交流、讨论

君主至少在一段时期内任用了希望推进社会结构改革的政治家和政策建议者。这便是开明君主制。但是，这样的政策对于处于现有结构中枢的人而言，则意味着权利的侵害和王权的横征暴敛，因此它受到猛烈的反抗。为了彻底推行开明专制，国王就必须发挥相当强有力的主动权。但是在 18 世纪后半期的法国，路易十六并不具备这样的能力。于是，现有体制反而因内部的改革探索引起的危机，变得摇摇欲坠。关于法国大革命，将在下一章探讨。

18 世纪迅速崛起的德意志邦国中的新兴国家普鲁士，明显在意法国王政的存在。国王腓特烈二世（史称腓特烈大帝）不仅仿照凡尔赛宫在首都柏林郊外修筑了无忧宫，而且还在年轻的时候就采纳了启蒙思想，提出"君主是国家的第一公仆"，亲手大力推进近代化路线。他认为，作为新兴国家，若想与法国等强国平等相处，就必须采取富国强兵的路线。腓特烈大帝颁布征兵制，平稳地加强军队建设，积极寻找扩张领土的机会。另一方面，他聘请法国启蒙思想家代表伏尔泰到无忧宫里，交流、讨论国家社会的应有状态。他也对教育表示出强烈的关心，并以颁布各项指令的形式促进国内产业的振兴。但是，在现实中，普鲁士的社会经济结构中，占支配地位的是被称作"容克"的地主贵族。他们通过实行半农奴制的赋役，利用农民生产用以出口的谷物。无论是军队，还是官僚层，容克出身的人都成为中心。最终，基于国王宏大构想的政策还没有取得成果，普鲁士就被卷入法国大革命所带来的混乱当中。

所谓开明君主专制，就是在保留国王或皇帝的权威、保留身份制的社会结构的同时，加强中央集权，推动经济的近代化，因此与现代开发独裁型体制有相通之处。但在实现条件过于欠缺的情况下，改革社会经济结构自然没有希望成功，即水中泡影而已。

与新兴国家普鲁士对抗的奥地利由名门望族的哈布斯堡家族掌控，在玛丽娅·特蕾莎和她的儿子约瑟夫二世时期，也同样奉行了开明专制的政治体制。关于奥地利王位继承战争问题，已经在上文提到，即使在将神圣罗马帝国皇位让给丈夫弗朗茨一世以后，特蕾莎还是以哈布斯堡家族族长的身份，积极参与政治活动。她密切关注普鲁士在德意志诸邦中的兴起，调整政策方向，与宿敌法国结盟，并将女儿玛丽·安托瓦内特嫁给了后来的路易十六。弗朗茨一世死后，她与继承皇位的儿子约瑟夫二世一起采取了开明专制政策，力图加强中央集权。政府颁布宗教宽容令与解散修道院令，尝试废除贵族的免税特权，并且也引进了征兵制。但是，旧贵族对改革的抵制也很强烈，并且因为帝国境内民族众多，自上而下的改革路线还未发挥很好的实效就遭到了挫败。在法国大革命和拿破仑战争后，奥地利面临着19世纪严峻的现实。

成为东西方分水岭的18世纪

位于东方的沙俄，在18世纪后半期统治沙俄的女皇叶卡捷琳娜二世时，也采用了开明专制的路线。早在18世纪初，在北方战争中打败强国瑞典的皇帝彼得一世积极采取西欧化路线，在连接西欧的波罗的海出海口修建了新都圣彼得堡。叶卡捷琳娜二世与伏尔泰通信征求意见，聘请法国启蒙思想家代表狄德罗到宫廷里亲自聆听意见等，明确展示出继承彼得大帝的西欧化路线的姿态。不过，沙俄的经济却是以领主制农业经营方式生产出口谷物为主。这一经济状况使改革的措施变得不现实。1773年，声称自己是彼得三世的普加乔夫领导人民起义，反抗领主残酷役使农奴生产谷物。叶卡捷琳娜二世的态度逆转，反而强化当时国家经济基础的农奴制。通往启蒙专制之下的社会经济高效化道路，在还未来得及做出选择前就夭折了。

在18世纪欧洲内部变化过程中，比较清晰的一点大概就是西欧与东欧状况的明显差异。对于生活在该时代的人们来说，这

叶卡捷琳娜二世 在18世纪后半期导入开明专制，聘请了思想家狄德罗

种感觉也许还不是很明确，但是在已经知晓此后历史进程的我们看来，在通向近代资本主义经济的经济发展、与此相适应的社会秩序的变化、政治结构的革新等方面，18世纪无疑是西欧开始掌握主导权的分水岭。

在明确发生变化的西欧，也是以西北欧，尤其是以英国和法国为先。在开始走向工业化进程这一点上，英国完全是一马当先，而这决定了英国在19世纪世界经济中的优势地位。与此相对照的东欧，依然是将农奴或者如农奴般受限制的农民作为廉价的劳动力，大规模地开展出口粮食的生产，同时不断强化具有权威主义身份阶层秩序的社会结构。换句话说，在欧洲整体的分工体系中，通过将自己定位为向商业和工业发达、人口持续增长的西欧提供粮食的地区，东欧寻求到了新的出路。无论从经济层面观察，还是从社会层面观察，在近代性的效率化这一点上，东欧都处于很落后的地位。到了19世纪，当英国的压倒性工业生产能力遥遥领先的时候，这种状况在各个方面带来了更严重的问题。

信仰理性的 18 世纪知识分子

何谓"启蒙"　在上一节，我使用了"开明专制"或"开明君主制"等词。用现在的话说，也许可以写成"开发独裁"，但这样或许不太恰当。那么，何谓"启蒙"呢？如果直接发问的话，还真的难以回答。但是，如果考虑到近代欧洲的霸权，这确实是一个回避不了的问题，因此在此按照我的想法归纳一下要点。

首先我们要确认"启蒙"这一概念，或者这一词语。作为启蒙思想的代表思想家，伏尔泰和狄德罗的名字在前文中已经出现，他们都是法国人。法语中表达启蒙的单词是"lumières"。打开词典就能马上知晓这个单词的意思，即"光"。它表现了一种态度，即要将光投到万事万物之上，一定要消除黑暗和未知的部分，或者消除无知；隐藏在黑暗处，偷偷摸摸策划阴谋的人是最差劲的；通过教育，谁都能够获得、共享信息，并基于这一点有效做出符合目的的理性判断；必须将此作为人生活方式的根本信条，将此作为关系到政治、经济、社会等所有事业和组织运营的基本。诸如以上的想法，即使在追求高效率的现代社会也通用。这种处于光之下的形象，在 18 世纪各种各样的图像中，被具体描绘成字面意义上的从上部照射下来的太阳光线。与佛教中将教化比喻成月光不同，欧洲的光是最为强烈的太阳光。

英语中也同样，将"启蒙"称作"enlightenment"，不外乎是指阳光。德语中使用的"Aufklärung"与法语和英语略有差别，但也是"说明""使澄清"的意思。日语的"啓蒙"一词略微严肃一些，但可以说是一种很妙的翻译。

代表德国，或者说代表欧洲的著名哲学家康德就生活于18世纪。1784年，他写了一篇叫《什么是启蒙？》的文章。在此我引用福田喜一郎的译文。"启蒙运动就是人类脱离自己所加之于自己的不成熟状态，不成熟状态就是不经别人的引导，就对运用自己的理智无能为力。"康德强调，每个市民的自身责任中，非常重要的一点就是行使理性。他所处的时代还不是"启蒙过的时代"，而是"启蒙时代"，即有必要启蒙的时代。

法国国内早于德国，处于各种位置的人们积极踊跃地表达对政治和社会状况、经济的看法。对于构成现实世界的多样化侧面，一些人们积极发言，寻求改良和改善。其中尤其是引导发言的人，在当时被尊称为"Philosophe"。现在虽翻译成"哲学家"，但如果追本溯源，该词是"爱好知识的人"的意思。我们虽将其观点归之为启蒙或启蒙思想，但当时并没有明确的学派或党派，或者政治集团等。也许将其想象成星云状的知识运动更为妥当一些。

《百科全书》表现的精神　　　　显示这一状况的例证，就是狄德罗和达朗贝尔编纂的《百科全书》。从1751年到1772年，全二十八卷的《百科全书》初版发行。这一大型事业是总结此前人类社会得到的知识，希望实现知识共享的大胆尝试。东西方此前并非没有过这种尝试，但是多数由各时代学者独自完成。狄德罗等人的《百科全书》的项目执笔人是官僚、法律工作者、行政实务家，或者是优秀的匠人等，实际上是各个领域当中的"爱好知识的人"。

　　编纂全新《百科全书》的人们共有的态度是，不要将这些知识固定在那里，而是要将它同以后应该继续的更新相连。这里有一种以他们的意志可以改变历史发展的自信。可以说，这是一种认为自己所为能够保证历史进步的非常乐观主义的想法，也可以认为它是对人类知识和理性所具有的力量的惊人信赖。

　　启蒙思想家们普遍具有这样的态度。因此，等到认识到现实中有不好的一面、社会现状中有错误，便积极进行现实批判。这些批判活动涉及了当时的所有领域。一些批判触及了王权的统治方式和天主教会，因此当时也出现了通过审查来压制言论的现象。可以说，他们追求知识的行为在合法性附近游离。

　　但是，当时所有的启蒙思想家既不想从根本上颠覆以王权为首的现有体制，也并非只将某个特定国家的体制作为目标。可以说，在有关政治、经济或者社会的形式上，较之要达成的目标，

狄德罗与《百科全书》的扉页　达朗贝尔与狄德罗（左）编纂的《百科全书》（右）二十八卷，由学者、官僚和职员等一百八十多人执笔完成。大阪府立中央图书馆藏

他们更希望将与目标一致的理性的新思想变成更加普遍通用的观念。归根结底，这种态度是一种改善现实世界的志向，与世界的革新和历史的进步相连。

　　因此，对于那些追求一定程度近代化的国王或者掌权者来说，启蒙哲学家、启蒙思想家们不是应该被打击压制的单纯危险分子。他们反而是可以对时代问题和变化潮流提出参考意见的对象，如果能够作为智库来好好利用就不会超出掌控。这就是那些追求近代化的国王将启蒙思想家作为谏言者，或者政策建议者，招聘到宫廷中去的理由。启蒙运动兴起后的 18 世纪末，法国发生了颠覆王权的革命，因此过去曾认为启蒙运动与革命爆发之间存在因果关系。但是必须指出的是，这种认识肤浅而牵强附会。

　　《百科全书》所走的道路作为体现这个时代状况的事物，具有象征性。它时而被王权保护起来，时而作为审查的对象而受到禁止出版的处罚。最新研究成果显示，《百科全书》的读者中不仅有学者、大商人等市民阶层，王侯贵族、在现有制度内占有地位的行政官僚层等也是重要的一部分。对新知识的渴求似乎有了很大的拓展。

置身于那个时代的行政官僚和司法实践家当中，有不少人吸收了启蒙思想的新观念。现代历史学家也将他们称为"启蒙精英"。在这些人当中，既有自己执笔提建议的人，也有与专门的作家和艺术家们交流的人。街道上不断扩增的西餐馆和咖啡店成为了这种交流的场所。

沙龙中意见的交流与公众舆论的形成

作为讨论现实问题、探求解决办法的场所，在法国尤为引人注目的是沙龙。例如18 世纪后半期的巴黎，乔芙兰夫人（Geoffrin）的沙龙与杜·德芳夫人（du Deffand）的沙龙极为有名。"沙龙"这种集会场所从 17 世纪前半期开始出现，当初是在贵族的宅邸，由女主人主持召开。在宫廷政治结构确立的过程中，与宫廷那种被彻底礼仪化的公共场所不同，沙龙作为私密空间，成为讨论社会上出现的各种各样的问题，并交流意见的场所。或者，它成为从创作阶段就早早展示文学或艺术作品，并交流感想和批评的场所。大批法国上流社会的人们跨越领域，云集于此，甚至有人从周边国家赶来参加。

在英国，就多样性的问题交流意见和信息的地方是全部由男性组成的俱乐部（Club）。但在法国，这样的场所却是在女性的主持下发展起来的，这一点很有意思。沙龙中当然有能够主持多样且激烈讨论的充满学识魅力的女性，但是女性的能力和才干似乎并不会完全受到赞赏。17世纪也好，18世纪也罢，乃至于19世纪，女性最好不要在公开场所讨论政治话题仍是普遍的观念。也正因如此，19世纪开始出现了多样化的女权主义运动。女性主宰沙龙这件事，反而进一步说明了沙龙是与男性主宰的公共政治相分离的私密空间。如果是某个特定的男性主宰，那么很容易被看作是一种派阀或党派，或者是阴谋集团的密会吧。

　　不管怎么说，在这样的沙龙、俱乐部、街巷中的咖啡店等场所，意见交换，产生了所谓的公众舆论。公众舆论或社会舆论，即public opinion。当然，公众舆论并非都会出现多数表决这种可确认的状态。现在随机进行的舆论调查，虽然是一种了解意见分布的手段，但也无法得出该观点正确与否吧。18世纪时也没有什么手段能够实际判断某个主张成为公众舆论。不过，认为己方的观点符合公众的或公共的，即public的利益这一正当化的逻辑在18世纪极为重要，即认为自己的观点是公共舆论。人们逐渐意识到私与公的区别。私的东西作为隐私（privacy）领域，公的东西被作为公共领域，在区别的基础上都得到重视。人们强烈主张要重视与国家政治有关的公共事务，认为应该避免将公有事务与私人事务混同。

这样，启蒙思想家和启蒙领袖们通过讨论和书写，即言论形成了知识世界，即此后多被称作的"文笔共和国"（Republic of Letters）。在这个王国里，居民不受现有主权国家的国境等限制，共享探求人类社会共通的普遍性真理的志向。不过，他们头脑中的普遍性，无论如何都以欧洲世界为思考的前提。当时的知识分子也并非没有非欧洲世界相关的知识，但是给这个普遍性的志向提供场所和空间的最终还是欧洲世界，这是时代的局限。

文字文化的扩大　　应该指出的是，以上思想发展的背景是整个 18 世纪出版文化的扩大。启蒙思想即便再怎么是时代的思潮，但如果没有这一条件的支撑，它的普及和交流肯定相当困难。19 世纪，由于采用机械化，印刷术和造纸术发生了革命性的变化，批量生产印刷品成为可能。如果与此时相比，纸张成本高且完全是手工印刷的 18 世纪，确实还存在一定局限。但是，如果与从前宗教内容占压倒性多数的状况相比，书籍的内容明显向着多样化不断发展。书籍的流通量在整个 18 世纪里也有大幅增长。

正如上文所述，在 18 世纪，不仅是法国，所有欧洲人的读写能力都不高。况且，现代的历史研究中，测算当时人们识字率的方法是根据有无签字能力，而这并不能推断出识读能力。因此，对于阅读能力到底能到什么水平这一问题，我们很难推定出准确的数据。若考虑到民众阶层，则识字率或许会更低一些。尽管如此，社会中层以上的人，对文字文化的追求明显上升。因为如果不能充分认识文字，无论是行政上，还是经济上，都很难进入其组织机构。这已经成为一种正常现象。而如第二章所述，即使在民众阶层，能阅读的人可以用声音的方式，将通过文字得来的信息共享。包括面向民众的廉价读本在内，书籍的种类无论是在内容方面，还是在形式方面，都已经出现了多样化的趋势。随着对教育重视度的不断提升，商人也出版了专门针对孩子的书籍。不仅局限于书籍，报纸之类乃至一整版的传单和海报那样的印刷品相继出现。到了19世纪，以印刷到纸张上的文字为媒介的信息发布和接收，作为社会性的通信交流手段，具有越来越大的重要性，而此时已经为它做好了充分准备。

**17 世纪与
18 世纪的比照**

多么巨大的对照，多么剧烈的激变！等级制、纪律、权威保障的秩序、严格约束生活的教义——17 世纪的人们喜好这些东西。但是，在接下来的 18 世纪里的人们，反而厌恶这些束缚、权威、教义，视之如蛇蝎一般。17 世纪的人是基督教徒，18 世纪的人是反基督徒。17 世纪的人信仰神圣法，18 世纪的人信仰自然法。17 世纪的人悠闲自得地生活在被划分为不平等阶级的社会里，18 世纪的人一心梦想平等。当然，儿子就是会认为自己能够改变世界、自己来做的话肯定会创造更好的世界，怎么着也要反抗父亲。但是，用两代人之间的差异不能说明如此急速的、决定性的变化。法国上层人士像波舒哀（Bossuet）那样考虑问题，但一夜之间，国民开始向伏尔泰那样考虑问题了。这简直就是一场革命。

这是法国思想史家保罗·阿扎尔（Paul Hazard）于1935年出版的《欧洲思想的危机》一书中的内容。我这里引用了野泽协的译文。阿扎尔的论断虽有模式化之嫌，但很好地传达出变化的氛围。

例如，教会的权威主义虽然被批判，但是对于生活在18世纪的多数法国人来说，基督教信仰仍然是其思考的前提。否则，法国革命以后的基督教的历史发展就难以理解了。同时，如前所述，18世纪的启蒙思想家们虽然认为人类社会应该有某种普遍的、根本的原理，但是绝对没有预料到或者构想到革命的激变。即使是被誉为反天主教会、反封建制度斗士的伏尔泰也是如此。否则，他也就不会被普鲁士国王聘请了吧。

不过，确实如阿扎尔所说，17世纪，利用君权神授说为路易十六绝对王权的正当性进行辩护的波舒哀的理论，到了18世纪，已经满足不了人们的要求，不再被认可了。虽然政治、经济、社会现象及社会秩序依然与宗教世界密不可分，但是时代的潮流是人们以事物自身的世俗合理性为基准进行思考。宗教世界作为某种支撑这些事物的逻辑和价值观的相关事物，地位不断变化。

启蒙思想的开展当然不限于法国。最早确立君主立宪制的英国自不用说，即使在欧洲大陆，在德国、意大利、西班牙等西欧多数国家，具有共同特征的思想运动相继进行。这些运动相互影响，互相共鸣。特别是英国，在17世纪经历了非常激烈的围绕国家政治的存在形式、宗教与政治的关系的社会运动，也因此才比法国等大陆国家更早地明确出现了和启蒙思想一样的思想。其中的代表思想家就是约翰·洛克。

先驱约翰·洛克与自然权利　约翰·洛克在启蒙思想大发展的18世纪初，即1704年逝世，但他庞杂的思想对此后知识的发展，例如对伏尔泰，产生了极大的影响和刺激。他主张宗教宽容论，允许宗教立场不同的人共存，并在此基础上施以劝说使其改宗。他较早地提出了必须重视使人具备理性判断力的教育。不过，必须指出的是，如前所述，他的观点是对17世纪英国政治变动的总结，即君主立宪制正当性的理论解释，与现实的变动有着很大的关系。

所有人都必须享有基本生存权。这种权利与生俱来，即自然权利。任何东西都不能侵害它。洛克明确提出自然权利思想的这一主张，与更早一点的英国思想家托马斯·霍布斯的观点相通。此外，洛克认为，政府只有以被统治者的同意为基础来进行正当的统治，它的存续才能正当化。否则，人们有权要求更替政府，即他提出了人民的抵抗权。洛克认为，社会是根据为了实现构成人员幸福而结成的契约形成的，在政治体制方面，为了维持理性的统治，君主立宪制是适当的制度。他也提出了与"三权分立"有关的构想。

洛克　主张自然权利与抵抗政府的权利，论证君主立宪制的正当性

法国的让–雅克·卢梭更明确提出了与洛克所倡导的社会契约论相同的思想。卢梭观点的特征是，文明的发达使人失去了本源的自由，必然带来道德的败坏。基于这种悲观的文明批判，他与以洛克为代表的其他启蒙思想家分道扬镳。他对进步并不乐观，强调人的自然性的回归。相比于当时时代主流风潮的追求理性，卢梭反而极力主张作为人的自然感情、爱情或友情、家族的亲情等感情的重要性。近似于自然宗教论的主张和文学性的著作，使他成为当时沙龙的宠儿。但是，他的思想和作品当中明显有批判激进体制的意味。因此，卢梭遭到禁止出版书籍的处罚和逮捕令的威胁，被迫流亡。很神奇的是，1778 年，伏尔泰死后仅仅一个月，卢梭也去世了。那是法国大革命爆发前十年的事情。

启蒙思想的基本理念

从卢梭的观点可以看出，各种启蒙思想虽说观点基本相通，但实际上并不是铁板一块。无论是批判现实，还是力陈改善现状，思想家喜好不同，着眼点也有所不同。与卢梭的观点正相反，伏尔泰着眼于历史的进步，认为开始发生变化的城市所显示的状况恰恰是文明发展的产物。

在此，对启蒙思想的要点加以概括。

第一，如前所述，对个人权利，即以生存权利为基本的自然权利的确认。这正是近代人权思想的基础，是构成欧洲型民主主义基础的思想。

第二，对当时政治的随意性猛烈批判。换句话说，对政治透明性和公正性的诉求。如果换成前不久在日本的说法，即"必须承担说明解释的责任"。这也是一种对正义的追求。

第三，对当时司法审判制度的尖锐批判。这是对有关裁决他人的终极权力的理论考察。当时，伴随拷打的审问依然被视为理所当然。对此，意大利的启蒙思想家贝卡里亚在 1764 年出版的《论犯罪与刑罚》中进行批评，彻底批判了刑讯。在处罚问题上也提出了矫正理论，即主张处罚不是对危害社会安定的行为的制裁，应该是对犯罪人行为的矫正。像游街示众和鞭笞刑这样的公开处罚遭到了批判，劳改及徒刑开始成为主流方式。从18 世纪末开始，欧洲各国将监狱的建设视为重要的任务。

第四,三权分立的思想。制定法律的立法、执行法律的行政、裁定违法的司法三者被区别开，并在此基础上合理地调整三者之间的关系。如今已经普遍化的三权分立，最早是在独立后的美利坚合众国的宪法中实现了制度化。

对经济的追求
在启蒙思想家们或者是启蒙领袖所追求的理想目标中，最为基本的目标就是应对现实的政治状况。他们的共同之处是都热心且批判性地观察眼前的现实政治、社会经济状况。在明确发现矛盾和问题后，他们从如何应对出发，构想出符合目标要求的合理的改善策略。

如阿扎尔所批评的那样，过去只要说是神的旨意或者是国王的决定，人们就不管对错地遵从，但这种权威性的说辞不再被人接受。每个人都觉得信赖自己的理性和知识，将万事万物作为对象进行逻辑性思考最为重要。这是一种从目标出发，尽量高效处理的态度。即对于某种目标，如何以更少的花费来有效地达成。

从 18 世纪开始，经济（economy）成为由现在我们所说的经济学的内容构成的独立学科，以及政治经济学的研究对象。不过，"economy" 并不是一下子就具有了"经济"的意思。在此之前，它更普遍的意义是无浪费的高效的组织化及运用，或节约、俭约。这一词语的语源是希腊语 "oikonomia"，即有效地经营家族财产（oikos，家庭、房屋、家族土地等意），从这来看，economy 一词还带有一些原义。

在 18 世纪启蒙思想家看来，废除在自由和平等方面不合理的限制，保障追求经济活动最大限度的有效自由，即废除限制、确保自由市场是基本的经济思考。如后文所述，18 世纪的经济尚未真正开始走向工业化。因此，人们基于资本主义的大规模农业的考虑，常常主张废除流通等领域的限制、确保自由市场，这种主张被称为"重农主义"。18 世纪后半期，基于这一立场上的政策虽然没有被采纳，但是等到 19 世纪，以工业化为基础的产业资本主义经济在欧洲取得大发展时，这些原则已经被视为重要原则。我们不能忽视作为其前提的这一点吧。

废除限制、确保自由市场的思想基底，不仅涉及经济领域，还有一种与更全面的人权思想相关的追求自由与平等的基本态度。经济活动的自由、劳动的自由、所有权都是必须平等保障众人享有的条件。在此之中，人们就应该进行针对目标的"投资与收益的计算"。对于现代资本主义来说，这可以说是再自然不过的思考方式，但它从这个时代才开始明确地被大家接受。

"最大多数人的最大幸福"的目标

那么，自由竞争完全实现后，社会不会陷入弱肉强食之中吗？对于这个疑虑，正如亚当·斯密在 1776 年出版的被视为经济学经典的《国富论》中所论述的那样，有一只"看不见的手"在运作，并发挥着调和的作用。这也是一种乐观的想法。亚当·斯密是与伏尔泰、重农主义学者魁奈有过直接交流的苏格兰启蒙思想家的代表。

他们真的是单纯的乐观主义者吗？并非如此。追求无节制的

欲望也并非被视为理想。诸
多启蒙思想的共同之处在于，
在那种自由、平等的思想的
最高层面里，确定了实现社
会上"最大多数人的最大幸
福"这一共同目标。这是公
共领域当中的最高命题。因
此，他们不认可自由竞争产
生弱肉强食也是没有办法的
事、（过得不好）全部都是你
自己的责任等观点，这一点
我们有必要充分留意。

亚当·斯密　著有《道德情操论》《国富论》、
被视为经济学的始祖

　　在启蒙思想中占有一席之地的学者，从复杂多样的现实情况
出发，抛出了各种各样的观点。他们阐发的思想中确实存在着不
能忽视的多样性及矛盾。例如，无论如何都应坚信理性的主张，
与唯有感性评价是正确的主张相对立；个人责任与社会责任的冲
突；个别意志与普遍意志的不协调；不存在处理这些矛盾的组
织机构；对于自由和平等这种可能陷入二律背反的原理的无条件
支持；有神论和无神论的并存；"最大多数人的最大幸福"的理
想目标与极易陷入弱肉强食的现实世界的巨大落差；依靠开明领
袖的理性管理和启蒙政策，反而更有效地发挥了压抑社会的作
用这一巨大阴影。

但是，虽说如此，我们必须避免一些时间错误，即将20世纪的最大限度追求有效行使权力的政体，例如极权主义政体的责任，或者与之相反的柔软的宽容压制的责任归罪于启蒙思想。18世纪启蒙思想中各种各样的摸索，提供了成为19世纪产业资本主义经济发展的基本设想，提供了政治上自由与平等这一西欧型民主主义的理念，提供了与自然科学及社会科学在内的近代学问确立有关的逻辑假设，因此，我们必须从历史上给予高度评价。

第四章

革命的激荡与国民的诞生

连锁革命的开端

**席卷大西洋两岸的
革命风潮**

从 18 世纪末到 19 世纪 20 年代，在环绕
大西洋的欧洲和南北美洲的广大地域，
带来政治体制变革的革命和诉求独立的
革命运动等事件，相继在各地引起激荡。

其中最早的是要求从英国独立的北美殖民地的运动。18 世
纪前半期以前，谁也不会想到这种事情。美国独立战争的成功，
或多或少给此后发生的各种运动带来了冲击。1789 年，美利坚
合众国成立了以华盛顿为第一任总统的联邦中央政府，同年法
国爆发革命运动，推倒了自古以来的王权政治。正如下表所列，
一进入 19 世纪，以海地为首，拉丁美洲各国相继独立。

1776 年	美国独立宣言
1789 年	法国革命
1804 年	海地独立
1811 年	委内瑞拉、巴拉圭独立
1816 年	阿根廷独立
1819 年	哥伦比亚独立
1821 年	墨西哥、秘鲁独立
1822 年	厄瓜多尔、巴西独立
1825 年	玻利维亚独立
1828 年	乌拉圭独立

年表 大西洋革命中独立的各国

也有历史学家认为这一连串事件有共同性质，因而应该概括为"大西洋革命"（Atlantic Revolution）或者"民主革命"（Democratic Revolution）。确实，这些革命和运动虽然都有多样性特点，但在想掌握决定自己命运的决定权、确保政治发言权的愿望上，具有相同性质。当然，这些愿望或诉求的实现既没有一个共同的司令部，也无法确认相互间单纯的影响或者因果关系。

法国支援了美国独立运动，甚至派遣了援军。在《独立宣言》发表的 1776 年，为了寻求支援，独立运动的斗士本杰明·富兰克林渡过大西洋来到欧洲，在法国受到了欢迎。但是，那时的法国尚处于君主政治时代，他寻求支援的对象不是革命派，而是旧有的君主统治下的社会上层。当时别说革命派，就连会发生法国大革命这种事也没人会想到。即便谈到影响，独立运动与法国大革命之间的关系也并不简单。

梳理这些事件的来龙去脉并不是本书的使命。每一个事件都带有极强的戏剧色彩，并给予了当时活着的人各种各样的命运。关于这一点，就留给这方面的历史书去探究吧！对此，本书的问题是这些事件间有何关联、它们与近代欧洲的霸权有何关系。在考察近代欧洲霸权之时，与欧洲有着密切关系但又位于其外部的美利坚合众国，位置相当微妙。那么，就让我首先从美国独立战争谈起吧！

通往美国独立革命的道路

正如前文所述，18世纪不断发生的战争给欧洲各国财政带来沉重负担。"七年战争"后的英国尽管经济正在发展，但也不例外。结果，英国政府为了重建财政，试图进一步提高殖民地的税赋，强化对殖民地的干预。对此，此前已经获得很大程度自主性的殖民地进行猛烈反抗就理所当然了。

在北美东海岸已经确立经济地位的十三块殖民地，在政治上虽然处于母国英国的统治下，但是通过设立独自的殖民地议会等形式，确保了相应的自主地位。1765年，英国政府决定在殖民地新设印花税，但殖民地一方强烈抗议，展开了抵制英国商品的运动等。抗议运动提高了参与其中的殖民地居民的政治意识。最终，英国政府不得不决定撤回课税制度，殖民地一方取得了胜利。

这里需要注意的是，不单是由于增税所带来的经济压迫才激起了反抗运动。此前，关于殖民地管理的行政、财政政策，一直是在与殖民地议会协商的基础之上决定的。忽视这一惯例，由英国议会单方面地做出决定，这本身对殖民地而言就有问题，即英国的立法能否适用殖民地？如果适用殖民地的话，殖民地的议员代表却没有被选入英国议会，这不是可笑的事情吗？殖民地领袖中的激进派主张"无代表、不课税"，鼓励开展抗议运动就是对这一点的最好解释。

1767年，在印花税课税问题上做出让步的英国政府，决定不直接向殖民地课税，而是对殖民地进口的茶和纸等商品课税。殖民地以同样的理由强烈反对。问题的本质不仅是商品的种类或者课税的对错，而是更为本质的、关系到主权的行使与政治权利的问题。1767年新设的关税，立即引起了宾夕法尼亚律师约翰·迪金森等人的反对，他们以报纸为媒介，展开了否定英国政府课税权的论战。报纸作为印刷物的媒介，不仅在欧洲，在美洲殖民地也发挥了作用。

殖民地各处抗议的声浪增高之中，1773年，停靠在波士顿要装卸茶叶的英国东印度公司茶船被袭击，茶叶被倾倒在海中，即波士顿倾茶事件。由一部分激进派发起的这一事件，本身并没有触及问题的实质。但是，此前一直以言论反击为中心、采取比较稳健的方式对抗的殖民地一方开始采取了实际行动，这使英国政府的态度转而强硬。结果，英国政府出台了封闭波士顿港等强硬的制裁措施。但是，这反而使事态进一步恶化。

可以说，殖民地的领导们，包括此前没有公开表态的人，被迫做出决断，选择对英国政府的措施到底采取怎样的态度。

1774 年，各殖民地的代表们在费城召开了第一次大陆会议，宣布将以断绝与英国通商的强硬措施反击。但是，此时主张殖民地应该明确地与英国划清界限、追求独立的爱国者（Patriots），即爱国派，还是少数，反而是试图调整与英国关系的人占据主流。就连起草向英国政府抗议檄文的迪金森等人，与其说希望独立，莫如说是寻求与英国政府间的调停。

但是根本没有考虑给殖民地政治权限的英国政府与议会使事态进一步恶化。它们都没有正确地认识到，正是由于采取了强硬的政策，才导致了连民众都政治化的殖民地现状。也许刚刚尝到对法国军队的胜利，所以他们断定殖民地的民兵武装等不过是军事上的门外汉，不足为惧。

想象终归是想象，实际上，1775 年 4 月，根据马萨诸塞地区的列克星敦藏有许多武器的情报，英国殖民军试图没收，并与武装起来的殖民地民兵发生了武力冲突。殖民地方面的态度进一步强硬，并于同年 5 月召开了第二次大陆会议。会议决定组建大陆军，即殖民地军队。弗吉尼亚的大农场主华盛顿被任命为总司令。

《独立宣言》的精神　　军事上的对决不断进行，但殖民地一方依然没有形成以独立为目标的团结一致的力量。不但如此，英国政府忽视北美殖民地发出的和解请求，宣布北美殖民地发生了叛乱，即这些人是叛乱者。被英国政府如

杰斐逊与《独立宣言》 1776 年 6 月到 7 月，杰斐逊（左）、富兰克林等五名委员起草《独立宣言》并署名，7 月 4 日颁布（右）

此定性的殖民地方面，不得不下定决心。这正是帕特里克·亨利所说的"不自由，毋宁死"！

　　大陆军，即殖民地军队虽然已经组建，但是并没有能够立即获得有利的局面。在此之中，1776 年 1 月，宾夕法尼亚的印刷工人托马斯·潘恩出版了《常识》这本小册子，公开宣称唯有在美洲建立共和政体，取代已经丧失公德心的英国政府，才符合实现市民自由的愿望。这本直接向大众宣传的政论书在 1776 年就发行了五十万册。

　　同年 6 月到 7 月，大陆会议抢占先机，起草了《独立宣言》。现在成为美利坚合众国独立纪念日的 7 月 4 日，就是这个《独立宣言》公布的日子。起草宣言的核心是由弗吉尼亚殖民地代表杰斐逊和富兰克林等人组成的五人委员会。《独立宣言》宣称：

我们认为下面这些真理是不言而喻的：人人生而平等，造物者赋予他们若干不可剥夺的权利，其中包括生命权、自由权和追求幸福的权利。为了保障这些权利，人类才在他们之间建立政府，而政府之正当权利，是经被治理者的同意而产生的。当任何形式的政府对这些目标的实现起破坏作用时，人民便有权力改变或废除它，以建立一个新的政府；其赖以奠基的原则，其组织权力的方式，务使人民认为唯有这样才最有可能获得他们的安全和幸福。

这些主张正是上一章中启蒙思想的产物。他们依据约翰·洛克的社会契约论宣布，生存权自不用说，个人的自由与权利也属于自然权，比任何权利都要优先；如果政府滥用职权侵害了这些权利，人民就拥有推翻政府的革命权。1777 年大陆会议通过了《邦联条例》，十三块殖民地在此明确表示出建立合众国的态度。

比起作为战争结果的独立，北美殖民地方面首先发表了《独立宣言》，明确提出目标和支持它的理念。在与英国殖民军作战之初，他们不得不经历一番苦战。无论士气多么高涨，刚刚组建的殖民地军队无论是在武器装备上，还是在指挥系统上，都还没有立刻有效地发挥能力。但是，常年与英国敌对的法国立即捕捉到了对"七年战争"败北的绝好复仇机会。1778 年，法国承认美国独立，不仅给予资金援助，还派遣援军参战。翌年，西班牙也参加进来。此外，依据沙俄的提议，欧洲诸国结成了武装中立同盟，牵制英国。结果，战局开始向美国方面倾斜。欧洲内部的合纵连横，这次有利于追求独立的美国。

1781年，败退到约克镇的英国殖民军，遭到了来自陆地的美军和来自海上的法国海军的围攻，大约八千名士兵被迫投降。英国政府认为接下来的作战不利因素过多，遂决定放弃战斗，展开和平谈判。1783年，根据《巴黎和约》，英国政府承认了北美殖民地的独立，同时将密西西比河以东的地区让给美国。英国完全败北。

从独立到联邦宪法

这样，北美东部十三块殖民地实现了独立，但是在确立诸多国家制度以及顺畅发挥政府机能以前，还需要经过一番迂回曲折的道路。以旧殖民地为基础建立的各州，拥有各自的宪法。如何协调中央政府的权限与各州的独立性？这个问题一时陷入困境。1787年，各州代表聚集在费城，召开制宪会议，历时四个月制定了联邦宪法。

该宪法以保障市民参政权的共和政体为原则，决定在承认各州自治的基础上设置中央政府，即采用联邦制。立法权属于由上下两院组成的联邦议会，行政权属于以总统为首的联邦政府，司法权属于最高法院。三权分立原则第一次被该宪法明文确定，历史意义重大。此外，它还规定了应对将来可能修订的条款。

但是，在此之后，反对联邦政府强权的势力依然很强大，他们高度赞赏摆脱了苦难、独自进行殖民地开发的各州的自立性，呼吁无论如何都要维持各州的独立权限。因此，各州批准宪法就不是一件很容易的事了。1788 年的夏天，终于有九个州批准了宪法，联邦宪法开始生效。1789 年 4 月，在独立战争中任大陆军总司令的华盛顿就任第一任总统，联邦政府走上正轨。

即使在现在的美国，各州只要不违反联邦宪法，就可以拥有独自的法律体系，在犯罪规定和处罚方法等方面存在差异也毫不奇怪。自立性色彩极强的各州地位得以维持，其起点即在联邦宪法。

独立后的美国接受了 18 世纪欧洲孕育的启蒙思想，明确规定了人民主权的原则，采用了当时还被视为另类政体的共和政体。但是，需要注意的是，该政体依然存在着时代的局限。享受权利的人只是欧洲移民后代中的男性市民。

已经占到社会成员半数的女性完全被置于法外。在这一点上，那些美国独立战争的领袖可以说是具有当时欧洲的主流价值观。正如"女士优先"所表现的那样，在美国，女性应该被优雅对待。但是，这不意味着有保障女性自立行动的圈子，女性只是高高在上的男性的保护对象而已。她们还没有被定为独立市民。同样，那些被统称为印第安人的原住民、从非洲强制贩运来的奴隶及其后裔也被置于基本权利圈之外。美国独立战争领袖中，有不少人是像华盛顿和杰斐逊一样拥有很多奴隶的富裕种植园主。这样的状态存在于独立的原点，从而在独立一百年以后，乃至于两百年之后也仍留有问题。

美国独立的影响　　　　　　虽说确实存在着那个时代所特有的局限，但是基本人权的思想、社会制度的合理化、民主化已经不仅是一种理念，还成为一种被追求的现实政体，意义十分重大。在欧洲被构想出来的各种启蒙的改革举措，在大西洋对岸的美洲并非水中幻影，而是变成一种可以实现的计划。而且，美国的独立实际上是对在 18 世纪国际政治经济上占据霸权国地位的英国的胜利。

美国独立战争的影响真的有那么大吗？这是能够论证出来的。在美国已经变成现实的共和政体，在那些同样寻求独立的拉美各地的殖民地，作为模板而被广泛施行。人民主权及国民主权的原则，在 18 世纪末就早早地在独立宣言和宪法中明确规定了下来，美利坚合众国成为追求自由的人们所憧憬的圣地。19 世纪，很多欧洲人跨洋过海来到了美国。这自然是因为人们在这里发现了经济发展的可能性，但是同时也是"自由之地""美国新天地"这一形象吸引的结果。即便那是一种幻想，美国也确实有着极大的吸引力。到了 20 世纪以后，这种形象也约束了美利坚合众国自身在国际政治上的行动，即"自由的守护者""超人（Superman）国家美国"。

如果从英国角度来看，他们被理应驯服的殖民地弄得狼狈不堪，失败的屈辱会很大吧。在承认美国独立后没多久，英国就因拿破仑战争时期美国的通商活动，再次与美国交战，即1812年开始的美英战争。由于拿破仑的失败和法兰西帝国的瓦解，英美握手言和。

但反过来，以更长时段的眼光来看，之后的英国与美国虽然本来是宗主国与殖民地的关系，并且在独立战争当中发生冲突，但还是保持了不可思议的互通关系。所谓的美式英语，虽说在发音上与英国不同，但是本来就是以英国移民为主体的美利坚合众国，在语言上也和英国一样采用英语交流，在以新教信仰为基调的文化方面也具有共同的基础。美利坚合众国在独立后依然吸收来自世界各地的移民，在20世纪以后，形成了可喻为"沙拉钵"（Salad Bowl）式的多元文化体系。但是，不能否认，长期占支配地位的还是盎格鲁-撒克逊裔的白人新教徒（WASP），即符合白种人、盎格鲁-撒克逊人、新教徒三要素的人们。

获得广阔且资源丰富的西部地区后，19世纪美国在国家内部实现了经济的发展，进行了大规模的开发与工业化进程，因而也时常成为英国资本的重要投资目标。从历史上回顾，英国没有在独立战争中将流血冲突坚持到最后，而是较早地承认美国独立，或许可以说，这一点在保持长期的盎格鲁-美利坚的良好关系上发挥了巨大作用。

法国革命与近代政治

1789 年 7 月 14 日。巴黎市区东部，即现在巴士底广场附近，有一个可以俯视周围平民区的要塞（即巴士底狱）。大批武装过的市民和平民聚集到那里，打败守军，一举攻占了这个要塞。该年 5 月，国王路易十六召集的三级会议（遭到了第三等级的反对）已经触礁搁浅。6 月到 7 月间，制宪会议成立。统治阶级没有很好地解决自数年前就开始不断深化的统治危机，进而发生了巴士底狱被攻占的事件。

攻陷要塞数日后，拆除要塞的叮当声开始传向四周。这座要塞也被用作监狱。一种说法迅速开始流传，即巴士底狱的攻陷和拆除是宣告市民摆脱奴役压迫的烽火。但与其说它是实情，不如说是一部分革命派的神话加工。蜂拥而至的巴黎市民确实要与新驻扎在巴黎的国王军队的威胁相抗衡。他们似乎是听说巴士底狱里有武器弹药，所以聚集过来想弄到手。但是，他们的头脑当中并没有推翻君主政体的计划。这是一件几天前都还想不到的不测事件，但这件不测之事打开了谁也没有预料到的革命道路。

美国独立战争也是这样，因为我们大体上知道了事情的始末，就容易单纯地觉得革命正是应运而生。但是，这是后来的理解，如果置身事件发生的时期，历史的发展既不简单，也不明了。那么，在法国大革命爆发数年前就已经日益深刻的重重危机到底是什么呢？

巴士底广场　1789 年 7 月，民众占领了当时的要塞，掀开了革命的序幕。图为纪念 1830 年的七月革命而建的纪念碑

首先应该指出的是，旧有的君主政体绝对不是反动的、单方面压制市民的制度。我并不是为路易十六的君主政体进行辩护。但是，那种认为在身份制社会中，一旦被压抑的市民们不忍压迫就将爆发革命的解释是错误的。从这种观点出发，法国大革命曾经被定性为典型的市民革命，即摧毁封建制、引入以市民自由和平等为前提的民主主义、资产阶级成为推进产业资本主义发展的基础的革命。

但是，正如上一章所述，这个时期的法国君主政体，反而在摸索与开明专制相称的政策。即政府自上而下地寻求一种政策性改革，从而废除限制、形成自由市场、平均赋税等。但事实是，在不触动君主政体和身份制原则的基础上进行的这些改革，全部都半途而废了。这正是开明专制的局限。改革的提出与撤回接连不断，导致政治的不安定与危险的政治局面。

前文已述，在美国独立战争之际，法国君主政体出于对英国政策的考虑，支援了独立战争。美国实现独立即英国的失败，表明法国实现了这一政策目标，但由于派遣援军，国库累积赤字不断增加，即财政危机越来越严峻。宫廷社会的浪费也成为人们斥责的对象。当然，财政危机同时也是政治危机。废除君主政体下的免税特权和平均赋税的主张就是应对财政危机的探索。商讨消除累积赤字的政策也就自然成为在凡尔赛宫召集的三级会议的主要议题。

这时也出现了社会经济危机。18 世纪的法国虽然落后于英国，但从长期来看，其经济情况并不差，反而可以说是在缓慢地增长。但是，法国有时也会出现以农业歉收为起因的粮食危机和经济整体的收缩。1775 年即是这样。各地频发粮食暴动，法国一时陷入"面粉战争"（Flour War）的混乱状态。1788 年，即大革命爆发前一年，法国也因为恶劣气候而普遍出现自然灾害。同时，因美国独立战争引发的法英冲突也告一段落。在 1786 年与英国缔结的通商条约，从法国方面来看是为了推动产业发展而从英国引进技术，但从结果看，英国商品的流入反而加大了经济危机。

这些危机互相掺杂在一起。对此，君主政体没有立刻拿出有效的解决手段。政治决策的过程缓慢，在浪费时间的过程中，往日的权威逐步丧失，要求变革的呼声日益高涨也就不奇怪了。

但是，可以说，推动局势的反而是君主政体一方。在 1789 年召开的三级会议上，国王亲自向全体国民历陈为解决危机而要实施的改革方案。那些此前未曾有过公开发言经历的人们，包括农民和市民在内，开始公开议论起公共政策。从1789年1月到7月，据说从全国各地邮寄到政府的建议案多达六万份。社会全体政治化的状况开始出现。但是，明确以国王和王权为敌的言论尚未出现。无论是谁，头脑中都没有革命的愿望。倡导改革的领袖们所追求的不是否定王权，而是君主立宪。

多重革命中的
贵族与市民

这场时人未曾意料到的革命，自20世纪中叶的历史学家乔治·勒费弗尔定性后，一直被称为"多重革命"。如日本法国革命史专家柴田三千雄的系列研究所显示，对"多重性"内容的理解也往往根据研究成果而发生变化。但是，这场革命是多重性事件的认识现在已经成为人们的共识。为了应对复杂的重重危机，与此有关的人们从各自所属的阶层和立场出发，寻求满足要求和消解不满的方法。这些主张和行动方式不一样的多重性活动，相互引起共鸣或者反对，决定了革命的整体走向。

像在美国独立那一节一样，探究事件经过并非我们的目的，因此按我们的观点整理一下要点吧。

多重性运动的第一层是贵族对开明专制的抵抗。到18世纪后半期，被视为统治贵族根据地的高等法院，与想要强化统治权力的国王政府间断断续续地展开了这样的对立。如果追本溯源，所谓"高等法院"，原本是为辅弼王权而设立，但因其左右法律的登记注册，一旦得不到这个机构认可，即使是国王的命令也被视为无效。因此，贵族们就将高等法院作为对抗王权的据点。

在原有体制中享有特权的贵族，对于君主在废除中间阶层特权的改革中时而实施时而撤回的摇摆政治产生不信任感。更极端的情况下，一些被称为封建反动的贵族试图进一步确保或强化领主权。但是，即使包括这些行为在内，与其说它是一种反动，还不如说是为了保护自己在原有体制中的地位，即贵族眼中的正当的地位与权利。这可以说是统治阶级内部的对立。不过在贵族看来，借平等税赋之名，强加自上而下改革之实的君主政体违背了王国基本法，是在施行应该被责难的暴政。王权与特权贵族间保持的微妙的相互依存关系，在危机当中崩塌了。

多重性运动的第二层是以富裕的市民阶层为中心。从中产阶级立场出发，对旧体制的不满成为他们参与革命的前提。但是，这不是平民阶层对特权贵族的反感，或者对不自由的经济活动的不满。革命前的法国社会，一直保持着基于身份制的等级秩序。虽说是所谓的身份制，但并不是坚固稳定一成不变的。从平民上升到贵族也不是什么稀罕的事情。上层市民通过联姻和贵族结成亲戚也很常见。同时，君主政体之下存在卖官制的体系，附带贵族称号的官职也会售卖。从现在的任用体系来看，这大概是最难以理解的地方。但当时的官职买卖非但不是渎职，反而是一种公开的制度。君主政体拥有官职买卖的特权，将此作为国库收入的一部分。这样的做法反而给富裕市民获取具有贵族称号的官职的机会，也使他们能够较为容易地跨过通往贵族之路的障碍。但是，到了18世纪后半期，获取官职地位的道路开始被堵塞。上升的道路无法充分发挥效果，产生了社会固化的状态。

此外，平民出身的官位世袭阶层（officier）、行政官员、律师、法官、知识分子当中，产生了一大批汇集在上一章所述的沙龙里，讨论各种各样改革政策的启蒙精英们。他们不仅参加巴黎的，还参加以各地城市为中心的知识分子俱乐部的沙龙或团体。这些团体中的人们在革命爆发前，被称为爱国者或爱国团体，或者他们表现得近乎爱国团体。在选举全国三级会议代表的集会、撰写改革提案的陈情书、对三级会议后的圣职者与贵族等特权阶层代表的政治安排、抵抗国王政府与国王军等令人眼花缭乱的事件中，他们作为第三等级的代表，逐步形成了拥有变革意志的集团。在中央上，这些人是制宪会议的议员、支持立宪的雅各宾派俱乐部等政治团体的成员。在地方上，类似的俱乐部也汇集了大批成员。可以说，他们被形势所推，成为了革命的领袖。

第三等级的代表，在身份制上是平民的代表，但事实上也包括一些寻求变革的自由主义贵族和平民出身的下级教士。按照三个等级组成全国三级会议本身已经被视为一个不合时代的错误，追求君主立宪的第三等级的代表难以接受。事实上，三级会议也没有适应已经流动化的社会现实。下级教士出身的第三等级代表西耶斯在1789年1月发表的小册子《什么是第三等级？》中这样阐述："第三等级是什么？是一切。迄今为止，第三等级在政治秩序中的地位是什么? 什么也不是! 第三等级要求什么? 要求取得某种地位。"这一虽然模糊但很断定的说法，展示了这个时期第三等级以及与第三等级感同身受的人们的心情。

通过构建基于君主立宪的政治体制来克服危机，是革命之初掌握变革主导权的人们的想法。左右革命领袖行动的因素，不仅是与国王及军队、贵族及教会的关系，更重要的是处于社会底层附近的人们所带来的影响，即城市民众和农民不断激化的公开行动。

城市民众与农民的参与

多重性运动的第三层是城市民众的动向。上文所述的 1788 年农业歉收，导致了巴黎粮食价格的高涨。1789 年，各地爆发了粮食暴动。但是，这个时期民众发动的粮食暴动，大多都不单单是由于饥饿才发生的抢夺粮食行为。根据他们的解释，面包价格的高涨和小麦粉的供应不足，完全是由囤积居奇的无良商人和领主们的阴谋造成的，是违背了公平分配保障生存的粮食这一社会道德的行为。维持公正状态是公共权力的职责，但是当出现公权力未履行职责的现实时，他们的行为就是替代公共权力的"代执行"行为。这样思考的城市民众也做出了仅留下自己定的价格的钱就拿走面包的行为。按照现代历史学家的界定，民众的这种价值观就是"道德经济"（moral economy）。这和当时的启蒙思想家从政治经济学的观点出发，主张应该实现的自由市场原理，完全是不同逻辑上的观点。

城市民众的动向当然不是一样的，甚至可以说他们是基于各种各样的原因决定自己的行为。他们虽然被统称为民众，但是，例如具有执业资格的匠人和杂役者，彼此社会经济立场就完全不同。根据局势，他们可能采取相当一致的行动，但表现也很多样，既有追求生活安定的行动，也有追求他们认为的社会正义的行动，还有明显表现政治取向的行动。其中也有某种群体心理发展成集体行动的情况吧。

确定无疑的是，无论是哪种行动，他们的行动原则与革命领袖们的不同，民众团体（Club）等势力也并不是支持革命领袖实现其方针的组织化武力部队。但是，从革命领袖的角度看，没有武力部队，只靠赤手空拳则难以实现变革主张。从攻占巴士底狱开始的大规模事态明显证明，如果城市民众的行动大规模扩展，就能够发挥出改变政治形势的强大力量。因此，革命领袖与民众势力保持一种怎样的关系，以及民众势力对领袖的纲领做出怎样的反应，会给革命进程带来巨大的影响。

多重性运动的第四层是农民的动向。在选举全国三级会议代表以及提出意见陈情书方面，农民们也能够作为行动的主体参与其中。对于农民来说，在公共场合发表对公共事务的看法几乎是有史以来的第一次吧。农民要求保障自己的土地所有权，有时会做出烧毁领主房屋、讨要字据的事情。从攻占巴士底狱开始到 8 月，法国农村陷入农民行动带来的骚乱状态。这时，社会上开始流传"贵族的阴谋",即领主们要雇佣流浪汉展开反击。陷入恐慌的农民认为"先下手为强",率先发起行动。勒费弗尔称农民的这些行动是"逃向恐惧的前方"。

制宪会议的议员们大多数也是地主,对他们来说,此次农民骚乱非常严重。怎样劝解农民才好呢?某种意义上说,改革派反而利用了骚乱状态。他们认为要想稳定时局,只能采取废除封建特权的行动,并且成功地通过了这个平时大概很难通过的决议。在保守派的反攻倒算下,他们最终是有偿废除了农民向领主交的贡赋,而认为没有必要交钱的农民们所造成的骚乱,也在未行使武力的情况下暂时平复。但是,农民们关心的是,他们才是人口中的绝对多数,在私底下也继续参与到革命形势之中。1789 年 8 月 26 日,作为宪法前言的《人权宣言》发表,但这只是拥有如此态势的一系列革命行动的继续。

简而言之,这四个自律的行动主体的活动互相关联,开始推动革命形势的发展。而且,这四个要素的内部也不是统一的整体,随着时间的发展,其领导阶层也在发生变化。决定革命状况的要素极为复杂。

法国革命与欧洲

革命之初,人们追求的是君主立宪,但是随着形势的变化而转向了共和制。国王路易十六与王后玛丽·安托瓦内特被以叛国罪判处死刑。另一方面,自 1792 年 4 月革命领袖向奥地利宣战后,法国与欧洲各国开战，将自己定位为应该给各地带来自由与平等的先驱，立志输出革命。

在战时体制下，革命政府推行的恐怖政治（Terreur）即雅各宾专政，不单是权力斗争，也不只是政治恐怖。以罗伯斯庇尔为首的革命领袖认为，革命必须伴随着纯洁的道德，并以反革命者之名肃清不符合这一要求的人。按照他们的理解，道德是对公共利益（common good、commonwealth）的贡献，而不伴随暴力的道德是软弱无力的。

路易十六与玛丽·安托瓦内特被处死刑　1793年1月，在大革命期间对外战争的最紧要时刻，国王因叛国罪被处死刑（上），同年10月，王后被处死刑（下）

但是，革命局势的政治力学将极端的他们变成少数派，并在接下来转向了稳健派。于是，1794年夏天发生了清除雅各宾派的热月政变。革命在督政府之下向自由主义的共和政治转变，但是左派与右派对立，政府缺乏有力的领袖，政局不稳。在对外战争走向不明、社会渴求结束混乱之时，在战争中声名鹊起的军人拿破仑登场。1799年雾月十八日（11月9日），拿破仑等人发动政变，结束了革命。

与我们的问题有关的是，该如何看待法国革命呢？这个问题我想稍后探讨。不过，欧洲的大国法国发生政变，虽说从结果上看是昙花一现，但是旧有的王权被推翻、政治体制为之一变的事实，给周边各国带来不同程度上的影响。

对应"革命"一词的是"revolution"，它的原意是"旋转""转一圈后回归"，在政治上则表示政府组成人员的更替。但是，法国大革命之后，这一词汇变成了"通过武力从根本上变更政治体制"的意思。而对于变换的性质，则根据所选取的位置而称为政治上的左或者右。右派或右翼、左派或左翼这种划分势力的词汇也是在法国大革命以后出现的。

并且，此次革命高举与过去制度诀别的普遍性理念，从而超出了一国的政变，波及其他国家。至少那些革命领袖这样思考，并尝试输出革命。其他国家希望变革的人们当中，至少有一部分人对这次革命或者这次革命所倡导的原则表示赞同。从现在来看，革命是在国内外多重因素的影响下迂回曲折地发展，最终以帝国这种始料未及的形式终结。但是，经过了余波遍及欧洲全境、欧洲各地都被卷入其中的法国大革命和帝国统治后，19世纪的欧洲政治走向了与18世纪前非常不同的前进方向。

　　　　　　　　　　　近代欧洲的霸权

作为主权者的国民的诞生

当我们考虑"近代欧洲的霸权"这一主题时，对于由极其多样的因素构成的法国大革命，应该留意哪一点呢？

是现代国际政治上欧美各国将其作为不言自明的公理而倡导的人权？是如何抉择深究下去很可能出现背反的自由与平等的价值平衡的政治哲学？是高远的政治理念与追求冷静透彻计算的现实政治之间的鸿沟？是集体意志与个体意志、代议民主制与直接民主制的关系？是革命性的前卫理论的萌芽？是令人恐惧的民众力量的政治性登场？是无法驯服的集体性破坏（Vandalism）？大革命涉及多种多样的内容。

但是，与美国独立战争一样，我们在此更应该关注的是作为主权者的"国民"在理念上的诞生。尽管民族国家的说法尚未出现，民族主义的明确概念也未诞生，但是民族国家的原则在法国革命当中已经清晰地表现出来。

上文提到过的《人权宣言》明确指出，国家主权的承担者已经不是国王，而是国民。"在权利方面，人们生来是自由平等的。只有在公共利益上才显出社会上的差别。"这是《人权宣言》开头第一条的内容。第二条强调"任何政治结合的目的都在于保存人的自然的和不可动摇的权利。这些权利就是自由、财产、安全和反抗压迫"，并且在第三条当中明确指出了"整个主权的本源主要寄托于国民"。

革命爆发之后，以前的法兰西王国被称呼为 Ancien Régime，即旧制度，但是如前所述，采取身份制原则的旧体制也不是完全没有流动性或可动性。至少在政治与经济上组成社会上层的统治阶层就是如此。但是，旧体制下的王国确实带有社团国家的性质，即构建起以身份、各种职业团体或组织，地域团体或家族团体等为基本单位，在集团组织中控制个人的体制。国家赋予这些集团单位一定的自律性，从而达到社会整体的政治性整合。

对此，革命将这些自律性集团和特权身份全部废止，至少理论上采取了将国民作为单独个体，平等直接地与国家相连的想法。无论在何处居住，无论从事何种职业，无论是谁，所有国民都处于同样的法律框架内，同样地接受法律的约束，同时也同样地要守护这个法律，即承担同样的权利和义务。之所以说是理论上，是因为虽然明确提出了由享有法律平等的国民构成民族国家的原则，但生活在诸多集团内部的人们并没有立刻转变成在实际生活中接受这些同一原则的国民。

寻求社会新生的政治　创造全新的社会！我们能够创造全新社会！革命者被这一毫无根据但从内心产生的信念驱动起来，奔走呼号，他们的激情和能量让我们只能惊叹。革命派基于这样的理念，制定出一部又一部法律。

例如，他们废止了具有漫长历史的、各自保持着独自习惯法的行省，设置了全新的省。这也就相当于日本的废藩置县，但众所周知的是，法国革命的废行省置省比明治时期要早很多。重新划分的省面积大致相同，并没有沿用历史习惯，而是根据山川等自然地理来命名，所有的行政省都必须平等地遵循法律的规定。法律面前的平等不仅适用于个人，也应该适用于各个省和自治体。法国国境内的空间被重新塑造了。

历法上也采用了革命历，即从根本上否定了原有的格里高利历的年月日体系，在月份名称上采用了让人联想到季节的称呼。因拿破仑的政变而闻名的"雾月"，就是因该月多雾而得名。在1789年的革命早期，与行政机构合理化同时进行的行政区划改革，被以法律的形式确定了下来，成为了现今法国各省的原型。另一方面，1792年，随着废除君主立宪、成立共和政体，政府也实行了带有浓厚的否定教会权威色彩的革命历。但只有法国采取一周十天的做法会不太方便吧，革命终结时该历法就被废除了。

对于应如何进行国民教育，法国也做了各种各样的研究。因为革命未能持续，国民教育制度便没有在革命当中确立。但是18世纪后，从传统的教会中心教育制度向由国家保障的公共教育制度的转变，也是在法国大革命时期开始明确尝试的。基于语言和习俗不应有地域区别的观点，法国也正式实施了由国家统一规定语言的教育政策，即语文教育。革命派也知道，单单强调主权在民并不符合实际情况。为了使全体国民共享革命的理念，必须使用统一的语言进行沟通。出于这种考虑，革命派也着手全国范围的语言调查和习俗调查。

在实现平等社会方面，也有人提出统一度量单位。此前，重量、长度、面积等单位由于地区差异而各有不同。近代民族国家的理念绝对不允许这些差异的存在。政府统一度量衡，采用米、克等计量单位。这些也是宣告与旧体制告别、创造新社会的手段。

当然，度量衡的统一和废除国内关税等措施一样，也有促进经济合理化的目的。法国大革命当中，因时期不同，对选举权的规定也不同，但能够以选举权的形式参与政治活动的只有男性。与美国独立战争一样，这里也存在着不可否认的男性中心主义的现实。此外，法国实施了财产资格的选举权限定条件。也就是说，不承担纳税义务就不能够行使政治权利。按照老话讲，就是："想得到作为完全国民的权利，就请挣钱吧！"因此，必须最大限度地承认自由经济活动也就成为了法国大革命的基调。这是一种在全国范围内享有同一条件的自由市场经济的设想。

但是，对于在旧体制下以共同体的公有土地、牧场及森林等，即公共土地为前提条件生活的农民来说，由于土地经营的完全自由化与私有权的彻底实现，也面临对生计问题的担忧。与此同时，政府明确宣布经营自由和劳动自由，通过《阿拉德法》（Décret d'Allarde）废除了行会制度，通过《谢普雷法》（Loi Le Chapelier）禁止结社。人权宣言所倡导的个人自由、平等理念被以法律的形式付诸实践。但是，实际情况是，个人所处的境况既没有平等，也谈不上自由。例如，处于弱势的手工业者与工人没有团结的自由，即便工作条件恶劣也没有交涉的权利。法国革命的理念在许多方面与现实社会产生矛盾。

对此，法国在整个 19 世纪，甚至到 20 世纪，在民族国家框架内进行了多样化的调整。事实上，新观点之下的扩大政治权利与实现自由结社等应对措施得以实施，算是一种进步，但贫富差距、社会歧视以及在新的脉络下产生的未解决问题也不少。

19 世纪初的大西洋世界

拿破仑的兴起与失意

雾月十八日，公历的 1799 年 11 月 9 日，拿破仑发动政变，法国革命迎来了终结。政变后成立的执政府马上宣告："诸位市民，革命已经被革命之初的原则确定，因此，革命结束了！"众所周知，第一执政拿破仑于 1804 年作为世袭的皇帝开始了帝国统治。皇帝拿破仑和他的时代带有可称作两面性的色彩，即拥有相互背反的两方面。

不管怎么说，他是法国大革命造就的人物。拿破仑·波拿巴大概不是法国式的名字，但因为作为结束乱局的皇帝而被视为英雄，其名字现在也就有了与法国直接连在一起的印象。但是如果提到父姓的波拿巴（Bonaparte），就完全不会让人想到法国。假如没有发生革命、在革命之中没有与周边国家发生战争，肯定没有人会想到这个出生于革命前成为法国领土的科西嘉岛的年

越过圣贝尔纳山隘口的拿破仑 在远征意大利过程中，获得大胜的拿破仑一举成名。圣贝尔纳山隘口位于瑞士与意大利国境。达维德画

轻人，能够如此迅速地攀升到权力的顶峰。法国大革命爆发之时，他才二十岁左右，成为皇帝时也就三十五岁。革命战争真正开展时，拿破仑不过是一名年轻下士，上台的机会肯定极小。恐怕他自己也没有认真地考虑过这个事情吧！

据说，年轻的拿破仑熟识卢梭思想，对自由平等理念抱有同感，但他选择了无论怎样看都有些激进的雅各宾派。他似乎有意回避被卷入激烈的革命形势。当时有人吹捧他是天才的军事指挥家，我并非专门研究军事史的，很难判断这种说法妥当与否。但是，他能够准确地捕捉到自己周围的状况，对于现在是否应该采取行动、应该等待怎样的时机采取行动具有敏锐的判断能力，看起来该评价似乎不虚。如果我们观察一下他从把军队留在埃及前线孤身一人返回法国，到发动政变期间的一系列活动，或者是即位后在政治和经济方面制定的一系列麻利的政策，也会得出这样的认识。此外，他还细致用心地采取了提高个人形象的策略。

拿破仑不断地强调自己"革命之子"的形象。对于如何获得

周边人的支持、如何确保暂时到手的权力宝座、如何能够发挥领袖的作用，拿破仑认识到提高形象、获得人们自发支持的重要性。在意大利战场的诸多战线上，拿破仑作为军事指挥者身先士卒，为国民而战。这种报道从前线传回国内，并被描绘成画作传播到全国各地。当然，其中都有夸张的成分。像他这样，在短时间内将自身的肖像画和自己登场的场面进行广泛宣传的军人和政治家还不多见吧。知名画家达维德是拿破仑喜欢的画家，创作了拿破仑越过阿尔卑斯山脉去意大利战场的骑马像和巴黎圣母院加冕仪式的画像。据说达维德一直迷恋具有超凡领袖魅力的拿破仑。

在继续革命方面，就不止树立形象了。从远征意大利开始，拿破仑就宣布："意大利的国民们，法国军队是来切断诸君枷锁的！"换句话说，这是一种革命战争正当化逻辑，法国是作为"自由和解放的旗手"，在欧洲各地推广国民的自由。此外，在作战的旋涡中，他还在占据的柏林发布了著名的大陆封锁令，即将英国假想为最大的竞争对手，采取发展本国资本主义的经济政策。简而言之，他想要将英国的商品和资本排斥在欧洲大陆以外，在欧洲内部推进工业化。

不过，最有名的措施大概就是颁布以他的名字命名的民法典，即《拿破仑法典》。为制定这部法典，他召集了以康巴塞雷斯为代表的当时一大批一流法学家，先后召开了一百多次会议。拿破仑本人甚至参加了半数以上的会议，并参与讨论。最终确定下来的法典，是以私有权确立为代表的革命理念在民法上的体系化。拿破仑也着手完善国家的教育体制。

但他还有另外一面。拿破仑终究是事实上的军事独裁体制的指导者。他自己一旦对形势做出误判，那么，付出的代价就会很大。典型的例子就是决定他没落的远征莫斯科。如果仅看这次远征，不可能会称他为军事天才之类的。此外，因为一直有被暗杀的危险，动员警察监视国民的体制，进一步刺激着他绷紧的神经。拿破仑一反革命理念，与天主教会重归旧好，还将殖民地的奴隶制合法化。他还将新的帝国贵族制度化，尤其令人厌恶的是露骨的裙带关系，即将自己的亲族委任为占领地区的国王或政治领导人等错误做法。掌握强大独裁权力的人容易陷入错误之中，可以说他也没有例外。

最讽刺的是，他继承革命理念，主张国民自由，而这反过来成为攻击他自身的东西。对于法军占领地区的人们来说，虽说新的思想和制度具有刺激其发展的作用。但是，拿破仑率领的军队终归是占领军，各地逐渐意识到要团结一致对抗法国侵略者。神出鬼没地袭扰拿破仑军队的西班牙农民游击战是否就是这样一种民族主义的先驱形态，也许仍有讨论的余地，但是在法军占领的普鲁士所出现的运动就是明显的例证。对于普鲁士来说，拿破仑军队就是激进的黑船（编注：指带来日本近代化的黑船来航）。国家存亡危急之际的普鲁士领导者开始着手进行军事和教育等一系列改革。哲学家费希特以《对德意志民族的演讲》为题连续进行演讲，希望启发国民意识的觉醒，就是极有名的例子。

拿破仑以两面手段占领了欧洲各地，广泛传播了可以称为在19世纪高扬的民族主义原型的思想和态度。也正因如此，最终他不得不失败。在晚年被流放的圣赫勒拿岛上，拿破仑所述说的"建立世界帝国"的梦想最终破灭。

拉丁美洲各国的独立　　正如本章开头所言，在近代世界形成之际，18世纪末到19世纪初发生在大西洋两岸的革命震荡，不仅是在北美和欧洲地区，也出现在拉丁美洲地区。这一点也不可忽视。这一时期，拉丁美洲发生了与北美和欧洲同样的变动，它从西班牙和葡萄牙等国的殖民统治下摆脱出来，诞生了一大批独立国家。

但是，作为这种变动的结果，相继成立的国家和社会由于长期殖民统治所造成的畸变，拥有与北美和欧洲完全不同的条件。虽说这里远离欧洲，但与欧洲牵连，其历史发展很大程度上被欧洲左右。拉丁美洲有什么问题呢？在此我简要地总结一下。

自16世纪以来，主要是在西班牙和葡萄牙统治下的拉丁美洲殖民地社会，形成了阶层等级极为清楚牢固的秩序，即：作为统治者的西班牙人（或者是葡萄牙人等宗主国人）；在拉丁美洲当地出生、长大的欧洲裔白人克里奥尔人；白人与原住民混血的梅斯蒂索人；被称作印第安人的原住民；白人和黑人混血的穆拉托人；获得自由身份的黑人，以及最底层的黑人奴隶。大致就是这样一个等级。黑人奴隶在第一章已经介绍，是为了满足矿山和大农场严酷的劳动需要，通过奴隶贸易从非洲贩运到美洲的人们及其后裔。

与近代欧洲身份阶层社会不同的是，这里是由原本就在文化和宗教信仰上具有不同源头和不同历史的异质人群构成的阶层社会。其中，从欧洲带来的天主教信仰和西班牙语（或葡萄牙语）占支配地位，所以社会获得了某种程度的同质性，即无论是在天主教会方面，还是语言或者社会习惯等方面，南欧的要素浓厚，因此，"拉丁美洲"这一称谓在 19 世纪以后被广泛使用。但是，在欧洲裔居民和原住民之间，以及他们与奴隶之间各自横亘着一条深沟。此外，来自宗主国作为统治者的欧洲人，与几乎没有特权的土生欧洲裔克里奥尔人之间的隔阂极深，使事情更为复杂。这成为革命爆发的导火索。

早在 18 世纪前半期，巴拉圭的克里奥尔人作为先驱，发动了反抗西班牙和当地殖民者的起义。克里奥尔人在 18 世纪借助大西洋贸易网的发展积蓄了财富，也了解了欧洲启蒙思想的发展。换句话说，他们成为当地社会实质性的领袖。在和西班牙的关系上，他们未必一定希望独立，但是对被排挤在当地社会统治中枢之外的状态感到不满，在意政治发言权和自立性的确保。北美殖民地从英国赢得独立的消息传到那里，克里奥尔人受到相当大的刺激也就毫不奇怪了。之后的法国革命也产生了同样的影响。

最初的独立事件并不是发生在西班牙的殖民地，而是在哥伦布最初航行到达的岛屿之一的伊斯帕尼奥拉岛的一部分，即17世纪末成为法国殖民地的圣多明各岛。这是一个邻近古巴的加勒比海岛屿。这里发生的运动具有黑人解放运动的性质。与法国革命政府不断扩大的政治权力相呼应，以解放奴隶的杜桑·卢维杜尔为领袖的运动规模不断地扩大，斗争目标直指独立。杜桑后来被拿破仑派遣的军队抓捕，于1803年客死在被关押的法国。即便如此，独立运动也没有停止。最终，他们于1804年赢得了独立，海地共和国成为拉丁美洲最早的独立国家。但在独立后，内部的势力斗争和武装集团间的内战不断，即使在21世纪的今天，内战持续的海地也仍被认为是拉丁美洲最贫穷的国家。

在法国大革命和拿破仑战争所造成的欧洲国际政治形势混乱中，以克里奥尔人为中心的独立运动在早就出现运动的西班牙殖民地兴起。但是，这些运动的环境绝非一致。刚开始的运动是以反对拿破仑占领、统治西班牙本土为契机激化的。1809年开始的独立战争第一阶段，就像呼应拿破仑在欧洲走向失败一样，都在西班牙宗主国的压力下先后失败。例如，以委内瑞拉革命领袖西蒙·玻利瓦尔为中心的解放运动不得不遭受暂时的挫折。第一阶段以1816年军人圣马丁领导的独立军宣布阿根廷共和国独立为分界线。

在接下来的第二阶段，西班牙本国发生的政治动乱，削弱了对独立运动干涉的程度。此外，当时的国际形势也有利于独立派。英国将这些地区预定为贸易和投资的对象，为了防止来自欧洲的军事干预而动用了海上防御力量。刚刚独立不久的美国则明确表现出拒绝欧洲对南北美洲进行军事、政治干预的态度。1823年，总统门罗发表的宣言明确了美国的这一态度，即拉丁美洲各国的独立运动非正式地获得了盎格鲁美洲势力的支持。

于是，在西班牙殖民地，阿根廷独立军在1824年取得大胜，并实现独立。位于阿根廷周边的智利、秘鲁、玻利维亚和乌拉圭等国也相继获得独立。在墨西哥地区，由于一直存在克里奥尔人的独立军势力与原住民微妙的对立关系，独立运动在第一阶段时形势还不明朗，但在1821年以后，当地的克里奥尔人统治阶层反对西班牙本土发生的自由主义革命，宣布独立。1824年，墨西哥制定了联邦共和国宪法。葡萄牙殖民地巴西，尽管与西班牙属殖民地独立形式不同，但还是呼应了欧洲的形势动向，在1822年实现了独立。

在经历过19世纪最初三十年的动荡后，拉丁美洲世界变成了与18世纪前的政治样貌完全不同的世界。但是，即使在独立后，拉丁美洲各国依然存在大土地所有制，依然有着严重的贫富差距现象。即使从19世纪末开始，经过整个20世纪的工业化历程，巨大的贫富差距也一直延续到了现在。

19世纪初拉丁美洲开始的政治革命，几乎没有伴随任何社会革命。那些在独立战争中强化发言权的武装力量的首领，在各自的势力范围内反而成了实际上的政治统治者，彼此进行势力争夺的事件也并不鲜见。如何控制这种群雄割据的状况，如何稳定社会并发展经济，成为拉丁美洲各国整个 19 世纪的课题。失败的海地等国陷入了悲惨的境地，但是多数国家在 19 世纪末迎来了安定局面，经济方面也迎来了发展期。不过，这种经济发展依赖于香蕉、咖啡等出口作物和硝石等矿物资源，资本方面主要依赖于盎格鲁美洲经济世界的投资，因而难免带着从属经济的特点，其中极少富裕阶层获得更大利益，这种社会状况一直存续。

这样写，也许会给人一种只强调拉美独立后形势严峻的印象，但这不过是事物的一个方面而已。在拉丁美洲，各种各样的异质文化相遇，产生了特色鲜明和具有强大生命力的文化。以欧洲文化作为基础，以当地的克里奥尔人为主体独自形成的文化，现在被称为"克里奥尔文化"。例如阅读 20 世纪后半期获得诺贝尔文学奖的作家加西亚·马尔克斯的作品时，那种充斥其中的鲜活力量毫无例外地俘获读者的心魄。同时，印第安文化也在天主教信仰的底层中根深蒂固地延续，作为具有独特世界观的文化保存下来。非洲裔人民带来的文化也被纳入拉丁美洲文化特有的色彩当中，一直持续至今。

第五章

准备起飞的经济与社会的变迁

西北欧经济增长的开始

粮食状况的好转 　　过去，国家并不会做可信度高的统计，因而也很难得到准确的数字，但一般认为，17世纪的欧洲虽然在进行海外扩张，但经济整体上陷入了收缩期，出现了凋敝现象。正如前文所述，在与亚洲的关系上，欧洲在经济生产方面反而处于劣势的认识很有说服力。不管怎么说，欧洲各地接连发生饥荒和疫情，普通百姓生存都勉勉强强。

　　与此相比，从18世纪开始，尽管各国间不断爆发战争，但是经济状况出现了好转。首先，以西北欧为中心，开始出现了经济的持续增长。不过，虽说是经济增长，但并不是20世纪后半期那种高速增长。从这个标准来看，这时只是低速增长。

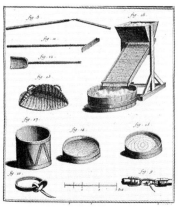

农业技术的提高与农业革命 犁铧的改良提高了农耕效率（上），脱谷方面也开发出了多种工具（下）。此类农业革命使人口持续增长。出自《百科全书》。大阪府立中央图书馆藏

但是，如果从长远来看，这种持续增长局面的开始意义重大。

这里所说的西北欧是指英国、荷兰、法国北部地区等位于大西洋沿岸地带，在海外扩张上握有主导权的区域。在这些地区，粮食生产状况开始好转，摆脱了此前不断引发社会不安的饥荒危机。现在看来，这也许是难以想象的事情，但是曾经的欧洲时常为饥荒所困扰。

促成18世纪粮食状况开始好转，主要是以下几个原因：

首先，最为重要的是一般被称为"农业革命"的农业技术的发展和农耕方法的改良。例如，引入了豆科植物，通过根块微生物的作用，不断改善土壤环境；通过牲畜耕作和人力耕作的结合，使得以前作为

近代欧洲的霸权

休耕地的农地得到有效的利用。或者，从《百科全书》中的插图也可以看到的各种农具的改良、家畜品种的改良、通过拓耕和排涝工程的推进而带来的耕地和牧场的扩大。上述农业技术的发展也促成了粮食生产的增长和粮食状况的好转。特别是在已经确立了土地自由利用的英国，这些技术改良扩大了收益，直接有助于地主和农业经营者自身的经济发展。

在此之中，17世纪的爱尔兰正式开始栽培的马铃薯，在18世纪里扩展到了欧洲大陆各国。类似的新作物也在不断地引进。现在，我们难以想象没有马铃薯的德国菜，但它的原产地是拉丁美洲，在包括德国在内的欧洲种植只不过是从18世纪开始的。就算加热，马铃薯所含的维生素C也不会被破坏，且在寒冷地带也可以种植。因此，对普通百姓来说，它带来了促进身体营养状况好转的"马铃薯革命"。玉米和西红柿也同样从拉丁美洲引入，在欧洲种植。

作为主食面包的原料，小麦的生产也开始好转。小麦原产于西亚地区，据说很久以前就传播到了欧洲，但除了地中海地区外，其他地区由于纬度高、温度低等地理条件，产量达不到西亚程度。根据推定出来的欧洲地区的产量，即使是中世纪种植条件改善、产量得到大幅提高后，也只是播种一粒收获六到七粒的产量。但在18世纪的发达地区，小麦产量首先实现了超过十倍的目标。关于谷物产量的推定，专家学者中也有重新论证的趋势，可以想见，在不远的将来，推测的数值会发生变化，但是在自 18 世纪日渐好转的粮食生产状况这一点上，大概不会改变吧！

发达地区开始出现了投食喂养家畜和家禽的现象，谷物方面也出现了大规模面向市场的大农场经营。从西北欧开始，这种资本主义的大规模农业生产开始发挥了作用。重农主义者们主张资本主义农业经营才是实现经济社会近代化的要素。不仅局限于极狭小的局部市场，以欧洲内部广阔市场为前提的谷物种植和生产也得到发展。在普鲁士、波兰、俄国等东欧国家，地主和领主们开始推行半强制性劳役的大规模谷物生产，生产出来的谷物专门用来出口。

正如下文所述，欧洲出现了两个并存的地带，即城市化和工业化发展的核心地带，以及提供初级产品来维持经济的、所谓依存于核心地带的周边地带。无论如何，上述趋势互相作用从而首先在西北欧一带实现了粮食状况好转。到了 19 世纪，随着农业机械的引入和技术改良的不断推进，农业的发展不仅限于欧洲，也扩展到了与欧洲有着密切关系的澳大利亚、南北美洲等地区。可以说，从 18 世纪中叶到 1870 年的危机期，欧洲的农业革命促进人口增长，从而使这期间工业化和经济的世界性扩展成为可能。

乔芙兰夫人的沙龙 18世纪后半期的巴黎，在与宫廷不同的私密空间形成社会舆论。
马勒梅松城堡美术馆藏

凡尔赛宫镜厅

伦敦的铁路　因上下乘客而热闹的查令十字车站，1865 年

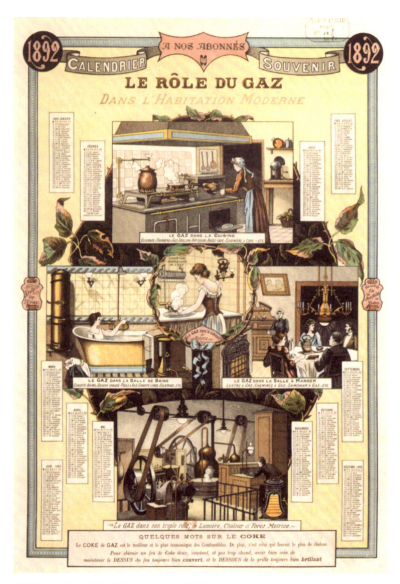

宣传煤气的挂历　描写了煤气使洗浴和取暖等更便利，1892 年

摆脱了人口学上的旧体制

与自 18 世纪开始出现的粮食状况好转相一致，欧洲开始出现了人口持续增长的态势，这依然是以西北欧为先头。两者间的因果关系并不简单，而是一种鸡与蛋的关系。

此前的欧洲处于人口学上的旧体制时期，即一旦人口出现某种程度的增长，就会出现因歉收而带来的饥荒或粮荒，于是，在营养失调导致抵抗力低下的百姓当中就会流行疫病，死亡率急速上升。它不仅抑制了人口的增长，甚至还会造成一时的人口减少，从而使人口总数受到控制。

过去，除了控制伴随着生育、哺乳的怀孕以外，并没有限制婴儿出生的方法，因此出生率很高。但是哺乳期的婴幼儿死亡率也很高。比如在 17 世纪的法国，新生儿一千人之中有二百五十人在一岁前死亡。在四个孩子的家庭当中，一个孩子活不过一岁，到孩子成人前，平均还要有一个孩子死亡。两个孩子中只有一个孩子能够活下来。这就是所谓的"多子多死型社会"。无论在欧洲的哪一个地区，虽然数字存在着差异，但情形几乎相似。

抑制人口增长的主要原因是饥馑、疫病和战争三大恶弊。因饥馑而饿死的事例不在少数，但是对于处于营养及格线附近的普通百姓来说，饥饿更造成了疾病抵抗力低下。疫病抑制了人口的整体增长。尤其是鼠疫，作为黑死病在 14 世纪中叶出现震撼欧洲的大爆发，以后也间歇性地流行，使得流行地区的人口死亡率一时间急速上升。17 世纪末到 18 世纪前半期，鼠疫在西欧的

被死神缠身的孩子 因饥饿和疫病，婴幼儿的死亡率极高。16世纪法国的版画。出自《风景与农民》（*Paysages et Paysans*）

几个地区最后流行后便销声匿迹了。其原因不是很清楚。因为没有查明病因，它也就无法预防和治疗。鼠疫成为了历史之谜。无论是在17世纪，还是在18世纪，欧洲战争频繁发生，造成了各地的荒芜。因为没有工业化以后那样的大杀伤力武器，所以与其说是因直接战斗而死，还不如说土地变成战场而荒废、前线极端恶劣的卫生状况造成了疫病流行等间接影响更大。特别是在粮食生产能力低下、在市场流通上存在限制的17世纪，这种恶劣影响更难以忽视。

现在，地球上的人口爆发令人惊讶，同时，所谓发达地区的少子化倾向也很显著。在这些地区，已经不是过去的"多子多死型"的时代了。随着卫生、医疗和营养得到显著改善，社会开始向"少子少死型"转变。众所周知，就在这数十年间，少子老龄化日益显著的日本就是极端的例子。在欧洲，大约18世纪中叶前还是一个"多子多死型"社会，但是从那时开始，经过整个19世纪逐步转变成了"多子少死型"的社会。19世纪末到20世纪，人口激增，社会逐步向"少子少死型"转变。当然，根据国家和时期的不同，这种变化也有具体的差异。

20世纪末世界人口总数约六十亿，据推算，20世纪初，人口总数约十五亿。在欧洲，进入人口增加的18世纪中叶的情形又是怎样呢？据推算，当时世界人口总数大约在七亿到八亿。虽说这个数字不能不做思考就相信，但是与现在相比，当时的地球无疑尚处于人口分布过疏的状态。欧洲也是同样，据说在人口持续增长开始后的19世纪初，包括俄罗斯在内，人口大约在一亿八千万或一亿九千万左右。在18世纪初，推算的人口大约在一亿。由此可见，在一个世纪的时间里，人口增加了八千万。在20世纪初，欧洲总人口增加到了约四亿两千万，可以想见19世纪欧洲人口激增的幅度。

这样增加的人口与18世纪城市的发展、与此相连的就业机会的增加和多样化这些社会条件相适应。如果变换一下视角，出生的剩余人口适应了19世纪新兴的机械制造业的发展，提供了作为支持的劳动力。

但是，从18世纪西北欧开始的摆脱人口学上的旧体制，即向粮食状况的好转和人口增长局面的转换，并没有给当时的社会或人们带来一样的变化。本来，在人口学上的旧体制时，即使是在饥馑或者粮食暴动频发的17世纪，上流社会的王侯贵族或富裕阶层也没有为吃饭发愁。如果看一下宫廷宴会的菜单名目，就会马上体会到令人吃惊的饕餮美食世界和民众的饥寒交迫世界

杜松子酒巷 揭露伦敦恶劣生活环境的著名版画。1751年，威廉·荷加斯作

之间的天壤之别。即使在19世纪，各社会阶层的生活条件差异依然很大，特别是在生存相关的基本条件和制度的建设还没有能够追上人口增长速度的城市中，可以说，民众阶层生活在最严峻的条件下。

即使在欧洲近代城市发展中先行的伦敦等城市，早在18世纪中叶，民众阶层恶劣的生活环境就已经被视为问题。画家威廉·荷加斯（William Hogarth）1751年创作的版画《杜松子酒巷》很有名。根据专业研究者的观点，荷加斯认为由以地主为中心的绅士阶层统治的稳定区域社会、由英国国教教区组织起来的地域共同体是理想社会，并以画作加以描绘。但是，眼前不断膨胀的大城市，已经与那种牧歌式的理想社会大相径庭。因此，荷加斯主张必须采取行动"纠正下层民众特有的危害"（他在这幅版画上的附加说明）。

当然，荷加斯的这幅版画是一种夸张式的描写而非现实，但是他却特别强调并控诉要承担未来的孩子处于恶劣条件之下的残酷现实。这充分反映了这个时候，人们开始真正以民众阶层为对象去思考孩子的教育问题。18世纪中叶以后，各国开始正

　　　　　　　　　　　　近代欧洲的霸权

式出版了集成摇篮曲的歌集、以孩子为读者的故事书和画册，以及童话故事集等。19世纪初由德国格林兄弟出版的童话，在日本也广为人知。商人删去了民间故事中固有的性与暴力，出版专门面向家庭的出版物，风靡社会。从19世纪开始，在安定生活的中产以上阶层，已经显著地出现了对少量出生的孩子给予更多教育的倾向。家族的面貌也开始发生了变化。

新经济状况的出现　　形成欧洲霸权经济基础的是工业化的先行。关于工业化和产业革命将在下节介绍。在这里，将对可称作是工业化前史的18世纪的状况进行概括。

高中的《世界史》教材等也许为了容易理解，历来大多数都采用了工业革命在18世纪后半期的英国推行的观点。确实，早在18世纪10年代，一个叫纽卡门的人将使用蒸汽动力的排水机实用化。此后，不断涌现出与此相关联的发明与改良。18世纪中叶，改良了纽卡门式蒸汽机的瓦特在1769年获得了专利，开始普及、销售蒸汽机。在其前后，炼铁技术的改良和纺织机械的发明与改良也在不断地推进。但是当我们认识到18世纪的生产基本上还是以手工业为主的状况时，就会明白，仅仅是不断进行的机械发明和改良，距离工业化的真正兴起还很远。

在可以称为"工场"（manufacture）或"制造厂"（manufactory）那样的、汇集大批使用双手劳动的手工业工人的工场（factory）里，采取分工制度，实现生产集中化的各种尝试已经在各地展开。

瓦特改良蒸汽机 瓦特改良了纽卡门式蒸汽机。
伦敦科学博物馆

其中，18世纪中叶，英国向生产活动机械化和动力化的转变走上正轨。回过头来看，将此作为出发点确实具有很大的意义。但是另一方面，我们也不能忽视其他预示着全新时代到来的动向。

在中世纪以后很长的时间里，欧洲的生产活动和商业活动，一直以统称为行会的同业工会或同业团体为中心。这些职业团体通过支付费用，换取国王及城市对其垄断的认可。同时，它们发挥着提高专业技术水平、培养继任者、确保产品品质的功能，是一种特权集团。只要经济规模局限于国内，可以说这就是一种相应的安定结构。但是，正如法国大革命前历史状况所介绍的那样，对于扩大经济规模和自由市场活动来说，行会开始变成了一种障碍。即使在法国，行会实际上也已经开始发生动摇。而在英国等地，行会更早就开始解体。18世纪的启蒙思想家，在市场经济上提出以下主张：为了实现经济快速发展，并改变其自身结构，需要废除行会等内部限制，建立只要有能力和资金谁都能够参与的经济体制。

另一方面，受在欧洲范围内广阔市场内的贸易，以及在欧洲以外经济活动膨胀的影响，欧洲开始出现了针对远距离贸易的生产。谷物生产方面在上文已经介绍，但是不仅是农业，在手工业领域也开始了远途贸易商品的生产。在城市内部行会限制依然很强的地区，一些人为了规避这些限制，将生产活动委托给农村家庭。这也是充分利用农村剩余劳动力的一种办法。为了将产品用于远途贸易，城市的批发商分包给农村家庭，再提供生产工具和原料，并回收生产出来的产品。

于是，亚麻织品等不追求高品质的纺织品和粗毛织品被生产出来。这些产品通过订货的批发商卖给经销商，最后被出口用于远途贸易。现实情况中，根据地域的特殊情况，各地规模及产品各不相同，但在18世纪，欧洲相当多的地区不断扩展这种生产方式。这种作为真正在工场进行工业生产的前身，但明显以广域市场为前提的手工业生产，在早先的经济史上被称作"原始工业化"。不具备单独资本实力的农村家庭，通过与批发商的合作，也能将农村以外的经济基础掌握在手中。可以说这给农村社会的变迁乃至农村家族形式的变迁都带来了影响。

满足两个工业化条件的英国

不靠人力、物力或者是风力和水力这样的自然力，而是通过人工动力驱动机械运转的工场生产走上轨道，至少要满足两个条件。

第一，为了顺利实现动力传输和机械运转，必须进行广泛的技术开发。如果不能够生产出大批稳定运转的机械，机械制生产体系也就不能普及。为此，它必须求零部件以同一规格生产出来，然后将这些零部件汇集在一起进行组装。在现在看来，这是理所当然的模式，在当时则作为前提条件而必须彻底地建立起来。即使在现在，要想制造出能够量化生产的机械，就必须制作出作为原型的机床，而这依赖于精巧匠人的技术。以前更是这样。通过拥有高超技术的匠人们的分工制度而率先实现这种工程的，实际上是生产精细机械装置的钟表行业。在英国、法国和瑞士间展开激烈技术竞争的 18 世纪，机械表方面实现了后代几乎无法超出的高技术水平，即便是相比于经过石英钟表走到电波表新阶段的最近。这正是准确传输动力的精密机械。美国历史学家兰德斯（Randers）强调说："正是钟表产业为技术上的产业革命做了准备。"

第二，必须进行资本积累，积蓄能够对机械制造的设备进行投资的后备资本。即使投资了机械制造，也并不能马上赢利。因此，如果没有相当多的资本积累，就不能让这些资本固定在机械或工场上。

英国能够率先进行工业化的原因在于从 18 世纪开始的资本原始积累。带来这种资本原始积累的恰恰是从 17 世纪后半期到 18 世纪中叶所谓的"英国商业革命"所带来的经济霸权。正如川北稔所指出的那样，与其说是英国因为产业革命的成功才成为了世界帝国，莫如说是因为成为了世界帝国，才能够实现产业革命。这样的认识或许才是正确的。在这期间，英国的贸易额急剧上升，通过武力战争掌握了将欧洲与亚洲、美洲和非洲等地联结在一起的经济网。而且，主要进口欧洲以外的砂糖、烟草、茶等物产不仅面向国内消费者，还向其他国家销售，获得了巨额利润。

如第一章所述，在英国所掌控的这些物产背后，存在着奴隶制种植园生产，以及向种植园贩卖奴隶的商业利益。越过 17 世纪激烈政治变革的英国，在君主立宪制之下，议会政治实现了一定程度上的安定。另一方面，通过 17 世纪末设立的英格兰银行，英国领先于其他国家，确立了金融方面的信用基础。这样的英国经济又得到了在 18 世纪依然保持强大实力的阿姆斯特丹金融市场的投资，经济基础进一步强化。

于是，具备机械技术和资本两方面条件的英国，就领先于法国等国家。除上述条件以外，还有诸如伴随着粮食状况好转而出现的人口增加及劳动力的保证、前文所述的行会的解体、伴随着商业革命而来的欲望的刺激、发达城市中消费能力的扩大等因素。迎来了这些因素相互作用的英国领先于他国，率先走上了工业化的道路。

生产和流通领域的激变

产业革命兴起过吗？　　那么，如何理解在英国率先发生的产业革命呢？

作为生产物品的方式，工场大量配备利用蒸汽机所产生的人工动力的机器，使同时实现大规模、高效率的生产成为了可能。即机械制的大工厂。据此，机器工业取代农业和手工业，成为了经济主轴。这样的经济结构占据了支配地位。被大量生产出来的商品也促使物质消费的规模和性质发生了变化。运输商品的流通方式，或者为大量购买原料而建立的体系也发生了变化。此外，使用优越于人力、自然力的机械动力来制造物品这件事，给人的劳动状态带来一种适应机械运转的节奏，也使得管理方式开始向以钟表的时间为单位转变。不以工人的工作内容为单位，而是以劳动时间为单位计算报酬的工薪体系普遍化。与此相伴，人们日常生活方式也发生了重大变化。这些经济和社会的根本变化，一般被称为"产业革命"。

卓别林的《摩登时代》这部电影很多人都知道。电影有趣而悲伤地刻画了在自动化工厂当中，不是工人们在使用机器，而是机械驱使着人们的悲哀。但是，随着机械流水作业而不断走动的人们这一滑稽但又让人笑不出来的场面，并非从生产一线的机械化一开始就产生。因为初期刚刚投入使用的机器尚未达到自动控制的水平，反而是熟练操作机械的、近似成熟匠人的技术工人成为新的必要。因此极单纯地配合机器的非熟练工人与这种新技术工人间的差别就非常大。

最近，学界有力地推出了一种观点，认为以英国为开端的工业化并没有那样激烈的进行，因此称为"产业革命"是不确切的。

时间	工场工人数	家庭手工业人数	推断总计
1810 年	100000	200000	300000
1830 年	185000	240000	425000
1850 年	331000	43000	374000
1860 年	427000	10000	437000

英国棉纺织业（纺织、织布）的劳动者人数 （单位：人）

前文已述，在 18 世纪的英国，主要以纺织和织布产业为中心的机械类的发明与改良相继出现。但是，即便蒸汽机被发明出来并已经达到了实用化水平，以蒸汽动力驱动机器运转在生产实践中尚未成为主流。即使到了 19 世纪初，水力驱动依然是主流。机床的生产也尚未达到急速发展的程度。

例如，我们大致浏览一下显示英国棉纺织业工人数量变化的统计表。在 19 世纪中叶重大转变前，家庭手工业从业人数远远高于工场工作人数。这是因为纺织业率先实现了机械化后，可以生产出大量廉价的棉纱，反倒使得家庭手工业能够轻易地获得织布所需的原料。织布没有立刻转移到工场生产。从纺纱机械化到织布机械化存在时间差。即使是在机械化方面打头阵的英国棉纺织业，也存在这种问题。

被认为不仅在生产操作，而且在流通、消费领域，乃至工作方式和日常生活上都带来本质性变化的工业革命，即使在英国，也只有以 18 世纪中叶到 19 世纪中叶大约一个世纪的时间段来考察时才能发现所谓的变化。如果是这样的话，使用"革命"这个让人联想到激变的词语就不恰当。提出该主张也就不足为怪了。

那么，各位读者是怎样考虑的呢？

即便知道这一历史性事实后，我自己仍认为可以使用"产业革命"一词来概括这些变化。当然了，虽说是"革命"，但这里不是指一夜之间推倒政权的政治革命事态，而是经济和社会发生的构造性变化。在这个意义上讲，这里所说的"革命"归根结底是一种隐喻。实际上，"产业革命"这一词汇主要是在19世纪后半期出现。但是，它是将眼前所发生的根本性、结构性变化比喻成革命，并非要表达短期内的变化。事实上，在这里所发生的结构性变化，对于人类历史来说是极为重大的本质性变化。

我想，如果将此与人类历史上的"新石器革命"对比来看，就很容易理解了。虽说距今有九千年到一万年左右的历史，但是当时的人类已经掌握了名副其实的"农业"这一粮食生产方法。他们不仅狩猎采集，还能够通过耕作、驱使牲畜等方式人工生产粮食。对于人类的生存与发展来说，这是根本性的重大条件的变化。因其恰好处于新石器时代，所以这种农业的出现就被称为"新石器革命"。这样的变化过程自然不是在数年里持续的激变过程，但即便花费漫长时间却仍被称为"革命"，就是因为这个变化对于人类历史来说，是带来本质性变化的历史事件。所以我认为，对产业革命，也应该给予这样的评价。

那么，又如何区别"产业革命"中的"产业"，以及"工业化"中的"工业"呢？产生这样的疑问也不奇怪。无论哪个词汇，如果从字面上理解，都是指产业（industry）或者产业的（industrial）。总而言之，就是同样的词汇。但是，我觉得一旦放在日语当中，

　　　　　　　　　　　　近代欧洲的霸权

二者间就存在微妙的差别。提到工业这个词，就会想到人工物品的生产，按产业部门来说，就是第二产业，即不是第一产业的农林水产业，也不是第三产业的服务业。本书中所用的"工业化"就是指这个意思。但是，提起产业革命这一词语，正如上文所述那样，不仅是指物质生产，即产业部门的工业，还被用来表达包括消费、流通以至生活方式领域的相关变化。本书也是这样使用。它的意思范围相当广泛。因此，这一变化不叫"工业革命"，而是叫"产业革命"。下一章所阐述的"产业文明"这一词语也是基于这个标准。

人口增长与城市化进程

欧洲从 18 世纪开始的人口增长，在 19 世纪里进一步加速。可以说，人口增长与工业化间的关系，与人口增长和粮食状况好转一样，是不能简单归结到因果联系的鸡与蛋的关系。但是人口的增长肯定给社会带来了比较多的推动力。用比喻的语言来说，就是"静止社会"向"激变社会"的变迁。人口增长不仅是向工业化提供劳动力的供给源，也迅速促进消费市场的扩大。

近代欧洲特征之一就是伴随着工业化而进行的城市化。为了适应开始激烈变动的社会状况，人们四处奔波，努力寻求所有能够成功的机会，或者获取有利职位的可能性。这个时代，欧洲内部的人口流动主要还是向城市集中。在工业化大发展的 19 世纪，特别是在后半期，城市人口的增加非常显著。

这可以被视为一个大的流行趋势，但是依据正确的人口统计数据去测定这一时期的城市化就不是一件容易的事情。在19世纪，数据统计时代虽然已经正式开始，但是人口变动激烈，很难用数字来表示，而且各国对城市的分类标准也不同。根据英国和德国的统计标准，一般将五千人以上的居住地认定为城市，而法国的统计标准则一般是两千人以上。现在的日本人肯定会感到吃惊，觉得规模居然如此小吧。有意思的一点是，作为城市标准的人口规模较小这一点，与欧洲的城市概念和城市形象相关。

在最先进行城市化的英国，以人口规模五千人以上作为城市标准，1850年城市人口占人口总数的比例达到45%，1900年则达到75%。与之相比，法国城市人口占总人口的比例在该时段分别是19%和38%，德国分别是15%和49%。如果以人口规模两千人以上作为城市标准，那么，英国城市人口占总人口的比例在19世纪中叶就已经超过了50%，法国达到了25%，德国达到了35%。在人口分布上，城市和农村的均衡状态明显向城市倾斜，农村人口比重减少。这种明显与产业结构变化相连的人口流动，虽然因国家不同而速度不同，但都意味着长期以来农村人口占绝对优势的局面崩溃。

这时不仅是与农村人口相比的城市人口普遍增加，大城市人口的增加、大城市的进一步膨胀也特别突出。巴黎、伦敦、维也纳等代表国家的几个大城市，为了应对人口增加和经济活动活跃，都实施了扩大城市规模的措施。在城市规模扩大前后，比较城市人口的意义有所区别，但城市规模扩大本身自然是城市化进程的反映。如果截取 19 世纪初、19 世纪中叶、20 世纪初三个节点来观察，伦敦人口在 1800 年大约 90 万，19 世纪中叶是 230 万，20 世纪初则达到 470 万。巴黎分别是约 60 万、130 万和 280 万。而从普鲁士首都转变为德意志帝国首都的柏林，则分别是约 17 万、45 万和 200 万。同样，在 20 世纪初，格拉斯哥、莫斯科、圣彼得堡、维也纳等城市也进入 100 万人口规模的城市行列。但是，另一方面，拥有 50 万人口规模的城市仅有伯明翰等 16 个城市。由此可见，在 19 世纪，伦敦、巴黎、柏林三座城市在欧洲出现了异乎寻常的大发展。

我们未必要将这样的城市化进程，特别是大城市的进一步大规模化作为近代化的表现而加以肯定。因为人们已经认识到，在同一时期，特别是在 19 世纪前半期最为显著，城市并没有配备满足膨胀后的人口的必要制度和设备，距离合理的社会组织机构甚远，成为严重不卫生的、各个方面呈现病态现象的问题空间。社会改革家此时已经将城市看作为摆脱贫困和饥饿而频发犯罪的巢穴，视其为一个问题。

在 19 世纪，特别是在 19 世纪中叶前，以欧洲城市为舞台，出现了各种各样的社会运动。反对严酷劳动条件的罢工运动，以及与对政治发言权和社会平等要求或者革命主张等相结合的运动，在意识形态上呈现出各种各样的主张。但不能忽视的是，

马克思　通过《资本论》等论著，主张走社会
主义道路代替资本主义道路

19世纪城市固有的问题，包括城市民众的贫困、对不充裕生活状况的不满、对工业化初期典型的劳动剥夺型经营方式的抵抗等，成为运动爆发的共同背景。

马克思写了《资本论》等著作，主张走一条应该取代资本主义经济的社会主义道路。他的盟友恩格斯关注到英国工业城市曼彻斯特的工人过着悲惨生活的状况，发表了控诉英国工人阶级状况的报告书《英国工人阶级状况》。不仅是他们两人，在英国，以亨利·斯坦利·贝内特（Henry Stanley Bennett）为代表的新闻记者、社会改良家开展了社会民众生活状况调查，出版现在叫作纪实报道的书籍。在法国等国家，同样以医生和卫生学者等为中心的一些人，发表了各种各样指责社会问题的报告文章。如果汇集一下各国此时发表的报告书种类，一定是一本相当厚的书籍。城市的病理已经作为时代的课题，被深刻地认识到了。

运输和流通的革命

19世纪也是运输和流通领域出现巨大变化的时代。如上文所述，欧洲各国已经从 18 世纪开始，对此前交通状况的不畅通和恶劣状态进行了整治。他们开始追求运河的开通及河港的整备，因为水路在大量运输物品方面比陆路更适合。19 世纪以后，这样的陆路与水路交通的整修和开发继续开展。无论是商品的流通，还是原料的运输以及人口的移动，确保交通道路畅通都是重要前提。

19 世纪开始的运输和流通领域的革命性变化，完全是由蒸汽机的应用所形成的交通网带来的。首先是铁路。众所周知，英国率先进行了铁路的铺设和运营。其原因在于蒸汽机的实用化和钢铁生产的扩大。至 19 世纪中叶，英国的铁路网建设已经取得了相当大的进展。铁路建设方面，仅仅是主干线已经不能够满足需求，这时也开始扩展并形成了可称为铁路网的线路。对国内经济和社会发展来说，这具有决定性的意义。欧洲大陆各国则在 1850 年以后，主要是 70 年代以后出现同样状况。

铁路的网络化，不仅使人的移动变得更容易，而且迫使此前在比较狭窄的范围内能够自主生活的地域社会发生变化。主要以城市为源头的各种信息，能够和物品一起迅速地传播到各地。国内市场的一体化，无论是在消费方面，还是在劳动方面，如果离开了铁路网的铺设，步伐势必迈得非常缓慢。

铁路带来的变化还涉及人们的社会性意识。例如，在铁路利用上，人们要采取符合时刻表要求的行动。这理所当然。而且人们必须意识到钟表所规定的时间。与此相适应的行为方式，以及学校、工厂等场所中适应钟表的时刻表也都出现，到了

19世纪，对于由钟表规定的时间的意识被全面接受并广泛传播。这迅速变成了每个人都应该根据钟表时间进行日程管理的近代化行为方式。人们已经不能再像过去那样慢慢吞吞地生活了。

当然，移动时的速度感觉也与以前依靠畜力和自然力时完全不同。可以说，面向现代的事物运动及变化的高速化，通过以机器为媒介的他律性移动，在人们身边开了端绪。

同时，铁路的网络化必然要求制定能够协调运行的标准时间。在现在看来这是理所应当的事情，但是对于19世纪时期的世界而言，那是前所未有的体验。首先，为了铁路安全稳定运行，各国开始推广国内统一的时间标准。现在全世界通过使用统一的标准而得以协调一致。如果不这样做的话，比起经济和社会组织的大混乱来说，更大的可能是这些根本就不会成立。1884年，国际子午线会议在华盛顿召开，决定以英国格林尼治时间作为国际标准时间。

因为地球是圆的，所以认为格林尼治位于本初子午线，即零度经线的位置并没有必然的理由。但是，世界各国共同做出的这个决定也并非偶然。原因之一是英国的铁路公司在使用国内标准时间上有领先他国的实用化经验。并且，无论如何都不能忽视的是，在19世纪的国际政治和经济上存在着所谓"不列颠治世"的大英帝国霸权状态。因此，在历史上长期与英国争霸的法国并没有遵从这个决定，主张以巴黎时间为标准，并坚持了一段时间。

铺设铁路还有
保障国家防卫和国
内治安的理由。铁
路使军队更容易实
现大规模迅速调动，
是一种重要的作战
手段。在陆地边境
相接的欧洲大陆各

刚刚完工时的终点站 1866 年，在伦敦的泰晤士河畔建成
的东南铁路终点站伦敦金融城卡农街

国，例如德国就是一个典型。为了确保在边境地带迅速调动军
队，各国陆续地开展了铁路建设。

此外，铁路建设不仅有利于国内市场的统一，而且建设本
身还需要大量的钢铁和劳动力。因此，一定程度上它也带来了炼
铁业和相关产业兴隆的经济效果。铁路建设这种大型工程是推
进工业化的增产兴业的重要项目，其建设必然涉及大规模的工
程，需要巨额的资金。所以它成为了重要的投资项目，有时也成
为国际投资对象。19 世纪末，法国投资俄国的铁路建设就是较
为典型的事例。

蒸汽机交通的实用化发展，不仅表现在铁路上，还表现在
蒸汽船上。汽船初次航海是在 1809 年，比铁路还早。不过，到
19 世纪中叶，尽管蒸汽船已经实用化，但在远洋航行时一般还
是蒸汽机和风帆并用。但是，到了 19 世纪后半期，完善的大型
蒸汽船开始航行于世界各个海域。到了 1870 年，定期航行的邮

大型轮船坎帕尼亚号　连接欧洲和北美的卡纳德轮船公司所属。选自《不列颠治世》

船也开始将世界各地联系在一起。蒸汽船的经济效益非常高。比较一下19世纪初和19世纪末的航海活动，会发现远洋航海的运输成本降低大约1/7。

可以说，后面所论述的大量跨洋移民的出现，很大程度上依赖于船舶航运的发展。跨海的长途移动从一件需要下定决心的近乎冒险的事情，变成了非常普通的事情。如果看一下幕末至明治初期访问欧美的日本人航海日记或回忆录，就会清楚知道，这种乘坐大型船舶的移动已经不再具有值得大书特书的冒险色彩了。

欧洲移民的世纪

到了20世纪后半期，欧洲成为吸纳非欧洲地区移民的重要地区。这种趋势即使在21世纪的现在也不曾发生变化。但是从19世纪后半期到20世纪初这段时间里，移民流向完全相反。今天一般不太被注意到，但实际上这个时期，欧洲将大量的移民输送到了海外。据说总计大约有四千万人，而作为目的地的"新天地"主要是南北美洲，特别是美国。

国家	1800 年	1850 年	1900 年
英国	1600	2750	4150
德国	2300	3510	5640
法国	2820	3580	4070
意大利	1800	2500	3250
奥地利	2800	3600	5000
俄罗斯	4000	5700	10000

欧洲各国从 18 世纪开始的人口增长趋势，正如表中所显示的那样，到 19 世纪后进一步加快。多数人口作为工业化进程中的劳动力发挥着作用。欧洲内部也出现了向工业化和城市化程度更高的地区移民，乃至越过国境

欧洲各国的人口 （单位：万人）

的移民趋势，但是成为过剩人口的人则可以说在欧洲地区内失去了容身之处。当时也一定有被经济结构变化所淘汰的人、感觉难以适应近代化而寻求新天地的人，以及那些想寻求更有利的条件而下定决心移民海外的人。

可以说，导致这些移民向海外移动的主要原因，基本上是激增的过剩人口和近代化的余波。不过，其中也存在更为悲惨的例外事件。19 世纪中叶爱尔兰发生的大饥荒就是典型的例子。处于英格兰殖民统治下的爱尔兰农民，由于作为粮食主要来源的马铃薯歉收，造成了大规模难民，被迫流亡海外。将近代欧洲作为整体来看，人口一下子出现锐减的地区只有这时的爱尔兰。此外，犹太裔移民中也有因 19 世纪末俄国的少数族群迫害而成为难民的悲惨事例。

也有源于殖民政策的移民。例如，19 世纪中叶，法国将阿尔及利亚纳入殖民统治并积极推进殖民地化，形成大批源于此

项政策的法国移民。更普遍的情况是，从宗主国向殖民地的移民虽然以私人公司为中介来完成，但或多或少受到政策的推动。俄国内部推动西伯利亚开发的人口移动也可以说是一种国内的政策性移民。

什么是移民地吸引移民的原因呢？如果将 19 世纪中叶兴起的加利福尼亚和澳大利亚的淘金热潮视为一种例外的话，那么，通常情况下是因为移民地具有获得有利土地和劳动的机会，以及新的商业买卖和工作的可能性。在美国，西部开发显示出了农业的可能性，北部的工业和城市的繁荣暗示不被历史限制的新的美国梦，这些都毫不奇怪。在独立后的南美洲地区，巴西和阿根廷等国陆续兴起了大规模的农场开发热潮，需要大批劳动力。意大利等欧洲农村地区也出现了寻找这一可能性的移民。

以 19 世纪中叶为分界线，欧洲每年向海外移民数量从十万左右增加到七十万左右。在整个 19 世纪人口持续增长的英国，很多人移民到了南北美洲，特别是北美洲。19 世纪末，来自德国、意大利，或者东欧的移民数量则逐步增长。这或许是因为各自祖国的近代化节奏不同。

如前所述，船舶航运技术的进步，肯定会促进移民数量和规模的扩大。其背后的欧美经济规模明显增加，进一步助推了现在所说的全球化浪潮。当然，虽说当时还没有互联网等新生事物，但是在 19 世纪后半期，电报网络开始将世界各地联结在一起。早在 19 世纪中叶就已经建立起来的国际邮政组织也进一

逃离爱尔兰的移民　大饥馑后，约一百万人搭船移民海外。科克郡，1851年。出自《伦敦新闻画报》(*The Illustrated London News*)

步发展，1875年，国际邮政联盟成立。去国外或离开故乡的移民们没有断绝与故国的联系，能保证大多数人与故乡的家族和朋友间联系的条件得以建立。于是，我们也可以看到同乡的人们追随早先外出移民的脚步，渡海去同一个地区从事相同工作的现象。

　　世界各国的城市中出现了唐人街，即使现在，也因能够品尝到一般来说便宜而美味的中国菜而闻名于世。同样，意大利裔移民也渐渐形成了被称为"小意大利"的街区。在适应移民后的生活和经济活动中，同乡网络发挥作用的情况不在少数。但有时也会出现同乡移民间的争斗，或者出身地不同的移民群体之间的冲突。文化的融合与摩擦不仅会在移民文化和移居地的当地文化间产生，也会在同一移民群体中的异文化间产生。

即使在出现如此大规模移民的欧洲各国当中，也有例外的国家，那就是法国。19世纪时明显出现少子化和人口增长缓慢的法国，到19世纪末，劳动力不足开始成为了一大问题。法国从周边各国，即比利时、西班牙，尤其是意大利，广泛接纳从事农业、工业、港口劳动等劳动力。但是，一旦经济状况陷入不景气，就会出现法国工人攻击这些移民工人的事情。他们将自身的低工薪和恶劣的劳动条件归罪于外来的移民，甚至发生不幸的袭击事件。

大量移民离开欧洲分散到世界各地，是除了这个时代以外，其他任何一个时代都看不到的历史现象。正如上文所述，作为移民而离开故乡的人们，也许未必是适合近代化的成功者。但无疑是这些人移居到了世界各地，从而将欧洲的近代文明扩散到了世界各地，即进行了近代欧洲没有预料到的近代文明的传播。不过，在这一流动是否使得欧洲深入了解世界各地的人群及文化、是否促进相互间交流的问题上，必须承认的是，答案并不乐观。关于欧洲的优越感和领先意识将在下文中阐述。

新的阶级等级与劳动大众的苦难

统治阶级的交替　　　工业化开始启动是以充分资本积累为前提的，而随着工业化的进展，财富进一步在欧洲内部积聚。这样的过程从18世纪后半期开始，在整个19

世纪展开。但是在各国内部，财富并不是在社会中平均流动，在显示生存可能性的平均寿命和死亡率的数字上，社会阶层上的差异依然很大。

欧洲贵族经过法国大革命和拿破仑帝国的统治，已经丧失了封建特权。更简单地说，在以大规模的工业、商业或者金融为基轴的经济活动中，即便是有大量积蓄的贵族也已经不再安于传统的生活方式了。确实，贵族在拥有大规模领地的地方，保持着作为名士的有利地位。在 19 世纪前半期，优待土地所有者的限制选举制度占支配地位，议院的多数议席也被贵族垄断。而且，正如上文所指出的英国情形，贵族不仅从事大规模的农业经营，还适应新的资本主义的发展，投资股票、国债或者亲自经营企业。贵族还拥有常年积累下来的文化资本。社交、举止、基于教养的谈话和姿态，这些都被看作是上流阶层的优越性。平民即便获得金钱上的富裕，但如果没有掌握这些的话，也无法加入上流社会交际界。单纯的暴发户是大忌。这种状况不限于英国。贵族与产业界、金融界的上层家庭联姻，因为对双方都有利而备受欢迎，其原因便在于此。

在经济活动和财富形式发生变化的过程中，取代贵族占据支配地位的是中产阶级。不过，虽说都是中产阶级，但内部也存在多个等级。既有因与贵族联姻而出入上流社会的上层，也有与劳动大众一样，住在街区，从事小商业活动的下层，两者间的落差非常大。19 世纪初的上层中产阶级包括从前就巩固地位的大商人和金融家，也包括通过 19 世纪的发展而成功创办新企业的实业家或扩大事业规模的实业家、银行家。

其中，也涌现出了一大批充分展示经营管理能力和水平，急速攀登上社会高层的人。搭乘德国富国强兵、增产兴业浪潮而一举成名的阿尔弗雷德·克虏伯等就是其中典型的人物。1812 年出生的克虏伯从在失意中死去的父亲手中继承了制作铸件的小作坊时，年仅十四岁。然后，他通过刻苦勤奋，在自己的一代时间内就创造了代表德国的大钢铁公司，简直就是名人传中的实业家典范。产业（industry）一词，既有产业的意思，同时也有勤奋的含义。但是必须说的是，即便具有这种通过才能和努力刻苦而获得成功的资产阶级道德，但是在企业规模扩大、所需资本日益巨大之中，这种成功的可能性绝非很大。

19 世纪的上层资产阶级在三个方面保持实力，从而能够发挥其支配力。

第一，经济实力。他们不仅拥有强大的资本实力，在劳动法等社会法出台前，还能够在经营的所有方面几乎全凭个人裁量，拥有可以说是只受竞争和经济状况限制的绝对性权力。

第二，政治实力。虽然面向男子普选的选举权逐步扩大，但是将贵族也纳入其阵营的上层资产阶级代表在议会中显示了强大的势力。在完善国家组织机构的过程中，掌控高级官职的人也是那些接受精英教育的资产阶级的子弟们。

第三，文化实力。公共教育制度是随着阶级等级建立起来的。精英学校的学生多数是他们的后代，这些学生在组成同窗关系网的同时，形成了知识精英阶层。除了这种知识精英的再培养，他们通过对规模和影响力增强的报纸和出版社的直接及间接控制所展示出来的社会支配力也不容忽视。

通过上述三方面实力的相互作用，在数量上极为有限的上层资产阶级能够行使极大的权力。他们在豪华的私人宅邸过着华丽的社交生活，在城市里欣赏戏剧和歌剧，在第二或第三处别墅中重复着优雅闲适的社交活动。但是，他们彻底追逐利益的经营态度也相当严格，在19世纪，从子女的教育到结婚或家庭内部秩序的建立，以及对劳动者的纪律性要求方面，一般都奉行着极为权威的父权家长制。

西欧已经不是旧体制下那样的身份制社会，即使在依然保持着贵族身份地位的东欧社会里，传统身份制也不能发挥功能。但是，取代它的是在最上层的资产阶级和最下层的劳动大众之间形成的数层等级。

初期的工业化与劳动大众的世界

19世纪的工业化在所有国家都促生了大量的工人。在总人口急剧增长中，劳动力市场必然变成买方市场，因此劳动大众不得不处于严峻的条件之下。此外，在法律措施尚不完善的状态下，工人只能忍受不稳定的雇佣、低薪金、长时间的劳动和恶劣的劳动条件。不能不说，初期的工业化就是劳动剥削型的经营。

在限制性的法律出台前，妇女和儿童也必须忍受同样恶劣的劳动条件。经营者为了得到价格更便宜的劳动力，也雇佣孩子和女性。

前文已经提及，一些人进行了有关劳动大众工作场所、健康状况以及生活状况的调查，并提出了改善的建议。但在19世纪中叶到来前，这些建议一般都被以经济活动自由为名拒绝或者忽视。

尽管如此，在儿童劳动方面还是取得了最早的立法成果。英国在1833年就制定了最初的儿童劳动法，即便以今天的眼光来看，其内容必然令人吃惊，即禁止雇佣八岁以下儿童，九岁到十三岁的儿童每天工作八小时以内，十四岁到十八岁每天工作十二小时以内。法国在1841年立法禁止八岁以下的儿童劳动，同时也禁止安排十三岁以下的儿童在夜间劳动，但如果年龄在十四岁以上则被允许。英国于1847年规定女性和十八岁以下的儿童劳动时间为每天十小时以内。法国在1848年革命后，同样规定他们在巴黎每天工作十小时以内，在地方每天工作十一小时以内。当然，英国和法国比较早地制定并实施了相关法律制度，绝对不是因为两国的儿童劳动情况比其他国家更严重。

即使制定了这些法律制度，但是在执行上并没有得到严格的监督。简单来说，这些全部要依赖经营者的善意。但是，处于绝对不利状态的劳动大众也并不只是默默忍受，被动地遵从这些规定。在整个19世纪，围绕包括每天劳动时间在内的劳动条件、薪金及解雇而发生的劳动争议从未断绝。即使在欧洲，除了英国等一小部分国家外，每天八小时工作制和周末休息制度的广泛推行是第一次世界大战以后的事情。在通向 20 世纪的转换期，围绕每天十小时劳动时间的对立斗争一直持续。

除了上述争议外，特别是在 19 世纪中叶前，劳动大众不断展现对日常工作中苛刻条件的不服从态度。如果从经营者的角度看，坚持工作是理所应当的事，也被认为是道德水平的提升。但是，在劳动大众看来，星期日到星期一是与亲朋好友相聚的休息日。这种表现成"懒散的星期一"（Saint Monday）传统的行为，成为继承了工匠式高自主性工作方式的独特伦理。在工业化初期，有很多秉持传统工匠性格的工人，或者在从事农业生产的同时兼职的工厂、矿山工人，因此，严格的劳动制度并没有马上得到贯彻。

薪金的标准根据国家以及产业类别的不同而不同，但作为一种大趋势来说，在 19 世纪后半期，特别是在 19 世纪 70 年代开始的经济危机中，由于物价下调或下降，最终结果是工人的经济条件得到了改善。简而言之，在财富的分配上，工人获得了一部分。但是，贫困问题依然没有消除。即使在工人当中，上下差异也非常大。把工人作为消费者而重新看重还是 19 世纪末才开始的事情。关于消费生活变化的情况将在下文阐述。

社会变革的梦想与挫折　　工人不仅进行常规的反抗，还在 19 世纪里不断推进自身组织化的进程。在这方面的先行国是英国。1848 年达到高潮的宪章运动，将关于劳动的经济要求和围绕议会的政治要求结合在一起。另外一个成为主流的事件是，工人们发起了组建工会来实现自己要求的运动。这些工会最初是互助组织，或者以熟练工人为中心形成的团体。在 19 世纪里，有不少国家的工会实现了合法化。工会的合法化避免了一些无法预料的直接行动，从而可以使政府在一定的框架内应对工人运动。

另一方面，这也是因为工会运动与要求彻底改变社会结构的各类社会主义运动有着微妙的关系。19 世纪，英国式的工会运动从政治性问题脱离出来，专心致力于职业的诉求，走向社会改良的方向。德国、美国、北欧各国也都是这种趋势。与此相对，在法国和意大利等国，从 19 世纪末开始逐渐活跃起来的工会运动，包括罢工等直接的活动在内，内里很早就带有与政治意图相结合的革命性质。

回过头来看，19 世纪特别是世纪前半期的欧洲，因为追求各种各样的政治改革、社会变革的梦想而大放异彩。上一章已经说过，18 世纪末，世界已经经历了美国独立战争和法国大革命这两个巨大的变动。虽说结果各有不同，但它们的经验证明了占绝对多数的民众的参加在促成国家政治变动方面的可能性。

欧洲在经历了法国大革命和拿破仑战争后，形成了一般称作"维也纳体系"的国际秩序。虽说这个国际秩序事实上是向革命以前秩序的回归，但是集中到维也纳的各国政治家们都有避免在欧洲范围内再次发生革命和战乱的目的，故而成立了这个国家间协调体制。如果用一句话概括，那是维持和平的想法，它不允许特定国家异军突起掌握主导权，而是以多国目前的势力均衡为基本。这终归是一种保守的产物。在各国内部，统治者认为广大民众也能参与的自由主义民主政治会威胁到社会安定和均衡，从而加以否定，主张采取寡头统治这一方针，实现保守性政治的稳定。他们要在消除混乱根源的稳定基础上发展经济。

英国虽然也有这样的基本想法，但或许是依靠率先实现国内政治安定和推进工业化而确立了经济霸权的帝国优势，无论是在经济上，还是在政治上，都旗帜鲜明地站在了自由主义的立场上。在对外关系上，正如19世纪中叶废止《谷物法》和《航海法案》等所明确显示的一样，英国采取的是自由贸易主义的立场。在国内，通过彻底的功利主义的社会改革，政府采取了一条包括劳动大众在内的路线。关于儿童劳动法问题上文中已经阐述，而结社、集会、言论和出版自由等也先于他国，很早就得到了认可，从而确立了补充限制选举制的体制。但是，在当时的欧洲，能够有此种情形的英国终归是一个例外。

19世纪前半期，各国零散地出现了要求政治发言权和自由的运动，但都因统治体制而不得不受挫。成功的范例仅有从奥斯曼帝国的束缚下脱离出来的希腊独立运动。此次运动中，欧洲各国出于打击伊斯兰的奥斯曼帝国的考虑，帮助了希腊独立。

**风起云涌的
1848 年革命**

值得关注的不仅是欧洲内部发生的追求政治自由的社会运动，而且有进一步要求社会变革的运动。这一运动从 1830 年开始就明确出现。社会变革的内容，因倡导者不同而呈现出多样性。1848 年欧洲各城市大约同时发生的一系列革命运动，在历史上被统称为"1848 年革命"，但其特征是这些运动各具特色，不仅包括政治变革，还包括追求社会变革等多种运动。

在围绕政治与经济的复杂关系当中，这一系列运动的任何一项也只是一时掌控了局面而已。简而言之，他们都因为原有统治阶级的镇压而受挫，或者因运动内部多样性的主张和路线的对立与抗争而瓦解。在 1848 年革命的结尾，被压迫在社会最底层的劳动大众追求尊严的运动、被隔离在地区最底层的少数民族追求自治权的运动全部被分割，立志进行多方面社会变革的梦想全部受挫。

此后，国家政治将分散在全国各地的民众作为国民统一起来，并将民族国家置于资本主义世界体系中的核心位置，将民众的能量完全动员用于增产兴业和富国强兵，真正开启了一个新的民族国家时代。在国家政治中，民众以及劳动大众的位置开始发生变化。国家的公共教育系统正式开始将民众作为对象、成年男子不受阶级限制根据普选制真正参与国家政治，也都在这一系列的变化之中。法国拿破仑三世的第二帝国和后续的第三共和国、普鲁士宰相俾斯麦主导形成的德意志帝国就是这些国家

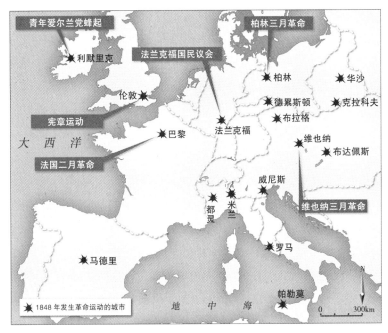

欧洲的"1848年革命"

的代表。

　　另一方面，19世纪后半期仍有对抗这些政治与经济主流趋势的运动。社会性的贫困问题、劳动大众所处的恶劣生存条件作为客观事实还未得到妥善解决。寻求资本主义体制转变的社会革命不是靠被分隔在各国的运动，而是靠超越国境、团结成为国际性的劳动者才能够实现。坚持这种主张的就是巴枯宁等无政府主义者。而与此相对立的则是马克思等社会主义者。根据他们的想法，工人阶级没有应该归属的祖国。某种意义上，这也是一种适应当时世界经济联动的想法。

图式化地说，无政府主义者乐观地寄希望于民众自身的力量，然而民众运动并没有顺利开展，在19世纪末出现的突出个人主义的炸弹袭击事件等使运动孤立起来。与此相对，马克思主义者采取的方针是由具有思想自觉的先进人士掌握主导权，引导运动的发生和发展。这在当初同样是一种梦想社会变革的极少数派的异端运动而已，但在19世纪末，帝国主义国家间对立不断激化，国内劳动问题和社会问题还找不到解决方向的状态下，它们发挥出相当强大的现实性力量。

导致独裁的前卫理论　　在19世纪末倡导成立第二国际等社会主义的国际运动当中，掌握主导权的是继承马克思思想的人们。但是，这时的运动方向与当初主张依靠阶级斗争发动社会革命的思想相比，有了很大的修正。最终，他们选择以参加国内议会政治的形式保障发言权，在现实中形成了作为议会政党的社会党和社会民主党。这时，左右欧洲各国政治对立的不是原来的王党派和共和派，也不是皇帝派和议会派，而是性质多样但要推进资本主义体制发展的派别，与对此持否定态度并主张走社会主义道路的派别。

19世纪末到20世纪初，俄国社会主义势力中的多数派，即俄语所说的"布尔什维克"与倡导议会主义不断改良的修正主义对抗，对其激烈批判，并最终提出前卫理论，即主张依靠暴力革命实现统治的转换。这个时期的俄国，正是因为还不存在像样的议会制度，所以这个主张才具有一定的市场。实际上，在第一次世界大战造成的混乱中，俄国发生了由布尔什维克领导的夺权事件。当我们将视野放到 20 世纪末以前，便不得不说这种较为前卫的发动革命的路线，与一党独裁、个人独裁这种与自由、解放对立的政治有关。那是主张革命的他们自身招来的挫折。

第六章

令人惊叹的 19 世纪与产业文明的确立

产业文明的确立之路

工业化的进展和经济结构的转换

通观 19 世纪，欧美主要国家和例外的亚洲日本都已经彻底地迈上了工业化的道路。机械化的技术革新以前所未有的规模和速度推进。牵动初期工业化的是与纺织关联的产业。正如前文所述，纺织产业和农业领域采用了机械，铁路网发达，炼铁业和机械制造业也取得很大发展。

19 世纪中叶前，英国在所有这些方面，确实以压倒性优势凌驾于其他国家之上。英国的就业人口中，工业人口比例在 1800 年就已经达到了 30% 左右，1860 年则增长到近 45%。在欧洲大陆各国中，较早进行工业化的法国，工业人口的比例在整

水晶宫 这个由钢铁和玻璃构成的国际博览会会场，在大约5个月的会展期间吸引600万人入场，取得巨大成功

个19世纪也没有超过30%。在19世纪中叶，英国的煤炭产量超过了5000万吨，是法国的10倍；钢铁产量达到了270万吨，是法国的5倍。同一时期，在并不广阔的英国本土，总里程达到8000公里的铁路网已经将全国各地联结在一起。1851年，在伦敦召开的国际博览会上，乘坐火车从全国各地汇集而来的人们远眺象征着这个时代的水晶宫，惊叹于这个用钢铁、玻璃建成的巨大建筑。作为世界的先驱，英国的托马斯·库克（Thomas Cook）公司初次推出今天所说的包团旅行，取得巨大成功。

在20世纪石油取代煤炭地位之前，整个19世纪，煤炭业作为与炼钢业并驾齐驱的产业，确立了作为国家经济最重要的基础产业之一的地位。英国以焦炭为燃料的炼钢业在18世末就开始成为中心，与此相对，仍大多以木材为燃料的欧洲大陆国家，大约在19世纪中叶时才开始以焦炭为燃料的工厂为主。同样，英国也率先掌握了从制造出来的钢铁中去除碳等不纯物的技术。19世纪50年代，贝塞麦开发的技术在英国开始出现，之后迅速成为标准。工厂大量生产这种用高热炉制造的硬度高、杂质少

近代欧洲的霸权

古典形态的危机	新式危机
歉收和粮食危机	投资过剩和生产过剩
供给不足引起粮食价格上涨	供给过剩引起价格体系的崩溃
地域的、一国的规模	全国规模
没有周期性的特点	显示了周期性的特点
饥馑和死亡率的上升	破产和失业率的增加

经济危机的新旧形态对照表

的钢铁，无论是对于要经受住高速运行的铁路，还是承受住重压的铁桥，或者铁制的船舶以及各种各样的机械和零配件来说，这种钢铁都极大地拓展了钢铁的应用范围。在法国革命一百周年的1889年，国际博览会在巴黎召开，由铁架组成的高达三百米的埃菲尔铁塔耸立在人们面前，一时间掀起了褒贬不一的热议。这一百年的变化，谁都能清晰可见。

以英国为代表的国家经济结构经过产业化的洗礼后，从此前的以农业经济为中心转变为以产业经济为中心。最能体现这些差别的就是市场行情的表现形式。基本上左右行情动向的已经不是农作物歉收那样的农业生产动向，而是生产过剩这样的工业生产动向。

正如上表所显示的那样，古典形态经济危机主要表现是，农业歉收作为诱因引发了粮食危机，而粮食供应不足引起了粮食价格的上涨。这在引起社会危机的同时，也带来了经济活动的全面收缩，进而使经济状况整体陷入危机期。与此相比，新式经济危机则主要表现为，投资过剩和生产过剩导致了供给过剩，从而引发了价格体系的崩溃。由过剩商品充斥、过剩投资难以回收而开始的恶性循环，使整体经济状况陷入危机期。

旧式危机往往是由农作物的歉收引发的，所以很少有在整个欧洲范围内同时发生的情况，主要还是在地区乃至于一国规模范围内产生。气候不顺、病虫害和战争所造成的混乱是其主要原因，因此它不具有周期性发生的特点。而新式危机方面，经历过工业化的经济，无论是购买原材料还是商品销路都不再仅限于国内市场，而且又处于全球化的市场环境当中，所以经常可能酿成超过一国规模的联动局面。19世纪70年代中叶爆发的经济危机席卷了欧洲各国，被称为世界性危机。对于如何理解新式危机的周期性爆发问题，经济学家有各种各样的议论，但作为一种现象，我们确实可以看到周期性乃至反复性的特点。

伴随着旧式危机所发生的社会危机主要是饥馑状况的出现、人口死亡率的上升以及粮食暴动和起义，但是对于新式危机来说，主要还是企业的倒闭和工人的失业。这种经济变动中所显示的经济结构的变化，到底是从什么时候产生的呢？根据国情的不同也存在着差异。因此，出现偏差也是理所当然的。但从19世纪70年代到19世纪90年代产生的世界性危机波及欧美这一点，显示出旧式向新式转换的结构变化已经出现。

**通往工业化的
多样化道路**

对于以英国为先导的工业化和产业经济中心的结构转换，其他国家也并非束手无策，听之任之。后发的资本主义国家为了不被英国先行的、占压倒性优势的经济实力摧毁，且能够尽可能与之对抗，必须实现自己的经济合理化和工业发展。如果听之任之、无为无策的话，有非常巨大的被纳入英国资本主义经济支配之下的危险。因此，意识到这种危险的国家和企业，在国家政策和政治干预的前提下，开始急匆匆地推动工业化进程。这就是在各国或多或少都能看到的增产兴业的方针。19世纪打出增产兴业、富国强兵旗帜的并不只有明治期的日本，欧洲不少发达国家都先后采取了这种共同的政策。

19世纪的英国被称为"世界工厂"，不仅出口纺织品等消费产品，在各种机器、火车、煤炭等出口上也力压其他国家。关于炼钢业所采取的贝塞麦炼钢法（底吹酸性转炉钢）已在上文有所介绍。英国从18世纪后半期开始，在技术出口领域也已经占据了统治地位。19世纪，代表法国的炼钢公司的经营者施耐德、万德尔亲自去英国学习经营管理经验，公司技术人员当中，也有不少人陆续到英国研修。在法国的圣埃蒂安、比利时的列日，炼钢业正式发展时，从英国招聘的技术人员发挥了巨大作用。

过去有一种倾向，会以英国为榜样，通过与英国相差多远来判断后发资本主义国家的工业化特征和经济结构。但是，对于一边对抗英国压倒性的经济实力，一边又必须推进工业化的后发资本主义国家来说，所处的环境和条件自然与英国不同，工业化的形式存在差异也绝非不可理解。应该说，各国根据在以英国为核心的资本主义世界体系中的各自位置，同时参照本国政治状况和社会条件，选择通过工业化确立产业文明的多样化道路。

从各方面看，比利时的工业化是最近似于英国的。它在国家干预比较少的情况下发展起来，较早地在国外市场占据了一定的位置。早在 18 世纪，比利时就拥有了原型工业化（proto-industrialization）的丰富经验，在 1831 年正式被公认为独立国家以前，就以法兰德斯地区的棉纺织业为中心开始了工业化进程。30 年代以后，炼铁业和机械制造业也开始出现，波里纳日（Borinage）的煤炭业也活跃起来。而且由于是小国，受国内市场狭小的限制，从 19 世纪前半期开始，对周边国家的出口在比利时经济中占据了重要位置。但是，比利时的工业化在国家保护政策和投资方面与英国不同，工业化早期阶段以后，实业银行发挥非常大作用这一点也显示出了与其他国家不同的特征。

比利时的邻国法国，在 19 世纪初拿破仑帝国的保护政策下，开始了以棉纺织业为中心的工业化。炼钢业和机械制造业也从 19 世纪中叶的第二帝国时期开始真正地发展。要强力推动本国增产兴业和富国强兵的君主虽然也叫拿破仑，但并不是拿破仑本人，而是其末裔拿破仑三世。法国工业化的特征包括：尽管从很早就开始了大规模经营，但却一直广泛存在具有手工业性质的中小经营模式；农业所占的比重很大，经济方面很难转换成以工业为主体；人口增长和城市化步伐一直停留在缓慢的水平上等。学界也有人认为，与英国等国相比，法国这种工业化水准是不够彻底的半成品。但是，近年来却出现了一种新的倾向，重新评价法国这种与大规模机械制工厂相并行的、中小规模经营顽强存在的迟缓工业化，认为它是一种适应法国固有的现实条件，即信用体系尚不完善的金融现状、并不充分的自然资源、有限的劳动力供给而开展的工业化。

对于法国大革命的评价依然是基于政治立场。19世纪的法国政治权力更迭频繁，但在国家一体化这一点上并没有什么异议。另一方面，依然处于分裂状态的邻国德国的情形就完全不一样。1834年，以普鲁士为中心，十八个邦国组成了"（北）德意志关税同盟"。其后，西南各邦国也相继加入进来。这个同盟的理论指导者李斯特主张，为确保德意志经济的自立、建立保护关税体制并推进近代化极为必要。这种主张与必须在德意志范围内形成统一市场的主张共鸣，加速了统一国家的构想迅速变成现实的步伐。这就是普鲁士宰相俾斯麦主导的彻底的增产兴业、富国强兵政策路线和在1871年以普鲁士为中心形成的德意志帝国。

德国自然与英国，或者比利时、法国不同，正式启动工业化的时间较晚。但是，在某种意义上讲，它具有后发的有利条件。以作为能源的煤炭、钢铁以及机械制造等生产资料为中心的工业化，配合上从国外引进的技术和资本，从一开始就得到政策的强力推动。另一方面，德国也建立了包括储蓄银行和实业银行两方面特征的银行制度，很好地保证了国内资金的流动。德国近代化所采取的方式，往往被那些与德国同样的后发资本主义国家或多或少地学习，如俄国、北欧各国、意大利以及日本等。

同样作为后发资本主义国家的美国，由于具有广阔的国土和丰富的资源条件，走上了与欧洲不同的工业化道路。此文将视野限定在了欧洲，所以不涉及美国的工业化概况。

**世界经济危机与
经济霸权的多极化**

上文已述，自 19 世纪 70 年代中叶到 90 年代，世界同时陷入了经济危机时期。

1873 年开始的这场大危机的主要原因是不成熟市场中的生产过剩，但是以此为界，早已开始了的经济结构转换和经济基础重整彻底完成。这一变化通常称作第二次产业革命，但是当我们通盘观察欧洲的整体情况时，就会发现这是主导产业彻底从农业转换为工业、在渡过危机的过程中经济中心从初期工业化时的轻工业变成此时的重化学工业的一系列转换过程。经济中心从以纤维制品等轻工业为中心的消费品生产，重整为以包括炼铁业在内的金属、机械、化学、电机产业等重化学工业为中心的生产资料的生产。

英国的工业产品出口总额从 19 世纪 30 年代到 19 世纪 80 年代增加了约 5 倍，但包括棉织品在内的纤维制品所占的比例则从 72% 减少到 44%。而在纤维制品的主要出口地方面，19 世纪

20年代欧洲地区占5成以上，但到19世纪中叶，欧洲比例锐减，取而代之的是拉丁美洲和亚洲的比例增加。到19世纪80年代，仅亚洲的份额就已经在50%以上。欧美加在一起所占的份额才10%而已。这种情况反映了在欧美地区以纤维产业为中心的英国的优势地位已经完全相对化，经济中心已经转移到了生产资料的生产上来。

此外，在生产资料的生产上，英国也面临着其他国家的赶超。19世纪末，超越英国的国家不是很早就互相竞争霸权的法国，而是后发的德国和美国。例如，在作为能源的煤炭生产方面，19世纪70年代，英国的煤炭产量是1亿7000万吨，而德国仅3700万吨，美国仅3300万吨。但是在30年后的1900年，英国的煤炭产量已经增加到2亿4000万吨，但与此相比，德国的煤炭产量增加到1亿4000万吨，美国则增加到2亿4500万吨，最终超过了英国。在蒸汽机利用方面也是同样，在利用率急剧上升的19世纪70年代以后，英国已经不占有绝对优势。钢铁产量方面，英国在1850年占世界钢铁总产量的六成以上，但是到了19世纪末降到了两成，被美国和德国赶超上来。

英国尚未崩溃的优势　19世纪末，工业化从英国一强独霸的状态迎来了多极化的局面。正如上文所述，产业经济的中心也已经不是轻工业，而是转换成重化学工业。利用国家军备扩张带来的需求增大这一有利时机，钢铁业方面的德国克虏伯、法国施耐德这样的巨型企业确立了地位。像克虏伯总部的埃森市、施耐德总部的克鲁梭市等沿着巨型企业的父权家长主义路线成长起来的工业城市也得以出现。

19世纪末也诞生出一大批此前不曾存在的全新产业。例如，生产合成肥料、化学纤维、合成药品乃至炸药等制品的化学产业；发电、输电以及制造电气相关设备和器具的电机产业；配备石油驱动的新式内燃机的汽车产业等。在这些新兴产业上，德国和美国从一开始就占据了主导地位。

那么，上述世纪末所发生的变化，能否完全动摇了被称作"不列颠治世"的英国优势地位呢？未必如此。作为首都伦敦中心的金融城（City of London）维持着资本主义世界体系金融中心的地位，英镑依然是世界经济的基础货币。在海运和保险领域，英国的优势也没有完全崩溃。

英国从19世纪中叶开始倡导的自由贸易论，是唯有以本国的绝对经济优势地位为前提才能够成立的主张，因此后发资本主义国家自然反对。偶尔也会有国家通过缔结两国通商条约而采取自由贸易体制，如1860年拿破仑三世时期的法国与英国缔结的通商条约。不过，就算在这一条约中，法国为进一步推进工业化而希望从英国引进技术的意图更强。因此，在多数后发国家在工业化方面取得了一定成就，但普遍陷入世界性经济危机的19世纪末，世界各国又再次转向了保护关税体制之下的霸权争斗。英法间的自由贸易体制也成为一时之物，走向终结。

繁华的伦敦金融街中心　正面是皇家交易所，左侧是英格兰银行。19世纪末。出自《复苏的伦敦》（柏书房）

19世纪后半期到世纪末，在经济结构转换、经济中心发生巨大变化的过程中，各国不再局限于欧美，而是在全世界寻求更广阔的市场，以及工业生产所必需的原料和资源。欧美各国在东亚地区正式施加开国压力，强迫建立经济关系，同时，在非洲掀起瓜分非洲的狂潮。这些动向均与经济结构转换、经济中心变化以及霸权向多极化转变的局势相关。世界各地被纳入不断重整的全球规模的资本主义关联结构的周边，在此过程中的各自时期产生了种种压力。

这一系列的变动并不是在和平环境下进行的。欧美各国的经济霸权争夺激化，为了贯彻各自的意图，不惜使用武力在世界各地扩张。为了追求"富国"这一国家目标而采取的"强兵"政策，给国家财政造成了沉重的负担，甚至出现讨论海外扩张究竟划不划算的事例。但是另一方面，军备扩张进一步促进了本国的工业化、工业化的进展又使军备扩张成为可能的这种产军互助的循环被进一步强化，这一点也不能忽视。就像知名的、进入20世纪后迅速激化的英德海军军备竞赛那样，欧美各国因相互猜忌、相互牵制而开展军备竞争和摸索军事同盟关系。这类消耗性活动使整个国家发展的重点开始转向了非生产方向。

**金融资本的兴起与
投资活动的扩大**

与以轻工业为中心的初期工业化相比，以重化学工业为中心的产业经济所必需的资金总量自然也极为庞大。为了调配尽可能多的资本，19世纪中叶后，股份制公司在各国都成为了理所应当的经营组织形态。股份公司在增发股票之外采取发行公司债券的形式筹措新的必要资金。作为寻求资金的企业和追逐利益的投资家交汇的场所，随着时间的发展，股票市场对经济的重要性日益增强。在债券市场，为国家性事业而发行的国债的重要性也得以增强。

围绕着不断扩大的资本动态，有三点结果值得关注：

第一，金融资本的兴起。虽然不能忽视个人投资家的动向，但是蓄积资本的银行和投资机构的投资动向，在投资总量上占据了极大的位置。19世纪中叶以前，家族经营的银行占据支配地位。它们的经营活动不公开，专门从事以大企业、政府、王公贵族和第一等级的金融家为投资对象的直接金融活动。罗斯柴尔德银行就是其中的典型。这样的银行实力一直没有削弱，但在19世纪后半期兴起的是新型的股份制银行。来自银行的投资和融资，在包括大企业在内的企业活动当中一直占据着决定性的重大位置。

第二，19世纪后半期，随着产业经济规模的扩大和金融资本的兴起，出现了拥有巨大经营规模的巨型企业。其背景是它们与国家大规模推行的富国强兵政策的联系，以及随着竞争激化而开始在世界范围内的事业发展，即经营环境的变化。能够将巨额资金投向技术革新、能够以世界市场为目标的巨型企业才能够参与这样的竞争。像德国的康采恩、美国的托拉斯以及日本的财阀那样，特别是在那些处于不得不奋起直追位置的后发资本主义国家里，从19世纪末开始，企业的合并、集团化与金融资本合作进行。此外，大企业间相互缔结价格协定、试图瓜分市场的卡特尔在经历了大危机的德国等国的基础产业中取得了相当大的发展。

第三，欧美对外国的投资，特别是对欧洲以外地区的投资规模急剧扩大。尤其是19世纪末世界经济危机期间，比起收益率较低的欧洲内部投资，对收益率较高的非欧洲地区的投资更为活跃。在19世纪80年代的法国，第三共和国总理茹费理积极推动东南亚中南半岛三国和北非突尼斯殖民地化，将确保有利的投资地作为殖民地化的目的之一。在法国对外投资当中，本来占据主要份额的不是殖民地，而是需要工业化启动资金的俄国。这种投资主要是通过法国个人投资家购买俄国政府发行的国债进行。两国在进入90年代后，缔结了法俄同盟，关系更加密切，这和上述投资动向自然不无关系。国际政治和国际经济开始密切相连。

另一方面，这时也出现了企业和实业银行直接向海外投资的活动，英国和德国的投资是这种投资活动的中心。尤其是英国，在 19 世纪末，一国占世界资本输出总量的近一半，远远超过了占第二位的法国。这一状态一直持续到第一次世界大战前。仅从贸易收支角度来看，英国的赤字年年恶化，但是从海外投资地获得的利益，或者从海运以及劳埃德公司等有名的大型保险公司等得到的收入，使得财政出现大幅盈余。世界资本主义体制虽然出现了多极化趋势，但英镑持续维持着世界经济基轴货币地位的事实中就有着这样的经济基础。

19 世纪末，具有左右世界经济动向的质与量两方面实力的英国，在其海外投资地当中，南北美洲占投资总额的一半以上，而包括奥斯曼帝国在内的亚洲地区占 15% 左右，非洲地区占 13%，澳大利亚地区占 11%，而欧洲包括俄国在内也不过占 6% 而已。投资虽然关系到利息和分红的收益，但是同时也关系到针对投资地开发的设备与机械的出口。不过这样的开发，绝不是在殖民地扶持出口国未来竞争对手那样的工业化投资，而是为了开发当地资源、整修港湾，带有将其限定在资本主义分工体系外围位置的倾向。或者，它们将海外投资作为干涉债务国的一种手段来运用。19 世纪 80 年代，英国对苏伊士运河公司的投资使埃及变成事实上的被保护国就是典型事例。德国对奥斯曼帝国的影响力，如果离开了德国银行的投资也很难理解吧。

近代欧洲的霸权

农村世界的持续与变迁

存在差距的东西欧 正如上文所述，由于工业化的开展，经济结构向产业经济转换的欧洲将各地纳入资本主义世界体系当中，并成为了资本主义世界体系的核心地带，因此可以肯定地称19世纪为"欧洲的世纪"。但是，虽说同属欧洲世界，各地工业化和城市化的进程并不是同一步伐。这种情况也已经在上文中有所涉及。

工业化在社会空间上带来的决定性变化是城市化现象，这也已经在上一章中提到。但是能否认为欧洲自19世纪以后普遍进入城市社会、18世纪居支配地位的农业社会以及支撑农业社会的农村人口所传承的生活方式完全消失呢？当然不可以。此外，很早就开展工业化且作为资本主义世界体系中核、掌握主导权的西北欧，与在经济上或者政治上只能处于半边缘位置的东欧相比，历史样貌也有着极大的不同。

本书开头部分已经提过，现在欧洲各国的农村风景也非常美丽。确实，在全球化进程进一步加快的今天，欧洲各地的农村以及农业也存在着不少日益深刻的问题。价格竞争日趋激烈，食品安全也同样面临着各种各样的问题。但是，无论是慢食运动，还是当地生产当地销售，欧洲也确实存在着一些并非流行的，而是历史经验与实质相结合的动向。

上文已经说过，从18世纪开始，以英国等西北欧为先导，欧洲出现了所谓农业革命的巨大变化。进入19世纪后，这种变化随着农业机器的导入、肥料和饲料的改良，尤其是化学肥料的使用等新科学技术的进步，范围和速度都得到增强。由于生产能力大幅提升，西欧在19世纪中叶的"马铃薯饥荒"以后，除了因战争产生的危机以外，已经远离了粮食危机。同时，由于发达的铁路网等大规模运输手段的建设，农产品的流通也发生了巨大变化。这样一来，随着工业化进程，农业自身变化的速度也加快了。

极其简略地概括，西欧的农业状况就大致如上，但是处于同一时期的东欧，情形就非常不同了。

18世纪，西北欧开始大规模地推进资本主义农业之时，东欧地区却以强化农奴制劳动的形式发展大规模的农业经营。所谓的"农奴制劳动"，是指处于领主及地主支配之下的农民首先被禁止移居，然后陷于各种各样的强迫和约束等不自由的状态，最终不得不以完成赋役的形式从事生产劳动。通过这种农奴制劳动大量生产出来的农产品被出口到工业化发展的西方，填饱了当地地主贵族的私囊。不过，即便同样都是东欧国家，像普鲁士东部和波兰这些地区，与俄国相比，农民们的农奴制状态也存在着相当大的差异。因此，各地情形并非那么简单一致。但是相同之处是，进入18世纪以后，在可以称之为资本主义世界体系的国际经济关系当中，东欧作为谷物出口地区，处于远离核心地区的外缘位置。

虽然由普鲁士的腓特烈大帝和沙俄叶卡捷琳娜自上而下推行的近代化道路最终没能成功，但那却是希望摆脱这种位置的尝试。这已经在第三章中有所介绍。奥地利玛丽娅·特蕾莎女王的长子、开明专制君主约瑟夫二世在1781年也颁布解放农奴的法令。农民的人格自由得到了承认，也被赋予了移居的自由。但是农民若想从赋役劳动中获得解放，就必须通过金钱赎买，因此，这个政策的实效性很小。在约瑟夫死后，保守派卷土重来，局面只能倒退。

在沙俄，解放农奴法令终于在1861年由皇帝亚历山大二世签署颁布。这里也是一样，虽然给予了农奴人格自由，但土地的获得还必须用金钱来交换。如果没有赎买土地的资金，就不可能成为农民。因此，这一法令并不能导致马上开展近代农业经营和形成西欧式的自由劳动市场。尽管如此，这对19世纪末沙俄产业资本主义发展来说，算是准备了一个前提条件吧。

农村衰退了吗？　　　　　关于工业化进程与城市化进程并行推进这一点，已经在上文中几次谈及。那么，农业人口占劳动人口的比例是怎样变化的呢？大致情况用下表来说明吧！在很早就进行工业化，以及农业大规模化经营的英国，农业人口比例的减少速度之快达到了令人吃惊的程度。在19世纪初，农业人口还占有大约一半的比例，但是在20世纪开头，已

国家	1820 年	1850 年	1870 年	1910 年
英国	46	22	15	6
德国	80	65	49	18
法国	75	64	49	42
美国	75	65	50	33

农业人口占劳动人口的比例 （单位：%）

经锐减到不到一成。

在与英国竞争霸权的法国，农业人口占劳动人口不到一成，是在第二次世界大战结束后的战后复兴期向成长期迈进的过程中才开始出现的。同时期的社会学家将此认定为"农民的终结"，视之为一种问题。如果这样来看，无论怎样，英国的超前状态十分明显。但是，在作为后发资本主义国家推行增产兴业的德国，比较 19 世纪初与 20 世纪初的数字，也能够看到农业人口比率急速减少的状况，并且在 19 世纪末以后减少速度更快。

实际上，在 19 世纪的欧洲，农业人口占劳动人口比例的减少已经是非常明显的事情，但是有几点值得注意。正如上文所述的那样，与经济结构的转换相关，这个时代的欧洲，总人口急速增长。因此在大约 19 世纪中叶以前，农业人口比例的减少，绝不意味着绝对数的减少。大体来说，绝对数上开始明显减少的分水岭是在伴随 19 世纪 70 年代开始的经济危机而发生农业危机的时期。

从社会职业构成上看，19 世纪的欧洲开始向工业、商业和服务业占比高，农业占比小的现代型社会转变。但是，农业人口的比例和绝对数开始减少，并不意味着社会马上轻视农业生产。因为在相邻国家展开白热化竞争的过程中，确保粮食供应自然是基本课题。

正如革新法国历史学的"年鉴学派"历史学家勒华拉杜里（Le Roy Ladurie）所指出的那样，我们恍惚中所认为的极古老传统的农村文化特征，实际上能回溯到19世纪、最多回溯到18世纪前的东西很少。例如，各地独特的"民俗服装"、特殊样式的家具或者地方饮食等等。这些都与农村自身经济富裕程度的扩大、同市场经济兴盛相连的社会地位的变化难解难分。根据拉迪里的研究，至少在法国，"农村文明的鼎盛期"与19世纪中期法国农村人口最多时期重合在一起。

确实，呈现出变化的征兆已经很明显了。正如上文所述，由于机械化等原因，农村自身也不断发生很大变化。不仅如此。农村青年男子由于服兵役，体验了与成长地完全不同的世界，从而察觉到故乡的魅力。在部分地区，计划生育制度的普及开始给农村带来了少子化的趋势。这也许是为了防止由于分割继承而导致土地经营的细分化，或者是父母希望孩子能够实现社会地位上升的愿望。随着公共教育的普及，他们希望尽可能地给孩子提供更多的照顾。

因学校教育和参与国家政治选举，以及与各种各样的行政和税制的关系，农村人突破地方生活局限、参加大区域或者全国性组织的机会增加。通过报纸和新闻报道等渠道，他们接触城市信息的机会增加。依靠铁路网的发展，人们很容易获得城市生活体验。这一切都开始给农村地区的生活和文化带来极大的变化。

国家和地域不同，其程度上或许有差异，但这种均质化或均一化的压力波及所有地区。不过，在第一次世界大战前，在许多地方，各具特色的地域性文化以农村为根据地依然延续。

**成为民俗学研究
对象的农村习俗**
"民俗学"（folklore）这一概念在今天是人们比较熟知的东西吧。在激烈变动的现代，也有一些能勾起人们乡愁的东西。这个词语最初出现在 1846 年英国的杂志上，是考古学者托马斯（W. J. Thomas）以笔名发表的。Folk 一词如"民间舞蹈"（folk dance）和"民歌"（folk song）所见，具有"民间"的意味。Lore 则有"学问"的意思，因而，人们使用 folklore 时，就有"民间的知识"，即传承民俗世界的智慧，以及"关于民间的学问"，即民俗研究这两层意思。

这个在 19 世纪中叶被造出来的新词，在各国语言都被用来表达同样的意思，例如以德语"Volkskunde"为首的"folclore""folklore"等叫法。包括英国在内，这个概念普及的过程是与各国广泛开展以农村的文化生活、信仰、年时节气等为主要调查对象的民俗调查同时的。时间段是 19 世纪后半期到第一次世界大战期间。

这些调查研究的一个特征是，它往往是由各地的医生、教师、文学家或者爱好者等民间研究者进行。在这个方言很普遍的时代，如果不熟知当地的风土民情，或者没有一位地方通，调查想必难以进行。但是如果我们回顾一下这些调查研究所关心的事项，从近代的观点看，或者说从城市观点来看，就会发现他们一般是将珍稀的东西、从民族角度被疏远了的东西，或者幻想的民族文化的远古历史起源的习俗习惯作为关注的中心问题。

以现在的眼光来看，这些调查结果中有很多曾经生活方式的珍贵记录，但是在参考时也需要注意。不过，如果再换个观点来看，这些有关各国的庞大调查记录得以留存本身就显示了当时各地延续的特色文化生活场景。

关于这些文化生活，本书没有详细讲述的篇幅。但大致来看可以理解为，无论是一生，还是一年的生活节奏，个人都不是根据自由的喜好任性而为，而是继承地域和职业类别的某种约束，在框架之内生活。

社会上也存在伴随每天太阳的运动和季节变化的节奏，与自然和土地紧密联系在一起的生活实态，以及与此密切相关的感觉和意识世界。已经熟知近代医学的医生、民俗研究者，发现了农村的民间医疗习惯和卫生观念中一直具有神秘巫术的独特特征。这并不仅限于医疗上，在划分一年各个时期的祭礼、婚丧嫁娶的仪式上也同样如此。例如，天主教的农村地区，一般在极早的时候就给新生儿举行了洗礼仪式。极端的情况下，出生数日内就会被带到父母所属的教区接受洗礼。对新生儿来说，这种在尚处危险时期时就进行的洗礼，已经被医生们以他者的目光批评。但民俗学家报告说，在那些重视传承，很早给新生儿洗礼的农民看来，早点接受洗礼就能够早点被纳入到以基督教为基础的共同体，医疗、习惯有必要让位于获得教名才获得社会性诞生的观念。因为没有接受洗礼就夭折的话，这个孩子就不被认可为正式的基督徒，灵魂就得不到救赎，造成灵魂彷徨不得安息的危险。

正如这种事例所证明的那样，在19世纪被传承下来的行动理念与近代化的观念间产生了多样化的碰撞。到了初等教育义务化的19世纪末，儿童六岁入学，按照统一的教学计划接受教育。在传统时代，一般孩子们从这个年纪开始，一边在家庭和地域当中传习农业和家务，一边熟悉大人的世界。他们的人生节奏被置于必然发生极大变化的环境当中，而决定性的分歧点就是19世纪后半期。在变化开始中，主要由农村担负的地域文化的独自性，特别是用与标准语有别的方言表现的文学，得到了扎根于各个地区的文化人的高度评价。在世纪转换期，例如像在大英帝国内使用凯尔特语的爱尔兰，明确开展了具有民族复兴意味的文学运动和语言复兴运动。在法国南部的普罗旺斯地区，曾获得诺贝尔文学奖的文学家米斯特拉尔领导的"普罗旺斯诗人学会"（le Félibrige），推动使用与法语完全不同的普罗旺斯语进行文学创作等普罗旺斯文化保护运动。同时，在过去使用与法语完全不同的语言的布列塔尼地区，也很早就兴起了独自评价文学的运动。

这些地区的文化保护运动，或者叫复权运动，因为强调历史的独特性且依据于此，所以被认为具有传统主义和保守主义堡垒的一面，以及具有在不久的 20 世纪后半期蓬勃发展的地区主义主张和运动先驱的一面。

令人陶醉的 19 世纪

走出实验室的科学技术与产业文明的确立

支撑 19 世纪产业文明确立的是科学技术的大幅度进步。确实，18 世纪，以蒸汽机为代表的发明与改良等已经进步，再往上说，17 世纪一般也被称为科学革命的时代。不过，这里并不是在自找矛盾。19 世纪科学技术进步的特点是在极为广泛的领域内进行的广阔性和进步的快速性。最关键的是，这些成果走出学者的头脑和实验室，成为与生产实践和百姓生活息息相关的东西。

以自然科学为先导的科学研究在确立知识地位的同时，其研究者也被视作专门的职业人，备受社会尊重。过去，教士是知识的牵引者和精神领袖，而 19 世纪到 20 世纪初，拥有专业知识、专业技术并做出贡献的专家则取而代之。换言之，学者们推开了专家时代的大门。因此，学术的进步和科学技术的应用带来人类社会进步这一点，已经变成不会动摇的真理。到了 19 世纪末，

"不科学"这一批评语言也带有绝对性的意思了。

这一时期学问的进步彻底成型，生产实践发生巨大变化、工业化彻底开始高度化，而且人们的生活和价值观也发生了巨大变化，出现了文明史的变化，即产业文明诞生了。

我们现在生活的 21 世纪正在发生着从产业文明向下一个文明转变的文明史变迁。目前轮廓尚不明确的下一个文明大概可以叫"知识信息文明"吧！我们可以认为在此讨论的 19 世纪，尤其是 19 世纪后半期到 20 世纪初，那些我们在 20 世纪末已经熟识的产业文明的经济和社会基础，以及支撑这个基础的科学发明和技术进步的前提条件，几乎全部准备好了。

以医学作为变化的事例就好理解了。现在，即使特意不说西洋医学等，但一提到医生、医院、医学等，一般就是指在欧美地区发展进步起来的医学。只有不是这样的疗法时，我们才会以"东洋医学""中医"等别的名称称呼。但是，西医能够查清病因并确立治疗方法，或者掌握预防方法，不过是 19 世纪后半期的事情。确实，在此以前，临床治疗疾病的经验已经积累了。詹纳开发出了用牛痘作为预防天花的种痘治疗方法，就是在 18 世纪到 19 世纪的转换时期。

19 世纪中叶，法国化学家巴斯德在进行发酵研究的过程中，通过实验研究乳酸菌活动时，发现了原本肉眼看不到的细菌的存在，并弄清楚了它的活动。巴斯德的细菌研究，从一开始就与社会需求紧密联系在一起。即他的研究成果关乎预防葡萄酒酸化的方法，对葡萄酒生产的发展有很大贡献，而接下来的微粒子病研究有助于法国养蚕业，即蚕丝和丝制品产业的发展。

巴斯德此后更直接地转向了人类疾病问题，专心于传染病预防的研究。其著名成果是开发出了杀菌法以及狂犬病疫苗。他本身不是医生，而是化学家，因此疫苗是与医生共同研究完成的。以他的名字命名的巴斯德研究所，在现在也可以说是法国享誉世界的医学及化学研究所。于是，19世纪后半期时，细菌学这一学科得以成立。随着细菌学研究的快速发展，学者查清了结核菌和霍乱菌，开启了治疗和预防这些疾病的大门。其中，德国细菌学家科赫就是其中有名的代表人物。曾经成为欧洲人口增长障碍的鼠疫病原菌，也由日本的北里柴三郎小组和法国的耶尔辛大约同时发现。

传染病的预防措施本身就与社会问题有关，但是巴斯德和科赫等人深刻意识到了医学的社会贡献和社会卫生普及的问题。化学家和细菌学家、医生等与医学有关的学者们一再强调，无论是体检这样的个人保健卫生，还是建全上下水道等社会卫生，都是社会秩序的关键所在，因此十分重要。他们这些人作为专家，发挥着过去传教士的作用，即推广基于卫生观念体现出的整体行为方式和道德观念以及合理的思考方法。

**科学技术的挑战与
不断变化的生活情景**　　即使在现在，我们也会意识到，如果因台
风和地震等而不能用电，那我们的生活会
受到几乎毁灭性的影响。就算电脑具有
多么好的功能，但是切断了电源它就无法运行了。对于产业文明
的确立来说，最基本的条件之一就是电的实用化。

　　从19世纪初开始，通过以电流单位安培而留名后世的安培
等学者的努力，电学的知识切实进步。但是，这些研究成果被
应用到社会生活的各个方面还是在19世纪末。美国发明家爱迪
生发明的电灯，使只有油灯和瓦斯灯的夜生活为之一变。"简直
就是耀眼的妖精。"19世纪末的人们如此愉悦地接受着电灯带
来的光明。如果看一下描绘1900年巴黎国际博览会电气馆夜间
照明的画，就会觉察到当时人们惊叹的感受。电的使用实现了流
动的影像、电影。面对着画面里飞驰而来的列车，观众不由得想
逃避。这是一个终于开始共享普通照片的时代，你不觉得吗？

　　再有，从通信方面看，电信通过海底电缆开始将世界各地联
结在一起。从19世纪80年代开始，电话也开始实用，即使不
直接碰面，也可以实时对话。这些都成为了发展成今天互联网的
信息通信技术的出发点。通信革命开始了实质性发展。

　　在身体移动方面也出现了与现在息息相关的决定性变化。关
于铁路和船舶的技术革新已经在上文有所阐述。刚开始的时候，
充其量能以时速四十公里行驶的火车，到了19世纪末就已经达
到了时速八十公里的速度。1881年，在柏林郊外，西门子公司第

一次成功开通了市内电车。19世纪90年代开始，欧洲各地快速普及了市内电车。以1890年的伦敦为首，布达佩斯、巴黎等城市都开通了使用火车的地铁。

卢米埃尔兄弟《水浇园丁》的电影海报 1894年，卢米埃尔兄弟在巴黎公映了最早的一部电影《工厂的大门》，一时成为话题

此外，使出行个别化、简便化、速度化的是配备发动机的汽车的研发。德国技师戴姆勒于1886年成功发明了装有汽油发动机的四轮汽车。在19世纪末20世纪初的世纪转换期，汽车还只是个别生产的手工珍贵奢侈品而已。但是法国从很早就给予汽车极大的关注，

世界上第一台汽车 1886年，德国的戴姆勒发明了首台四轮汽油汽车

1895年就组建了法国汽车协会，1898年在巴黎举办了最早的汽车展。1900年，米其林轮胎公司开始出版有名的指导手册。

对于真正意义上的汽车普及化来说，汽车不仅是一部分富人才能买得起的高档商品，而且有必要进一步广泛普及。这种普及从美国开始。1908年，大众车"福特T型"被研发出来，价格不到此前的一半，并且操作简便。开发者亨利·福特为了进一

亨利·福特与福特 T 型汽车　机械工出身的福特（左），1902 年创业，1908 年发明现代组装生产线，成功批量生产福特 T 型汽车（右）

步降低成本，开始采用大规模生产的组装生产线，在 1923 年，年产量就已经超过了两百万辆。汽车与家电产品一起成为了宣告 20 世纪 20 年代大众消费社会到来的象征。福特本来是爱迪生照明公司的机械工，在 1902 年创业后，没多长时间就席卷了汽车产业。他开发的生产体系是一种彻底的时间管理下的效率分工体系。他自己也是严谨、朴实的新教徒，实际上可以说，他和福特汽车是体现产业资本主义理念的人和事业。

　　如果列举这些变化一览表的话，也许难以穷尽。无论是移动，还是通信、媒体、语言表达，随着人物、事物、信息流通量的扩大，它们的速度加快，密度增大，而且变得多样化。这些不可阻止的变化从这个时代开始启动。在对速度的欲望上，人们并不去思考原因，几乎自发性地开始自转。但是，暗含速度化的社会又是怎样反过来束缚人们呢？当时的人们好像还没能想象得到。

1913 年，作为感觉敏锐的作家而备受关注的夏尔·佩罗这样写道："这个世界自耶稣诞生以来，还没有什么变化能像这三十年左右的变化那么大。"确实是这样，促使生活情景为之一变的趋势已经开始启动了。尽管如此，假如佩罗在第一次世界大战中没有战死的话，他又将怎样评价此后的变化呢？

世纪末的范式转换与科学信仰

可以说，随着上文所阐述的细菌的发现，人们不知不觉地开始看到了此前无法看到的世界。电也绝对不是人们能看到的东西。即便是在更偏物质的物理学领域，从"看到了看不见的东西"开始，也取得了急速的进步。放射线这一肉眼根本看不到的世界也清晰起来。

对于我们来说，从孩提时代开始就熟悉的 X 光摄影起源于德国物理学家伦琴所发现的能够透视人体的物质。1895 年，他发表论文，并将这个物质命名为 X 光线。第二年，法国的贝克勒尔发现从钠盐中分离出来的放射线。最终居里夫妇于 1898 年确认了从铀盐矿石中分离出来的元素，并命名为镭和钋。这些发现打开了 20 世纪原子物理学的大门。物理学开始进入到了肉眼看不到的物质运动或者极细微的微观世界。

如果考虑到分子生物学和遗传学等学科的发展就能明白，这样的科学发展方向成为了自然科学领域共同的东西。随着 20 世纪的发展，这些发展在推进学术领域细分化和细密化的同时，

居里夫妇 妻子玛丽出生于波兰，丈夫居里出生于巴黎。二人合作发现了放射线

还与可能的原子能产业、药品开发、遗传基因控制等产业联系在一起。

在理论物理学领域，德国的普朗克于1900年引入量子假说，发表了辐射的能量不连续性的观点；爱因斯坦于1905年发表了光量子概念，于1916年发表了著名的狭义相对论。可以说此前以物质客观性和连续性为前提的知识范式也处于转换中。

实际上，围绕着人心这个"看不到的世界"，从19世纪末开始，维也纳医生弗洛伊德也已经开始了精神分析的尝试。众所周知，这也是20世纪以后有了很大扩展的领域。我没有就此展开说明的时间和能力，所以无法详述，不过概而言之，弗洛伊德认为心理现象的根本动因是性欲，并将此命名为"力比多"（libido，性力、性冲动）。就像著名的"恋母情结"的概念那样，他认为哺乳期的孩子对父母的关系，限定了成人后的心理。作为意识检阅者的自我与超我压制了性冲动，使其潜伏在潜意识层面，成为精神疾病的引子。弗洛伊德认为，在治疗上只要有意识地引导出潜意识里的东西，就可获得精神上的解放。

根据弗洛伊德的研究，人未必基于合理的计算采取行动，而是被不在自我意识中的其他力量推着行动。这也是对近代理性主义的观念提出了质疑。虽然好像没有批判近代理性主义，但是他的理论不仅是关于精神疾病的治疗，同时也给思想和文艺界带来广泛的刺激。于1900年出版的《梦的解析》遭到了学会的猛烈批判，道德家们对弗洛伊德的性欲论无不皱眉厌恶。

近代理性主义是以认识主体和作为认识对象的客体间的主客对立为前提的。实证主义则将外在的存在作为现实性的认识根据。对此，弗洛伊德提出的潜意识理论认为，在主体没有认识到的地方存在着决定主体的潜意识，在记忆当中存在着沉潜的现实性，从而对上述理性主义理论提出本质性挑战。同样，对于支配19世纪的理性主义和实证主义，提出有关现实性的其他思考的哲学思潮风靡一时。例如19世纪德语圈的尼采或者法国哲学家柏格森。

在其他方面也出现了推动重新思考现存价值观和世界观的力量。例如，认为生存竞争导致生物进化的达尔文的进化论就是一个例子。1859年，英国博物学家达尔文发表《物种起源》一书时，进化论本身并不是特别新的东西。但是达尔文等人主张所有生物都经历适应环境的生存竞争和适者生存的过程，在自然淘汰中进化，人也不是生物进化的例外，进而引起了很大的反响。

根据《圣经》的说法主张神创造天地的教会猛烈地攻击达尔文理论。在与反对论者论争的过程中，达尔文的后辈友人赫胥黎积极响应，而自然淘汰说到19世纪末被广泛接受下来。不过，达尔文自然淘汰说也影响了没有想到的地方，甚至被披着科学外衣的意识形态主张利用，即人类社会的历史也符合适者生存规律的"社会进化论"。

达尔文主义者们的考察，与同时期树立相同理论的华莱士一样，是以各种各样的博物学观察为基础所进行的实证研究。但是社会进化论为了预先的政治目的和主张价值观，以对自己有利为原则，援引淘汰说，比如为了强调在自由市场取得胜利的正当性，将帝国主义国家间的对立比喻成生存竞争，乃至主张与黄祸论和排犹论联系在一起的人种主义社会进化论、强调只有优秀种族才应该存续的优生学等等。

将自己的价值观以科学的名义正当化这一状况说明，也可称作"科学信仰"的意识已经在相当程度上被大众接受了。自然科学、社会科学、人文科学，无论是哪一个领域都确定无疑地发展，在 20 世纪更是显示出加速的倾向，但是另一方面，向与之相反的神秘学热潮等神秘思想倾斜的趋势也并存。科学性如果是指一种所有人都可以验证其可能性的状态，那就是最好不过的事情。但是，现实并不全是这样。现实的科学进步和科学信仰、伪科学、神秘志向彼此复杂地纠缠在了一起，可以说构成了背离的关系。

演出（spectacle）的普及

19 世纪，代表宫廷文化的王公贵族和上层资产阶级的艺术嗜好，逐步扩大到了广泛的阶层之中。在 18 世纪前，市民阶级

也能享受的仅限于一部分城市当中的戏剧、歌剧、芭蕾、音乐会。但是到了19世纪，这些在许多城镇很平常地上演，多数市民成为了这些消遣和娱乐的观众。各种各样的艺术在表现的专业性上也取得了很大发展。

巴黎的意大利歌剧院　宫廷中孕育而成的芭蕾和戏剧在城市的歌剧院上演

　　以主要城市中都建有的歌剧院为代表，常设的剧场与19世纪各地兴建的美术馆、博物馆一起，成为了城市不可缺少的基础设施之一。正如上文所述，从19世纪末到20世纪初，城市当中又增加了电影院。各国的作品翻译互相促进，加之铁路带来移动简捷化、报纸等媒介带来信息传递的进步等，歌剧、舞台公演、音乐，一言以蔽之，各种演出在各地共享。威尔第的歌剧不仅限于本国的意大利，瓦格纳的作品也不仅限于本地的拜罗伊特，而是都在欧洲各地上演，得到了各地观众的欢迎或抗拒。而在20世纪初的巴黎大受欢迎的俄派芭蕾（Ballets Russes），即俄罗斯芭蕾舞团，就是一个叫狄亚基列夫（Diaghilev）的俄国人率领的多国籍舞蹈团。

　　各种定期期刊报道演出的信息。其中，发行量较大的大众报纸所起到的作用不能忽视。可以说，它们全面促进了消费水平。19世纪初以前的报纸，主要以舆论报道和政治报道为主流。

从19世纪中叶开始，报纸之中开始出现了可以称之为普通信息报的报纸。到19世纪末，欧洲出现了发行量超过一百万份的报纸，如法国的《小日报》（*Le Petit Journal*）和英国的《每日邮报》（*Daily Mail*）。国际政治报道和社会新闻引起读者的关注，艺术和文艺专栏引起了人们对文化的关心。发行量、发行册数的增加是以下调单价为前提，而单价的下调则是以广告收入的增加为前提。日常所需多样化商品的推介，诱导人们消费。姑且不论数量和内容，在经营方面，到19世纪末就已经出现了与现在的报社一样的状况。

当然了，如果没有商品和服务相当广泛普及的状态，报纸广告也就没有意义了。19世纪中叶出现在主要城市中的百货商店，到了19世纪末，形成了其实质特征。在依靠工业化的大规模生产体系的时代，如何挖掘出大众的消费能力，成为了经济的重要课题。到了19世纪末，欧洲的劳动大众不再仅仅被作为生产力，而且被看作消费力。百货商店这种大型的零售店在推介多样化商品魅力的展示上绞尽脑汁，即它们成为以商品为主角的演出舞台。

与报纸广告并行发展的是通信销售体系的建立。分期付款的销售方式也刺激了消费欲望。在19世纪末，在城市中提高起来的消费欲望也开始扩展到了农村。商品说明书也真正开始普及了。现在的网上商城虽然在销售质量和规模上与过去有所不同，但从历史上看，仍是19世纪末商品销售网络的延伸。

体育文化的诞生

接下来从与现在的关系上谈一下 19 世纪的一个重要变化，即体育这一身体文化的诞生。当然，活动活动身体、跑跑跳跳在任何一个时代都有，但是以之为目的的体育运动，特别是将其作为竞赛的竞技运动没有那么普及。传统体育项目，如在祭礼等情况下，主要是力量比拼和投掷的项目，之后才有了像橄榄球一样的竞技项目，或者是与农耕联系在一起的舞蹈之类的身体技法项目。

顾拜旦 1896 年，基于顾拜旦的提议，第一届奥林匹克运动会在雅典举行

在 19 世纪的欧洲，随着学校教育的普及，体育与知识教育并重，也被纳入其中。其理由各种各样，也有人主张健康体魄里才有健全的精神。1896 年，基于顾拜旦的提议而开始的近代奥林匹克运动，最初的主张正是基于这样的认识，即通过体育来锻炼身体有助于个人的健全生活。此外，人们在推动个人训练的同时，也推动集体体育项目。这里面有若干理由，如使人按照规则行事、给年轻人发泄不满和暴力的机会、增强国内团结和唤起上进心等。足球和橄榄球迅速作为以地区为据点的社会体育项目而兴盛起来，进入 20 世纪后，职业化阶段的足球和橄榄球使大众为之狂热，成为了现代足球和橄榄球的原型。

取代与劳动一体化的身体技能，以快速移动或者极限运动身体为目的的体育文化很大程度上操控了人们的行为。这一现象

的背后可以说是产业文明所造成的社会生活的变化吧。像铁路和汽车等他律的移动手段所典型反映出的那样，不需要直接运动身体的生活扩大。说老实话，这是一种经常运动不足的生活。此外，地区性的，或者是年龄性的连带性减弱，也导致了传统身体技能的退化，而这更加速了这种状况。

体育这种身体文化的兴起，与成为当时重要问题的卫生和保持健康问题密切相关。它是在追求近代化的身体感觉和身体技能。普及体育运动的推进者们显然意识到了这一点。于是，各地组建了各种形式的体育俱乐部，成为了现今欧洲隆盛的社会体育的基础。

第七章

民族国家与帝国主义

构建民族国家的课题

国家内部统一性的确立

　　我们在第五章和第六章当中，就近代欧洲霸权问题，通过 18 世纪后半期和整个 19 世纪的观察，主要以经济和社会的变迁作为焦点进行了探讨。在本章中，将以 19 世纪后的欧洲内部国家政治状况、欧洲世界与外部的关系为焦点进行剖析。为此，还需要再回溯一下。

　　我们已经在第四章中试着把握 1776 年美国《独立宣言》所宣示的人民主权主张，以及在 1789 年法国大革命中出台的《人权宣言》所明示的国民主权主张。尽管二者存在着让人想起不同历史脉络的差异，但特别是对于像法国这样自古就保持着历史连续性的国家来说，国家主权的担当者不是国王而是国民的主权在民思想，相当于宣告法国在18世纪末出现了极大的历史转换。

不过，法国以"国民"理念为基础的政治和社会体系变更，或者"国民"这一自我认识被普遍接受的意识改革，许多部分都迟至19世纪才得以实现。并且，在大革命当中开始追求的构建民族国家的目标，在与革命、动荡相伴随的体制变化的政治变动过程中，绝非一帆风顺。这些体制变化包括继续革命的拿破仑帝国、君主政体复辟、七月王朝、短暂的第二共和国、拿破仑三世的第二帝国，以及之后的第三共和国政权的确立。伴随着国家统治者和被统治者之间各种各样的紧张关系，在经过大约一个世纪后，这一目标终于在自诩为法国革命继任者的第三共和国时期走上了正轨。

这种状况也不仅限于法国，在整个19世纪的欧洲各国，即使政治体制是拥戴国王或皇帝，但也已经到了无视国民意愿的政治就难以推行下去的局面。或者说，这是一个不能以某种形式与国民达成合意的政治就不能充分发挥实效性的时代。那么应该如何思考这个问题才好呢？此前，本书已经零星地谈到了这个问题，下面再稍微整理一下。

在第五章中已经涉及，维也纳会议中达成的一致方向，是将法国革命前的秩序理念视为正统，即所谓的"正统主义"立场。执政者们在共同了解这个立场的前提下，试图维持多国间势力均衡的现状。他们虽然试图构建某种维持和平的体制，但是，这

种倒退的方向已经无法控
制开始追求政治发言权和自
由、独立的人们。并且，在
这个时代，各国追求的是经
济结构的转换，即以工业化
为主轴的资本主义化的推
进，与此相匹配的国内市场

维也纳会议　各国利害冲突达半年以上，因得知
拿破仑逃脱厄尔巴岛的消息才急忙签署协议，试
图维持现状

的整体性构建，以及包含商品市场、劳动市场在内的可称为"民
族经济"的市场统一性的确立。关于这一点，在 19 世纪中叶开
始的铁路铺设意义重大那里已经有所阐述。从法律的角度来看，
人们也希望将全国置于统一的法律体系下。

　　19 世纪中叶，尚未确立国家政治一体性的德国和意大利急
速推进政治上的统一国家进程。在当时看来，这可以说是理所
当然的选择。在率先进行工业化的英国经济霸权面前，任何一个
国家在严峻的经济竞争中，都要确立经济、政治的统一性，或
多或少地采取富国强兵的路线来确保自身的国际地位，只要想
到当时军队高效的组织化及其发展就应该明白了。不过，这也伴
随着将生活在国内各地的人们作为统一共同体的一员，即作为国
民而被动员的体制。许多国家都实施了征兵制。

　　同时，工业化的进展不仅要求确立拥有统一国内市场的国民
经济体系，还要求大量适应新的产业文明规则的劳动大众。不
放弃"懒散的星期一"习惯的劳动大众并不符合产业文明的要

求。工业化需要的是遵从合理的行为规范和一定的劳动节奏，过着讲卫生的日常生活，同时作为重要消费者的劳动大众及其家庭。工资方面，较之按劳动产量，按劳动时间计算成为主流。支付方面也逐步向以劳动时间为标准的周薪制和月薪制，即现在我们所熟悉的体制迈进。

国家政治将全国置于统一的法律体系内，国民生活的方方面面都被当成统治对象。一方面，正如各种劳动法和从 19 世纪末开始的社会法所显示的那样，这意味着国家开始关心包括工人阶级在内的全体国民的健康和卫生生活；但是，另一方面，这也意味着国家干预组织机构在生活的方方面面的确立。从 19 世纪末开始，能够让人预测到福利国家乃至社会国家的变化动向就已经出现，但另一方面，国民为了生活，不管愿不愿意，都不得不依赖制度服务网络。

虽说时间早晚有差异，但国民教育制度的确立成为了 19 世纪欧洲各国共同的政治课题。这是为了应对国家政治大众化趋势、政治领域的扩大而采取的行动。政治大众化包括顺应国民要求而不得不扩大的选举权，以及在此基础上实施的选举。这样一来，在 19 世纪里，如何能够从政治、经济上将生活在国内的人们作为国民来培养并促使其产生国民的自我意识，从法律层面以及系统层面构筑起一个统一的国家体制，成为了国家的重要课题。这就是 19 世纪的欧洲被称为民族国家时代的原因。

**公共教育体系的完备
与指导者的培养**
在法国大革命中制定但没有来得及实施的《雅各宾宪法》，即 1793 年制定的宪法当中，附列的《人权宣言》第二十二条这样宣称："教育对所有人来说都是必要的，社会必须举全力助推公共理性的进步，必须将教育交到全体市民的手里。"在大革命中，人们提出了社会和人的新生这一课题，因此就应该如何实施公共教育进行了各种各样的讨论。但是在革命动乱和接下来的帝国时期，根本没有持续实施政策的时间。

欧洲各地相继出现了民间教育家进行的教育探索和改革。致力于包括幼儿在内的儿童教育的裴斯泰洛齐和福禄培尔特别有名。瑞士出生的裴斯泰洛齐活跃于 18 世纪末，其学生福禄培尔活跃于 19 世纪前半期。他们的影响不仅限于以德国为代表的欧洲各国，随着时间的推延也远及日本。另一方面，从 18 世纪后半期开始，各国也出现了专门为孩子制作的儿童书。不过，到 19 世纪中叶，即使在欧洲，国家对初等、中等、高等教育整体的主导性建设的动向还没有怎么具体化。

法国大革命爆发以后，开始摸索国家参与教育的政府在七月王朝时期的 1833 年，制定了应该在每个乡镇至少要设置一所公立小学的法律。根据制定者的名称，这部法律被称作《基佐法》。但它同时也承认了现存的教会学校。另一方面，由于尚未规定送子女入学接受教育是父母的义务，所以它在充实初等教育基础上几乎没有现实效果。

普鲁士从 19 世纪初开始推行以斯泰因和哈登堡两位政治家的名字而闻名的改革。其中重要措施之一就是开始着手国家主导下的公共教育的整顿。不过，这一改革的中心目标是培养国家的指导者，即精英教育体制。它包括完善被近代日本的旧制高中奉为模型的"高级中学"，以及从高中就可以升入大学的教育路线。

即便我们将视野扩大到整顿涉及初等、中等教育的 19 世纪后半期，由于国情的差异，教育体制和学校制度的结构也多种多样。不过，事实上，就像普鲁士那样，相同之处在于这些国家优先着手建立健全的是培养精英的教育体系。

1810 年，语言学家、政治家洪堡在普鲁士首都创建的柏林大学就是这种倾向的代表。在精英培养方面，英国是从公学（私立精英学校，相当于私立高中）到牛津大学和剑桥大学的路线，法国是从公立中学（相当于公立高中）到高等专科学校这一教育路线。由于国情的不同，这方面存在着差异。但是无论哪一种教育体制，均将关于希腊、拉丁古典文化的教养视为重点。在这个意义上讲，他们都没有迅速重视面向工业化和近代化的应用科学因素，反而是将基于包括古典在内的广泛教养基础上的多方面能力视为走上精英路线的必要条件。在 19 世纪前半期，围绕着德意志精神的唤起和国家统一话题，费希特和黑格尔这样的大学教授及哲学家在德国起到了重要的作用，由此可以想见到这个时代高等教育的应有状态。

但是，随着 19 世纪的进步，应用科学方面和科学教育确实呈现出日益扩大的趋势。多数情况下，大致从 19 世纪 60 年代开始，各国才对高等教育的制度整合正式倾注了力量。这与受日益进展的工业化及政治、社会领域制度化推进而要求提高管理层人才的质量不无关系。在重视实验和实践的科学教育方面，德国的大学处于领先位置。德国型的课堂讨论（seminar）教育模式也普及到其他地区。

公立初等教育与读写能力的提高

另一方面，在 19 世纪中叶前一般由民间主导和教会创办的初等教育，进入 19 世纪后半期后，状况发生了变化。包括德国在内的西欧国家，开始真正完善小学制度。以 19 世纪 70 年代的英国、80 年代的法国为代表，西欧国家确立了国家管理下的公立初等免费义务教育体制。虽然是免费的义务教育，但法律上还是明确规定了父母负有必须让孩子上学的义务。

在这些国家，加强限制、禁止儿童劳动和免费义务教育的想法是基于同一立场的，即必须培养将来成为重要的劳动力以及兵力的孩子们。政府在政治上实现了仅限男子享有的普选，或者扩大了选举权，于是便不能忽视劳动大众的声音和意愿，也因此，必须培养能够遵从规范、积极支持国家的劳动大众。

作为极其明确地表现出这一点的积极推进初等教育改革的事例，我们可以列举法兰西第三共和国初期的领导者们。这部规定初等免费义务教育的法律，取其领导人的名字，被称为《费理法》。费理等人认为，法国被德国打败的原因之一就是教育体制改革的滞后，于是明确提出将培养具有爱国心、能够支撑法兰西共和国未来的孩子作为紧要课题。在起草、制定、贯彻落实义务教育法的过程中，国家在学校建筑样式、管理体制、教师的培养以及教育内容等多个方面的干预都明确制度化。被置于制度化位置的国家标准语、形成现在民族国家的历史、理解国土现实的地理等科目的教育得到了重视，而这种状况也并不仅限于法国。

随着初等免费义务教育化所带来的公共教育制度的改善与扩充，人们的读书能力得到了提高。法国人在19世纪中叶的识字率为50%，在19世纪末的90年代就超过了90%。"识字率的提高"此时意味的是法语能力的获得，因为法国虽然自古以来就是统一国家，但也存在着不将法语作为母语的人们，例如布列塔尼、普罗旺斯、巴斯克等地区。自王权时代就开始的统一语言问题，在19世纪依然是尚未解决的课题。

这不单是法国所面临的问题。如果考虑到地区语言和方言，无论哪个国家都或多或少地面临着同样的问题。与通过地理和历史学习形成祖国观念、通过算数学习掌握理性思考方式、通过体育和军事训练掌握依照规则的行动以及身体技能一样，语文教育在培养统一且相互间容易交流的国民方面至关重要。

但是，另一方面，公共教育制度如此顺畅的普及背后，还有一些不能忽视的方面。比如通过大众报纸等不断普及和扩大的语言媒介、包括工人群众在内的人们普遍具有的求知和了解信息的欲望。此外,行使选举权自不用说,日常生活中必要程度日趋增大的行政手续等社会生活需要,也要求人们获得更高水平的教育。接受教育的目的一方面是确保社会地位以及立身奋斗,或者是孩子社会地位的提高,但是也并不仅仅是满足上进的志向。在第六章中所述的社会现实出现巨大变化之中,人们被迫接近知识,全体国民产生了追求知识和了解信息的欲望。到了19世纪末,许多地方都出现了这一状况。

国家的三重属性　　　　所谓的民族国家(nation-state),就是由一个民族(nation)构成一个国家(state)的有关国家形成的政治原理。反过来看,就出现了构成一个国家(state)的人就是一个民族(nation)的观点。现在,“nation”一词本身就具有“国民”和“以国民为基础的国家”的意思,是合二为一的词汇。这种关于民族国家的思考是20世纪亚非地区的欧洲原殖民地开展追求独立的运动,以及在形成国家之际所依据的基本原则。如果将19世纪视为欧洲民族国家构建的时代的话,可以说20世纪后半期就是亚非地区民族国家构建的时代。

现在的联合国是United Nations(联合的国家组织),国际关系是international,即nation之间的关系。并且nation也意味着主张以下观点的集团,即就算尚未形成独立国家,但它们具有同一历史由来和语言文化,因此应该形成state。在这种场合下,日语将其翻译成"民族"一词。

如果遵循这一思路的话，那么关于民族主义的把握也可以采取同样的方法了。但"nation"一词是包括国家、国民、民族三重意味的词汇。日语当中没有能够全面涵盖这三重意味的词，所以事情就变得略微麻烦一点。

正如此前所看到的那样，将"nation"一词如此理解是在18世纪末到整个19世纪的欧洲。即使此前存在着"nation"一词，但是意思也有所不同。之前它的意思和native（当地居民）一样，一般近似于指生活在某个地区的人们所组成的"同乡集团"，这一词汇与国家的意思有所重叠也不被视为必然。"nation"一词源于拉丁语"natio"，意思是指"出生"。

第三章提到的亚当·斯密的《国富论》（*The Wealth of Nations*），作为1776年出版的最早的经济学体系性著作非常知名。在此书的题目中，"nation"理所当然地意指"国民"，同时也指代"国家"。斯密是代表苏格兰的启蒙思想家。尽管此前在启蒙思想家当中，已经明确了"国民"的理念，但是这终归是理念、理论上的认识，尚未成为政治上的现实。美国《独立宣言》与《国富论》的出版同样是在1776年。

在18世纪末到整个19世纪的欧洲，基于民族的理论而追求构建国家的奋斗目标，并不单是由领导者们自上而下地以意识形态的方式诱导推动。正如法国大革命所展示的那样，国内居民从各自的立场出发，抱有各自的主张，寻求对于社会和国家发展的发言权。实际上，他们的行动很大程度上左右了革命的进程和国家政治动向。已经确立了国民主权原则的国家自不用说，即使不是这样的国家，想在旧有的正统性基础上安逸地生活下去也已是不可能的了。

新兴统一国家与民族形成

19 世纪的欧洲，不管国家政体如何，新形成的国家领袖们都普遍或者不得不明确强调国家的命运是与民族紧密联系在一起，并选择一条在政权正统性上达成共识的道路。并且，他们强调在统一的民族国家基础上，开始参与国家间的竞争，努力开拓本国的命运。在这样的进程当中，即使在形成新的国家之后，政府也依然将促使国内各地居民产生身为国民的自我认识，即将促成国民的形成视为课题。这就是后面将要阐述的民族主义问题。

在此虽然不能单独且详细地论述新兴国家的形成问题，但是在 1820 年成功摆脱奥斯曼统治而赢得独立的希腊，在 1830 年革命风潮中从荷兰赢得独立的比利时，出现多样化的统一运动，并以拥有工业中心皮埃蒙特的北部撒丁王国为核心而实现统一的意大利全都如此。这些新兴国家以历史上不存在的统一王国的身份出现，同时，民族的形成也是一个问题。此外，即使是成为有较强实力的近代国家德意志帝国也是同样。在此稍微介绍一下德国统一前后的过程。

德意志帝国的建立 在俾斯麦的主导下，以在普法战争中取胜的普鲁士为代表的德意志各邦国，在凡尔赛宫宣布威廉一世为德意志帝国的皇帝

在因拿破仑军队的统治而感觉到危机的普鲁士王国，费希特的《对德意志民族的演讲》很有名，很快举起了抵御外敌法国、确立德意志民族一体性的旗帜。但是，这个理论旗帜并没有马上被德意志帝国的所有部分接受。现实当中，德国的统一步伐首先遵循经济一体化的路线，以结成德意志关税同盟的形式踏出第一步。

1862 年就任普鲁士宰相的俾斯麦大力推行增产兴业、富国强兵的政策，在实现普鲁士强国化目标的同时，也希望通过以普鲁士为盟主的北德意志联邦的形式，实现以关税政策为基础的政治一体化。但是，在同一个德意志，敌视普鲁士集权趋向的南部各侯国并不赞成，并开始叛离。结果，德国的国家统一以与宿敌法国间的战争为契机才得以实现。1871 年，普鲁士主导下的德意志各国获得军事胜利，趁着胜利，各地区拥立普鲁士国王威廉一世为皇帝，在宿敌法国的凡尔赛宫，宣告了德意志帝国的成立。

帝国建立后的第一任首相俾斯麦，促进原本分属各侯国的居民的一体化，为了培养作为帝国一员的德意志国民意识，他将

近代欧洲的霸权

俾斯麦 德意志帝国的第一任宰相。为了培育民族意识，敌视波兰裔居民等少数派

国内的波兰裔居民和南德意志地区的天主教徒居民等国内少数派视为"帝国的敌人"。这就是19世纪70年代俾斯麦开展的文化斗争的政治。标榜为"帝国"的德国并没有像法国那样彻底实行中央集权制，也没能导入单一国民教育教学计划，但是在公共教育的所有方面，仍然强调爱国教育这一新的内容。

希望推动民族形成的理念，在强调组成国家的国民是由独有特征集合在一起，即正当地拥有可以统一成国家的历史性根源这一点上是共通的。结合了浪漫主义神秘性的勇敢的日耳曼精神，以及以之为基础的高贵的德国精神就是其代表。前文已经几次提到过的费希特也是推波助澜的典范。古代档案的文献学研究、语言研究、习俗研究也与这个时代探究民族（国民）固有的起源不无关系。

当然，这样的倾向并非德国固有，在意大利，赞扬过去并从中探求一体性证据的态度也极为显著。切萨雷·巴尔博（Cesare Balbo）与实现意大利统一的中心人物皮埃蒙特的政治家加富尔一起创办了杂志《复兴运动》（*Risorgimento*）。巴尔博也是皮特蒙特的政治家，但他出版关于意大利史的著作，赞扬意大利的光荣历史。对于他们来说，所谓的"统一"，恰恰是光荣时代的复

加富尔　意大利王国第一任首相，皮埃蒙特贵族出身。他领导了统一战争，对意大利王国的成立做出了贡献

兴。

那么，在19世纪国家统一方面不成问题的法国，情况又是怎样的呢？特别是大革命爆发之后的共和派的传统，不是带有主张实现自由和平等的人类普遍需求、继承启蒙时代的普遍主义的侧面吗？确实如此，但另一方面，这里面也含有一种强烈的自我认识，即能够率先在人类社会中实现这一普遍要求的，除了共和政治下的法国外别无他国。虽然我没有任何客观根据，但如此强烈的自我特殊性的主张应该也不会再有了吧。

Nation（国家）——这个包含了三重意义的理论词汇——所显示出的这种主张固有特殊性的观念是19世纪民族主义的重要一面。即使是全球化趋势日益明确的现在，在国际政治当中依然占据了重要地位、成为地区冲突火种的民族主义，原本在近代欧洲又是怎样生成、发展的呢？接下来，我们对这一问题进行梳理。

民族主义诸相

近代民族主义的产生　　关于民族主义，也有研究者在近代以前，例如在中世纪追溯其起源。但是，我很难赞同这个观点。一般而言，具有趋同性认识的集团，为了区别自己与他人，往往基于一定的标准，设定一个排他性的分界线，在团结内部的基础上与外部世界对抗。这样的现象无论是在哪个时代，也不论是在怎样的社会都存在吧。尽管可统辖的集团或范围大小不一，但要将其以 nation 的名义现实化，则是 nationalism（民族主义）。而作为政治理念乃至意识形态的 nation，就像上文所阐述的那样，到了 18 世纪后半期不断出现。

　　国家绝不是永远存在的东西，因为它是从某个时间点开始，所以终究也会走向终点。19 世纪后半期，法国博学之士勒南（Renan）明确提出这一观点。他甚至断言单独的国家最终必然被欧洲联盟所取代。国家并不是不朽的先验性的存在，简要而言，它是在历史中形成的事物。

　　本尼迪克特·安德森提出的作为"想象的政治共同体"的国家说法，给 20 世纪末民族国家论以极大的影响，风靡一时。艾瑞克·霍布斯鲍姆认为民族主义所宣扬的民族历史传统多数与事实不符，实际上诸多事例明确证明，那些不外乎在 19 世纪民族形成过程当中被创造或者捏造出的东西。而完成民族主义研究基础工作的厄内斯特·盖尔纳则认为，以语言为基础的同质性高度文化构成民族主义的必要条件，而且正是在必须高效行动的产业社会才会产生民族主义的必要性。尽管上述观点存在差异，但是在认为民族、民族主义是近代之物这一点上是相通的。

在此，我个人的立场是试着在与本书课题——近代欧洲的霸权——相关的问题范围内理解国家和民族主义。本书的目的是进行历史过程的考察，并不打算进行理论的讨论和评价。不管是将民族主义看作有关国家正统性的历史主义的意识形态，还是看成政治领袖为统合国民而进行的意识形态的操控，还是为了追求作为国家的自立、行使政治决定权的运动，还是产业化进展中的社会的文化性整合的理念，但确定无疑的是，从 19 世纪到 20世纪，民族主义顺应各个时期的历史脉络，带有多样的含义，给现实政治和社会的状况带来重大的影响。

作为国民主义的民族主义

通过本书此前的阐述，各位应该明白了 nation 这一理念和民族主义的产生，与法国大革命间有着极大的关系。但是这种关系绝不是单调的，反而可以说是一种稍微扭曲的政治和思想之间的复杂关系。

正如前面几次提到的，在法国大革命当中，人们明确提出了唯有国民才是国家的主权者、唯有国民才是正统权威的唯一源泉的思想。但是，国民位于政治核心的位置、担负国家和社会的重任的想法并没有马上作为一种实态反映到政治当中，并在政策和制度层面收到效果。可以说，到 19 世纪末，以法国为代表的欧洲大约用了一个世纪的时间，才将主权在民这一思想在制度层面上变为了现实。

但是，19 世纪前半期，在明确采取保守立场的维也纳体制下，这样的想法逐渐与批判当时体制的自由主义思想和运动结合在一起。国家和地区不同，所面临的问题也不同，所以自由主义的表现形式也不一样，其中有要求政治发言权和扩大选举权的，也有为改善现状而要求实行某种政策的，涉及方面广泛。运动主体也包括从实业家到工人、学生等各个阶层。与当时的自由主义联动的民族主义认为，在国家政治方面必须以国民为中心，作为国民、国家的 nation 的权益和价值应该最优先考虑，表达这种思想的词汇逐渐被翻译为"国民主义"。这种情况下，国民主义在当时的政治脉络当中大多属于左翼。

我们之所以说 18 世纪末的法国大革命与民族主义间的关系纠结，是基于以下的理由。将《人权宣言》中所显示的应该普遍适用于人类的革命理念扩展到全欧洲，在这一正当化理由之下，法国的革命势力发动了革命战争。这个"大义"也被拿破仑构建欧洲帝国时援用。但是，法国倡导的摆脱旧制度的束缚以及确立作为国民的自由等国民主义性质的"大义"，反而迅速成为反抗法国军事统治，谋求从占领者的统治中解放的理论。这一点本书第四章中也有所涉及。

但是，当时像费希特和黑格尔这样的德国思想家的主张，目的并不仅仅是摆脱法国的统治。

法国革命时期的国民理念，是只要具有"大义"就不问出身的理念。美国独立战争中心人物之一、因《常识》而闻名的潘恩，在大革命时期成为国民公会议员一事并没有遭到任何的抵制，反而是逃亡的反革命贵族不被革命派视为国民。相比于以这样的普遍价值认定国民的革命时期的法国，德国的初期民族主义思想反而认为所谓的 nation 是作为语言共同体、文化共同体的自然的分割单位，德国正应该以这样的单位自立并实现历史使命。此外，德国民族主义从一开始就在与法国不同的方面标榜德意志民族是"被选定的民族"。他们相信正是德意志民族体现了人类至高的价值。

初期的德国民族主义思想中，在将价值视为伦理上的内在性事物的倾向很强，没有法兰西式那种强调自身应该传播这一价值的想法。他们反而是通过与法国——侵犯拥有这种价值的德国的不共戴天之敌——对抗，换句话说，利用对敌人的憎恶情感作为跳板，强调了德意志民族的价值和一体性。这也许与谋求从法军统治下解放出来的现实问题紧密联系在一起的时代潮流有关。

对于德国将对法国的敌对情感作为跳板的民族主义，法国方面是否只突出作为普遍主义理念体现者的一面呢？实际情况上未必如此。例如，在1870年引起德法战争危机之际，法国也不断将野蛮、残暴的德国的漫画形象与文明体现者的法国形象进行对比。前文已述,憎恶德国的敌对情绪是推动从19世纪末到第一次世界大战法国政治变动的重要原因之一。

但是,从19世纪后半期到19世纪末,民族主义的面貌与初期相比确实发生了相当大的变化。关于这一点,稍后将进行分析。这里想指出的是,在18世纪末到19世纪初的民族主义成长期,担当者往往是以知识分子和官僚等有教养的人,或者是接受过教育的中间阶层以上的人为中心。与此相比,到了19世纪末之后,受政治状况和经济社会大变动的影响,担当者变成了包括工人、农民和劳动大众在内的全体国民。关于这个转换,不能忽视的是公共教育所发挥的作用,这也已经在上文论述过了。

主张自决权的民族主义　前文已述,19世纪欧洲新成立的独立国家,或者是像意大利和德国那样从小国割据状态走向统一的国家,普遍面临的最重要的问题就是确立民族国家的一体性。尚未形成独立民族国家的族群也认识到如何自己掌握政治决定权、如何实现国家的独立是重要且并不遥远的问题。

就算在欧洲内部,处于帝国统治下的人们,如奥匈帝国境内非德意志系的各个民族,以及奥斯曼帝国境内被统治的少数民族,也受到从初期民族主义开始发展出来的思想的很大影响。作为历史性、文化性共同体的民族,理所当然应该形成作为共同体政治性、制度性外在表现的国家。民族国家的原理可以被引用为从压迫状态下解放出来的理论以及证明独立要求正当性的理论。被沙俄、奥地利和普鲁士这些邻国瓜分而在地图上失去国家形态的波兰，为了发动寻求恢复独立的运动，同样也援用了这样的民族国家理论。

可以这样讲，这种要求作为民族的自决权和独立的民族主义与20世纪在亚非地区蓬勃发展起来的民族主义运动尽管在历史脉络上存在着差异，但却被赋予了同样的地位。与西欧地区诉求国民形成和构建民族国家的国家主义有所不同，这里的nationalism大多被翻译成"民族主义"。

整个19世纪一直到第一次世界大战，东欧和巴尔干半岛一带出现了各种各样基于这种民族主义的自决权主张。从帝国方面看，怎样应对这些主张成为了问题。欧洲地区内部的国际政治以及帝国方面的应对，有时也引起与开展民族主义运动的各集团间新的对立与混乱。

例如19世纪中叶，在1848年革命风暴席卷整个欧洲期间，在奥匈帝国的奥地利，以科苏特为首的马扎尔人宣布要组建独立政府。但是，马扎尔人一旦取得了政治自决权，就势必要镇压疆域内的其他各民族的运动。诸国对奥地利的战争这一时局也对此产生了巨大影响吧。不过，克罗地亚人帮助奥地利军队打击匈牙利。匈牙利的独立运动暂时遭到挫败，但败给普鲁士的奥地利为了稳定国内事态与匈牙利妥协，签署了《奥匈折中方案》

巴尔干半岛 1913年因为民族对立与排他性的民族主义，成为了"欧洲火药桶"

（1867年）。此后，德意志人与马扎尔人组成了奥地利—匈牙利二元帝国（即奥匈帝国），一直到第一次世界大战战败，持续统治着帝国境内的其他民族。特别是以1890年建国千年庆典为契机而开展的马扎尔化政治运动，遭到了境内克罗地亚等民族的强烈反抗。

波西米亚（捷克）等处于奥匈帝国境内被统治地位的各个民族并没有因此绝望。他们与奥斯曼帝国境内开展争取自决权和独立运动的斯拉夫系各民族一起，在19世纪后半期到第一次世界大战期间的欧洲政治舞台上，占据了重要的一角。在19世纪里，罗马尼亚、塞尔维亚、门的内哥罗相继从奥斯曼帝国那里取得独立。在20世纪初，保加利亚和阿尔巴尼亚也获得独立。但是，不仅是奥匈帝国，包括沙俄、英国、德国和法国等国在内，为了扩大本国势力范围而纷纷干涉及对抗，不管巴尔干半岛的民族最终独立与否，这些国家都相互强化了极具排他性的民族主义立场，并追求自身的利益。这一发展为斯拉夫裔青年刺杀奥匈帝国皇储事件以及以此为契机而爆发的世界大战埋下了火药，即巴尔干地区成为了"欧洲火药桶"。

　　众所周知，波兰在被瓜分以前，曾经拥有作为大国的历史。但即便如此，要想恢复以国家和民族主义为根据的独立也不是一件容易的事情。普鲁士在1848年革命中暂时成立，站在自由主义立场上的临时政府粗暴地镇压了国内爆发的波兰独立运动。第一次世界大战结束后，沙俄同战败国德国、奥匈帝国一起，也因爆发革命而瓦解，波兰开始恢复了独立，但是不久之后，由于纳粹德国和苏联的入侵，波兰再次遭到蹂躏。

赋予历史文化的价值　　　不管是在帝国境内呼吁扩大政治参与权和获得自治权，还是要求确立完全的自决

权和国家独立，提出这些要求的人们
为了将其正当化，在试图唤起他们作
为民族的历史情感这一点上，与此前
已经概述过的德国和意大利等国的情
况完全相同。这种从民族固有的起源
中探求根据，赋予过去国家存在以历
史文化上的正统性的态度，在作
为民族主义的 nationalism 上也是
共通的。

斯美塔那 捷克民族音乐的始祖。
长篇交响诗组曲《我的祖国》的第2
曲《伏尔塔瓦河》非常知名

　　例如，在捷克人的例子上，我们
可以看到他们将 14 世纪波西米亚王
国的历史作为黄金时代，从民族主义的立场上进一步地强调。实
际上，在第一次世界大战前，捷克的政治家们并不要求独立，而
是要求实现比较现实的二元帝国联邦化的自决权。而在第一次
世界大战后，捷克斯洛伐克这个独立国家的形成，完全是他们
看清了大战终结后帝国解体的政治力学的结果。但是，即使在
独立后，该国免不了要面临的不仅是与匈牙利、波兰之间的领
土问题，还包括德意志人等国内少数民族问题，以及斯洛伐克
人对捷克人的不满和对抗日益凸显的问题。这也与稍后主张保
护德意志系居民的纳粹德国的侵略，以及现代的捷克和斯洛伐
克的国家分裂问题相关。

　　像音乐这种乍一看与政治离得很远的东西，也与这样的民

柯达伊和巴托克　一起在布达佩斯音乐学院学习，收集匈牙利民歌，使民族音乐焕发现代价值

西贝柳斯　交响乐《芬兰颂》，因太受欢迎被视为煽动俄罗斯统治下的民族意识，遭到禁演

族主义有着极大的关系。特别是有关民谣以及民族固有音乐的探究代表了这种倾向。从19世纪到20世纪，优秀的音乐家们为了鼓舞和宣传民族意识创作了许多作品，或者他们为了探寻自身历史的独立性，从事古民谣的研究。捷克的斯美塔那和雅纳切克，匈牙利的巴托克和柯达伊，芬兰的西贝柳斯等人就是代表性的人物。西贝柳斯作曲的交响诗《芬兰颂》，在整个19世纪被统治芬兰的俄罗斯政府视作会煽动芬兰人民族意识的东西而被禁止上演。在已经形成的国家里，音乐依然能有发挥效果的可能性，国歌作为新的团结国民的旗帜发挥着同样的作用。

　　即使是在被置于大英帝国殖民统治之下的爱尔兰，行使自己政治决定权或者争取自治权的运动持续整个19世纪并一直延续到20世纪。这里只想说，在这些运动中，对爱尔兰独自的凯尔特系文化传统和语言的恢复和维持成为了 19 世纪末以来最为重要的因素。

民族主义的大众化与霸权的斗争

民族主义的初期形态是以接受教育的中间阶层以上的人为基本主体的。与此相比，到了 19 世纪末 20 世纪初，民族主义的受众极大地扩展到了全体国民。这一点前文已述。到 19 世纪末，社会面貌变化，可以称为产业文明的确立这一状况在经济社会中明显出现，而在政治领域，全体国民——虽然只限男性——以享有选举权的身份参加的代表制民主主义成为了基本状况。可以说，到 19 世纪末，欧洲多数国家采取了普选制和公共教育制度，已经相当程度上推进了国民的政治统一过程。此外，初期民族主义中的国民主义，在经历过一个世纪的发展后，以制度展现出了现实的样子，近代西欧型的民主主义则不断普及。

实际上，无论是在经济上，还是在社会上，或者是政治参与上都存在着各种各样的差距，但这一过程中大众的国民化为什么成为了可能？如同现代德国历史学家耶斯曼（Michael Jeismann）在《国民及其敌人》（木村靖二编）中收录的演讲所说的那样，实际上近代民族主义的最大约束就是"一体性中的平等"，让我们聆听一下耶斯曼的演讲吧！

大部分其他的世界观或政治性纲领只将一体性或协调作为

达成目的的手段，或者完全不去留意这些。但对于民族主义，一体性的形成是目的本身。虽说要在保持一体性的同时实现平等，但是并没有丝毫必要进行政治改革和社会变革。为达到目的，唯一的必要条件是存在一种信念，即属于国民的每一个人，与其社会地位无关，都能切身感觉到自己是德国人、是法国人、是意大利人、是西班牙人等，并且正因如此，他们能够感觉到自己与具有同样归属意识的人们之间是平等的。仅此而已。

因此，尽管存在着各种各样的地区主义，但它并非与国民性的一体性抵触，反而能作为一体性内部的分支，处于赋予民族国家丰富内涵的共生位置上。不限于地域分类，其他方面的下层分支也是同样的。并且，到 19 世纪后半期，民族国家将基于征兵制的军队、公共的学校制度这种在大众民族化上占有重要位置的国家组织掌握到了手里。通过这些多种多样的路径，国民统合以对一体性的民族即民族国家的归属感、共享同一性感受的方式得以实现。

从与其他国家的关系和与非欧世界的关系角度来说，大众的国民化的结果，即确立民族国家实质的过程，是与推行富国强兵路线并行的。甚至可以说，它们就像货币的正反面一样，是互为表里的关系。对于 19 世纪欧洲各国来说，随着世纪的发展，它们置身于一系列历史事件当中，诸如确保作为世界大国的政治位置、工业化之后的经济竞争方面的霸权争夺战，以及与此相伴的殖民地和势力范围的竞争。

认为这是在作为与自由主义相结合的国民主义似的民族主义、民族国家构建时代之后，伴随着排外性民族主义的帝国主义和殖民地争夺的时代的到来则是错误的。在稍早一点的时候，也许流行着这种误解，但是现在必须予以纠正。涉及国家内部体系的民族国家构建的时代，从与国家外部的关系来看，也是帝国主义多样化发展的时代。上文已述，在19世纪末，随着经济规模的扩大，金融资本的作用也日益增大。但是将此视为帝国主义起点的想法，不过是认为那里有资本主义终点的列宁主义似的、过于狭隘的帝国主义论而已。关于帝国主义的问题，稍后进行分析。

民族主义与排外主义　　确实，在19世纪末，表现出排外性格的民族主义在任何一个国家都被强化。当时存在着这样的历史脉络。

在工业化进行的过程中，围绕着日趋多极化的经济霸权的争斗、不断激化的获取殖民地和势力范围的斗争，国家的威信或权威的理念，因为国民可以参与政治，重要性得以增加，成为许多国民共享的东西。不要输给其他国家、必须打击当前的竞争对手、自己的国家更加优秀当然应该成为世界领袖、阻碍这个目标的东西必须除掉，诸如以上的想法或者说感觉占据了优势。

大众化的报纸通过各种各样的讽刺画，广泛宣传关于竞争

诺思克里夫子爵　创刊《每日邮报》的新闻大王，本名是艾尔费雷德·哈姆斯沃思

对手的负面形象或者对本国的威胁。在 20 世纪初，英国的《每日邮报》发行量超过了一百万份，在当时取得了惊人的快速成长。借用创刊人名字而被称为"诺思克里夫（Northcliffe）革命"的这一成功，原因之一就是在大众排外性这一沙文主义中巧妙地利用了狂热的爱国主义。他们在当时的霸权抗争过程中，报道能够保障大英帝国不可动摇地位的赞美新闻，与此相反，刊载瞧不起竞争对手法国和德国的新闻。

19 世纪 80 年代到 90 年代，世界经济状况并未好转，本国经济和社会产生问题之际，至少在一部分地区明显出现了将其归因于外部的观点，甚至出现了暴力现象。也就是说，社会中存在着来自国外的妨碍、国内那些作为国民却不共享命运的异端分子是可恶的、都是因为外国工人的原因等风潮。在德国，波兰裔居民遭到了社会歧视；在法国南部地区，来自意大利的劳务工人遭到了袭击。即使在俄国等国家，也频发对犹太人的少数族群迫害，即袭击事件。

这样，通过在民族国家外部树立替罪羊，国家免除了自身的责任，甚至可以说是希望进一步强化敌我。19 世纪末，在德国和法国等国家一部分报纸上可以看到反复宣扬追逐暴利的犹太投机家的国际阴谋这样的反犹太主义言论。排外的民族主义言论与在欧洲根深蒂固的反犹太主义、在 19 世纪末开始发挥一定影响力的优生学言论很容易地结合在了一起。

只将这些视为民族主义的变质或堕落，不能解决什么问题。民族主义在一开始虽然在基准的设定上就具有多样性，但它是在明确划分内外分界线的前提下成立的。作为国家，为了巩固内部的团结，在外部设定了明确的敌国或者敌民，或者强调自己的特征和固有性格等，这些着眼点根据国家、时期或者主张的人的不同存在着差异。以确保民族整体性本身为目的的民族主义，正因为有这样的融通性，对于历史脉络的变化也能应对，但必须指出的是，采取 19 世纪末那种排他性的、排外性的形式的可能性从一开始就一直隐藏着。在东欧地区，旨在追求独立的少数民族的民族主义虽存在着状况和程度上的差异，但与上述情形完全一样。并且，即使在现代，依然会一直存在着危险的可能性。

各种各样的帝国主义

与亚洲政治势力的武力冲突

当初，欧洲各国以参与亚洲贸易的形式开始的与亚洲的关系，大概从 18 世纪中叶开始渐渐发生了变化，到 19 世纪后，与欧洲内部进行的工业化以及随之发生的经济社会的变化联动，欧亚关系真正发生了变化。直接的殖民地化或者准殖民地化形式的介入开始了。当然，亚洲各地存在着具有悠久历史的国家和在政治上保持着强大实力的势力，所以，这种推进并不容易。因此，这时出现了欧洲国家与亚洲国家的直接战争，或者与亚洲政治势力间的武力冲突。

1840年到1842年，英国对清朝发动的鸦片战争就是典型的事例。英国借口清政府限制鸦片这一毒品贸易，挑起战争并获胜。之后它不仅获得了对被没收的鸦片的高额补偿金，还强迫中国实行包括鸦片贸易自由化在内的所谓门户开放政策。在已经用钢板、高性能大炮装备起来的英国战舰面前，中国的帆船战舰不是对手。英国还攫取了香港的统治权，作为战略要地。

面对中国这样的大国，欧洲各国都希望采取直接介入的手段，因此也出现了联合侵略的现象。19世纪中叶，英国和法国联手发动对中国的鸦片战争（即第二次鸦片战争）就是事例之一。一艘叫亚罗号的英国籍小船，因被怀疑有海盗行为，接受清朝水师的临时检查，其间英国称其国旗被侮辱。这么小的一件事成为了英国军事侵略的导火索，而法国军事侵略的借口是1856年法国传教士被清朝官员杀害的事件。

事情的结果明显展现出了这一时期英法为首的欧洲各国的真实意图。无论是1858年的《天津条约》，还是1860年的《北京条约》，基本上都是要求贸易和基督教传教自由化、外国人活动自由化的门户开放政策。这是要求经济活动的自由化，要求中国也要变成欧洲基准下的政治社会。在这个时期，所谓西方冲击（Western Impact），正是采用字面意义上的军事侵略的形式来推进的。毋庸言说，中国这种情势也对幕末维新时期的日本的政治选择产生了很大的影响。

英法殖民地帝国的形成　　整个19世纪，一直到第一次世界大战，欧洲各国建立殖民地帝国的动作以及殖民地的争夺激化。这一争夺的对象不仅是亚洲，还包括新的非洲在内的世界各地。在此试着大致整理一下概况。

在殖民地帝国形成上，排在最前头的当属18世纪一直保持优势地位的英国。英国曾以东印度公司统治印度，这时转为直接统治。在镇压了抵抗这一转变的印度民族大起义之后，于1877年成立印度帝国，宣布了以英国维多利亚女王为印度皇帝的直接统治体制。英国以印度为据点，在阿富汗一带牵制南扩的俄国，同时，还加强在波斯湾和阿拉伯半岛的发言权。围绕着位于通往印度洋要道的苏伊士运河，英国在1875年从埃及手中收购了运河运营公司的股份，确立了对苏伊士运河的控制权。1880年，在军事镇压了阿拉比的起义后，英国已经在事实上将埃及置于殖民统治下。

此外，在南非地区，英国在拿破仑战争之后已经确立了开普敦殖民地。之后它发动了对该地北侧毗邻的德兰士瓦共和国和奥兰治自由邦共和国的战争，从19世纪末到20世纪初，派遣绝对多数的军人，强化对这一地区的军事管制和殖民统治。在这些由荷兰裔殖民后裔布尔人组成的国家中发现了储量丰富的钻石矿和金矿。此外，这些活动与在整个19世纪正式开展的在澳大利亚和新西兰的殖民活动、确保东南亚从马来半岛到缅甸的殖民统治权等活动合到一起，日不落帝国恰如文字所述一样，覆盖了整个世界。

追随英国步伐的是法国。在拿破仑三世的第二帝国时期以及更为明显的第三共和国时期，法国开始了大规模的海外扩张。18世纪，在印度和北非地区败给英国的法国，攫取了在马提尼克和瓜达卢佩等加勒比海岛屿的权益。这些岛屿与19世纪获得的塔希提岛等太平洋岛屿一起，成为现在法国的海外省和海外领土。

法国通过军事征服，将北非地中海沿岸原属伊斯兰势力范围的阿尔及利亚、突尼斯、摩洛哥等国家相继纳入到了殖民统治下。马格里布（Maghreb Arab）三国到20世纪后半期获得独立，但法国从这些地区引进的劳动移民成为遗留至今的移民问题的源头。换句话说，法国19世纪以来推行强行扩张政策所欠下的账，至今仍未还完。法国还在撒哈拉以南的沿海及内陆地区扩大殖民地或势力范围。

在亚洲，法国最大的殖民地是中南半岛三国。与在非洲的扩张政策所引起的激烈抵抗一样，在亚洲的军事行动也不容易。法国开始军事征服柬埔寨，接着征服了越南，于1887年组建了印支联邦，即法属印度支那。1893年老挝也被军事征服并被纳入其中。上述事件均是在第三共和国时期发生的。在殖民地帝国形成问题上，无论是皇权派，还是共和派，都是超越政治立场的殖民推进派。

东南亚殖民地化与瓜分非洲

与英法两国一起，从很早就积极活跃于海外扩张舞台的荷兰，在19世纪中叶从非洲撤出，转向在以爪哇、苏门答腊和加里曼丹岛为中心、相当于现在印度尼西亚的东南亚一带，加强殖民统治。

曾经的西班牙帝国，在中南美洲各国独立后，只领有古巴和亚洲的菲律宾等几个岛屿，但因为19世纪末与正式开展海外扩张的美国作战失败，不得不将关岛和波多黎各岛转让给美国。尽管还在非洲西岸保持着几个领土，但是西班牙已经失去了过去的面貌。曾经的海洋帝国葡萄牙也是同样的下场，但在亚洲依然拥有澳门、也门、果阿等据点。在非洲西岸附近也拥有一些零散的据点，到19世纪后半期，再次开始扩大势力范围。

与19世纪民族国家的构建并行，欧洲各国推行增产兴业政策，另一方面，它们也推行了旨在相互竞争的富国强兵政策。还未等到世纪转换期，英德所谓的"造舰竞争"就拉开帷幕，在整个19世纪，所有国家都推进了前所未有的军备强化计划。刺激起钢铁需求的扩军政策也呼应了促进工业化和培育国内产业的政策。稍晚实现统一的德国和意大利虽说失去先机，但也加入

丹吉尔
摩洛哥（保）
阿加迪尔
西撒哈拉
突尼斯
阿尔及利亚
利比亚
开罗
埃及（保）
厄立特里亚
吉布提
法属西非
塞内加尔
冈比亚
英属埃及及苏丹国
法绍达
塞拉利昂
利比里亚
尼日利亚
喀麦隆
埃塞俄比亚
肯尼亚
索马里兰
法属刚果
比属刚果
乌干达
德属东非
安哥拉
葡属东非
罗得西亚（津巴布韦）
马达加斯加
西南非洲
德兰士瓦
奥兰治自由邦
开普敦
南非

英国势力范围
法国势力范围
德国势力范围
意大利势力范围
西班牙势力范围
葡萄牙势力范围
比利时势力范围
（保）保护国

0   1000km

列强瓜分非洲　1914 年

建立殖民地帝国的行列。尤其是德国，通过完成强力的富国强兵政策，成为争夺殖民地风潮的中心国家。

德国试图在非洲西南及中部地区获取殖民地或势力范围，同时，为了避免在介入太平洋岛屿和中国时贻误先机，积极开展在外交上的国际交涉活动。这就是皇帝威廉一世时代推行的所谓的"俾斯麦外交"。俾斯麦为了避免德国被孤立，在欧洲内部推行结盟政策，同时为了不耽误搭乘"瓜分非洲"的快车，要求掌握分割非洲的主导权。但是，与俾斯麦存在矛盾、迫使其隐退的继任皇帝威廉二世提出了"世界政策"，主张用更直接的军事力量介入英法的扩张。到了20世纪初，德国与英国的军备竞争、与法国在摩洛哥的对抗，给国际政治增加了新的不安定因素。

意大利也试图将地中海对岸的的黎波里到非洲北部东侧地带变成自己的势力范围。于是，它将厄立特里亚和索马里兰的一部分地区纳入殖民统治下，但是向阿比西尼亚即埃塞俄比亚的扩张遭到了当地武装的抵抗，最终归于失败。意大利也将扩张的魔掌伸向了东亚，参与到了中国租借地的争夺中。

这样，在欧洲内部的民主主义制度稳定推进，科学技术也取得了很大发展的时代，从同欧洲外部的关系来看，也是欧洲毫不犹豫地推进侵略的时代。那么，到底是什么原因造成的呢？

**博爱的帝国主义
与责任感**

扩大基督教世界，即"收复失地运动"的逻辑，在19世纪欧洲各国扩张过程中并没有消失。但是，在19世纪，天主教会已经无法作为一个整体处于能够同世俗国家并行的地位。英国是新教国家，俾斯麦时期的德国也明确与天主教对立。即使是在天主教徒占多数的法国，在真正开展建立殖民地帝国活动的第三共和国时期，多数政治家是反天主教的，甚至是新教徒。

在19世纪，能够将扩大基督教世界梦想与欧洲支配世界正当化目标结合在一起的反而是新教。这一观念如果用现代英国历史学家博丹的说法，就是博爱的帝国主义，或者借用在印度出生并获得诺贝尔奖的英国作家吉卜林的概括，叫作责任帝国主义。

它其实是一种认为唯有欧洲介入才能救赎非欧洲地区的人们的想法。对于现在依然生活在贫穷、无知、不卫生以及不适合进步状态的社会中的人们来说，通过宣传进步的欧洲制度和法律、学问知识，尤其是最重要的基督教信仰和世界观，就能够拯救他们。这种信念伴随着一种责任感，即那样做是基督徒的使命。

从19世纪前半期出现的博爱帝国主义也与要求杜绝奴隶贸易的人道主张有关。原本上，在大西洋贸易中，通过欧洲商人们积极参与而发展起来的奴隶贸易给一部分奴隶贸易商人带来了莫大的利益，在英国和法国等国也构成了经济发展基础的资本积累。但是到了18世纪末，针对这种束缚人的自由，将人作为商品买卖的罪恶商业行为，一些地方出现了很大的反对声音。大约到了19世纪中叶，欧洲普遍禁止奴隶制，但是在东非和中非地区，奴隶贸易还在吸引着当地的商人，并一直存续。通过要求废止奴隶贸易，欧洲各国政府展现出他们负有应该积极干涉非洲奴隶贸易的人道责任的观念。

利文斯通　作为传教士在非洲传教并从事医疗活动，倡导废除奴隶贸易

　　苏格兰传教士利文斯通在日本也很有名吧。1840 年鸦片战争爆发，年轻的利文斯通打消了去中国的念头，作为伦敦会的医疗传教士向还没有准确地图的非洲腹地进发。他的任务是一边给当地人治疗疾病一边宣传基督教，以及劝诫停止奴隶贸易而改为与英国贸易。除了发表根据自身在非洲的长久经历写成的《传教旅行记》(*Missionary Travels and Researches in South Africa*) 外，他还出版了地理学探查报告书《赞比西河探险记》(*Narrative of an Expedition to the Zambesi and its Tributaries*)。

　　这种具有博爱性、人道性和科学意图的传教活动，以及种种报告书，是如何与欧洲人帝国意识的扩大联系在一起的呢？对此我们还难以正确把握。但是必须指出的一点是，这些善意的活动几乎不考虑当地人们的思想和意图，只是强加给他们欧洲标准。这种行为所带来的见解在欧洲争夺"瓜分非洲"支配权上，至少从结果来看，是为虎作伥的。

像地理学勘察那种本意是纯粹的学术调查也存在同样的问题。对于此前外部人员完全未知的土地，这种调查给人们带来正确的知识。但是，它同时也给统治、殖民被调查地区的军事行动带来便利。例如法国的地理学协会，一开始建立时并非与建立殖民地帝国的意图联系在一起，但是到了19世纪后半期，这个协会组织和支持的调查探险明显与扩大法兰西帝国结合在一起。英德等国也是这样。

文明化的逻辑与殖民地　　到19世纪后半期以后，博爱的帝国主义尽管没有了基督教要素，但是另一种观念进一步扩大，即文明化成熟的历史发达地区欧洲，具有向落后的非欧洲地区传播文明的使命，换句话说，欧洲具有文明开化的责任。这是多么自信啊！19世纪欧洲社会取得的科学技术进步以及与之相伴的社会变迁的确令人吃惊。这些变化进一步强化了这种自信吧。

正如在非洲的传教活动将医疗行为视为目的之一一样，人们认为医学在实现欧洲内部卫生化目标的同时，也应该在外部世界发挥作用。相比于轻易被当地人接受，来自欧洲的工作反而不少是被当地居民忽视，或者有意无意地抵抗。欧洲化或者近代化并没能简单地推进。

对此，还出现了其他的观点，即不接受文明的他们原本就是劣等的民族，因而优秀的欧洲文明统治他们是理所当然的，这么做最终是为了他们。19世纪中叶的法国政治思想家，著有《论美国的民主》等名著的托克维尔正是依据这个理论，论证法国统治阿尔及利亚的正当性。1862年，对民族有切实思考的学者勒南在法兰西公学院面向市民的演讲中，批评伊斯兰教狂热、蔑视科学、压制公民社会，攻击漠视所有细致思考和合理研究的"令人吃惊的闪米特精神的愚昧"，表示"未来与欧洲同在"！

第六章已经提到，达尔文在1859年发表《物种起源》，但是到了19世纪末，欧洲出现了认为这一理论也适用于人类社会的观念。这种社会进化论或者社会达尔文主义认为人类社会也是通过适者生存的淘汰来发展，劣等民族的命运就是灭亡。达尔文并不坏，坏的是擅自将进化论扩大化的伪科学家。那样的论调进一步演化，就会变成创造一个只有优秀人种生存的更好的世界、劣等民族最好被除掉的极端粗暴言论。实际上，这样的想法披着优生学的外衣于19世纪末登场。这样一来，欧洲建立殖民地帝国等行为也就理所当然，甚至都没有寻找正当理由的必要了。

为了防止误解，这里必须强调一句。这种粗鲁的言论并没有被当时的多数人接受。当时也出现了对"欧洲近代"根本性的疑义，以及对其的批判性思考。但是，对于绝大多数国民，知识分子也好，民众也好，政治家也好，实业家也好，几乎所有人都认为自己站在文明的前沿，扩大这样的文明是理所当然的使命。即使是批判各国为获取殖民地而采取军事行动的社会主义者，虽然批判作为士兵的本国劳动群众的牺牲，但也不会去关注受到侵略、被殖民地化的当地人。

利害第一的经济帝国主义

欧洲人能够整体具有文明化责任这一观念，背后也有压倒性的物质上的领先。不过，殖民地经营对本国来说是否经济合算、结果是否亏损，研究者对于这一问题意见不一。因为选择哪些因素、思考到何种层次、如何思考首先就是问题。本来，在欧洲各国追求殖民地帝国主义是否将经济利益作为首要目的这一点上意见也不一致。但是，在很多时候，经济考虑肯定发挥了作用。非要说的话，就是经济帝国主义。

前文已述，英国在南非的军事压制和强化统治，目的在于获取黄金和钻石。这就是资源问题。对印度和埃及的统治也与棉花生产联系在一起。工业化发展中需要所有的资源，这一点过去与现在一样，但当时甚至是使用军事手段露骨地攫取。英国不仅将殖民地直接置于统治之下以调配资源，也通过提供资本而将其纳入统治之下。因为不直接进行军事控制、政治统治，这种方式也被称为"非正式帝国主义"，但是对于大规模的资源开发来说，必须以进步的技术和巨额的资金为前提。

同时，正如经常所说的那样，我们也不能忽视由于工业化的推进，欧洲各国追求商品销售市场的热潮。可以说，拉丁美洲和中国作为具有极大可能性的商品市场，备受瞩目。此外，随着经济规模的急速扩大，各国也将目光转向国外、转向欧洲以外，寻找剩余资本的投资地点。特别是从19世纪70年代开始，欧洲向欧洲以外地区的投资规模日趋扩大。作为殖民地扩大的好处，一些政治家明确提出保障这些投资地。法兰西共和国时期的领袖、推进初等教育法的茹费理正是鲜明的例子。

进行资本输出的主要国家是英国、法国、德国和美国。其中，在向欧洲内外投资方面，英国领先于其他国家。从1870年开始到20世纪初，英国一国的投资额就占世界各国国外投资总额的一半左右。接下来我们根据1913年英国在各投资地的投资数额，看一下第一次世界大战前，英国在哪里投资最多。

在19世纪到20世纪的转换期，英国在工业生产领域被美国赶超，在进出口收支平衡上也持续出现了大幅贸易赤字。除煤炭以外，其他资源也出现不足。尽管如此，英国依然占据世界经济中心、英镑继续作为基本货币，就是依靠从对外资本输出、海运以及国际保险业等领域获得的大额利益。因此，直到第一次世界大战前，伦敦的金融中心伦敦金融城一直是世界经济中心。

全球经济的发展自然与政治紧密地联系在一起，经济是不能与政治分开而独自发展的。关于苏伊士运河的问题已经在上文有所涉及。这条重要的运河原本是埃及在法国的技术援助下建设的，但是因为缺乏运营资金，埃及只好将经营权卖给英国。

投资总额	3763.3		
帝国内（包括自治领、殖民地）	1780.0	帝国外	1983.3
加拿大	514.9	美国	754.6
澳大利亚·新西兰	416.4		
南非	370.2	阿根廷	319.6
西非	37.3	巴西	148.0
印度·锡兰	378.8	墨西哥	99.0
海峡殖民地		其他拉丁美洲	170.0
（马来半岛南部）	27.3		
英属北婆罗洲	5.8	俄国	110.0
香港租界	3.1	其他欧洲	108.6
		埃及	44.9
		日本	62.8
其他殖民地	26.2	中国	43.9
		其他	121.9

英国的海外长期投资额与投资地 （1913 年，单位：百万英镑）
安德鲁·波特（Andrew N. Porter），《帝国主义》（福井宪彦译，岩波书店）

当然，这与英国统治埃及有着密切的关系。此后，到了20 世纪中叶，强烈主张恢复民族国家的埃及宣布将运河收归国营，从而导致了第二次中东战争。

法国大量购买俄国国债，从而带来了19 世纪末法俄同盟关系的强化。共和国时期的法国和帝国时期的俄国在政治理念和体制上完全不同，但是，那完全不构成问题，两者经济联系的强化与军事同盟关系的强化互为表里。

近代欧洲的霸权

**躲避国内对立的
社会帝国主义**

可以说，以民族国家为基本单位的利害
对立和利害关系调整，使包括国民化的大
众在内的多数国民对本国的利益变得敏
感。在国外与他国的对立和抗争或者本国的成功，有效地转移了
国民视线，使他们忽略国内各种各样的对立，例如对外政策上的
农业和工业的利弊对立、劳资对立或者多样的社会问题，等等。

比如德国。虽然由于在国外的经济扩张和夺取殖民地，与英
国等存在着激烈的对立，但是他们认为如果拥有新的海军力量
的话就能够解决困难。为此，国家就必须避免内部的混乱，停
止国内一切对立。劳动大众的利益同民族国家的利益在统一框
架内，在世界舞台上战胜其他欧洲国家就是为了全体国民。正如
现代德国历史学家沃勒（Stefan Wolle）所解释的那样，学界对这
样的政治方针有诸多讨论，比如：它是否真的是俾斯麦自己的观
点？是否出现过因严峻的对外抗争成为共识而国内纷争一时停止
的状况？

但是，或多或少地可以说，19世纪末的欧洲各国国民对本
国经济和军队在海外世界的发展和动向极为敏感。包括大众在
内的所有人都认为，解决构建殖民地帝国上的诸问题正是最符
合国民利益的事情，并同意优先在国外的竞争，将社会内部的
矛盾和问题放在第二位。现代历史学将这种状态称为社会帝国
主义。

从19世纪中叶开始将世界各地连接在一起的电缆结成电信

网，将世界各地的消息快速高频地传送到欧洲各国。大众报纸在将消息传递给普通国民这一点上，发挥了巨大的作用。但如果仅仅将此理解为信息量的扩大则不正确。我们反而可以认为，这种变化煽动威胁感、优越感和竞争心，煽动只将自身利益绝对化的爱国主义或者排外的民族主义情绪。完全不含自省观点的爱国主义，无条件地支持了殖民地帝国的形成。

此外，将视线从内部的对立和问题转移到外部的问题，转变成无反省意识的爱国主义，不仅被排外性民族主义的思想家们接受，也被劳动大众接受。当然，由于各个国家所处的状况不同，社会帝国主义的具体表现形式也不尽相同。但不可否认的是，在19世纪末，劳动大众普遍认识到或感觉到个人的福利完全取决于帝国的发展。大众国民化，换句话说，国民的一体化也得以推进。

帝国主义并不是金融资本活动的结果，也不是以发财为目的的投机行为的结果，也不是军事至上的军队以及政治家的地缘政治学的判断使然，或者说不单单因为上述那些单个原因，而是一种将出于善意想承担文明化使命的市民阶级，以及当时殷切期望解决问题的劳动大众都牵连进来的思潮。第一次世界大战爆发之时，无论哪个国家，大多数国民都毫不怀疑地支持了开战。

第八章

第一次世界大战与霸权的崩溃

通往世界大战悲惨结局的道路

美好年代的繁荣与暗暗到来的不安情绪

大约从 19 世纪 90 年代中期开始，欧洲发达工业国家摆脱自 70 年代以来的世界性危机，进入了经济繁荣期。1900 年巴黎召开的世界博览会同时强调，科学技术的进步和各地传统工艺，显示了欧洲主导的文明化的高度。无数电灯照亮的电气馆宣告了电气时代的到来。继伦敦和布达佩斯之后，巴黎市区也出现了地铁，即一直沿用至今的地铁一号线。巴黎世界博览会的召开一方面是要显示出殖民帝国法国的威信，另一方面，也是为了刺激被英国乃至美国和德国超越的法国经济。在 19 世纪末到 20 世纪初，作为经济结构转换或者经济发展的代表，就是法国有意对抗的德国。

德国在 20 世纪初，不仅在钢铁产业上超越了英国，而且在顺应新科学技术进步的电机产业、化学工业等方面，较之其他国家也具有压倒性优势。这种发展大大改变了劳动市场的面貌，人口急速向城市移动，甚至出现了农业劳动力不足的状态。欧洲的社会主义势力也出现了新变化。在议会中拥有最大政治势力的德国社会民主党及作为支持基础的工人运动中兴起了修正主义派，批判主张依靠革命手段实现变革的主流派。他们以资本主义持续进行的结构调整还有更高程度的可能性为前提，主张应该主要通过议会斗争实现社会变革目标。

20 世纪初，第一次世界大战爆发前的时代常常被称为"美好时代"（Belle Epoque）。这个法语只是"好时代""愉快时代"的意思，但是在经历了世界大战那样地狱般的经历之后，人们回顾之前，觉得这个时代十分美好。确实，在第六章所见到的这个时代里，以城市为立脚点的大众文化和消费文化开始获得大发展。但如果说一切都顺利地带来社会的繁荣与稳定、没有不满和质疑，则绝非如此。只要有光的地方，就有阴影。

在经济社会不断发展的西欧，确实可以说物质、文化和生存条件得到提高。尽管如此，其中的阶级差别、社会阶层差别极大。以创造"美好时代"这一词汇的法国来说，1850 年的平均寿命，男性是三十八岁，女性是四十一岁，到了 1913 年，男性提高到四十八岁，女性提高到五十二岁。比现在平均寿命低的原因还是婴幼儿死亡率高，这一点已经在第五章说过。我们接着再看一下考虑职业后的数字。1870 年到 1914 年的平均数据显示，四十岁男性死亡率中，每一万经营者当中死亡数为九十人，相比之下，事务工作人员和店员等的死亡数是一百三十人，而一线工人的死亡数是一百六十人。在生存的可能性上，依然明显存在着阶级差别。

除去个别例外，这个时期的失业率还没那么高。反而可以说，劳动市场在不断扩大，跳槽的机会很多。但是对于没有高级技术的劳动大众来说，这也带来了不稳定的后果，即需要频繁更换工作。能够反映当时劳动者想法的直接性证言并不多，但在年轻的工人当中避讳"老资格"这一说法，显示出至少有一部分人对产业劳动的厌恶感。或许可以说，这同时也是一种近似于看不到出路的时代闭塞的感受。

实际上，从 19 世纪末开始到"美好时代"，也是各国工人罢工频发的时代。他们的目标要求多样，但是并不像日本的春斗（编注：日本每年春季举行的为改善工作条件和提高工资的劳工运动，一般通过谈判方式）那样一般化，有时会伴随着激烈的暴力冲突，也会出现与警察、军队等镇压部队的冲突以及死伤者。现实情况是，在城市消费文化盛放的阴影里存在着难以否认的社会不稳定因素。

乍一看是乐观的、讴歌文明的时代，而且是在许多方面开始同时进行组织化和原有组织巨大化的时代。但在此之中，因为反对和憎恶现行体制，极端时候也出现了炸弹恐怖袭击和集体犯罪的现象。另一方面，在19世纪末，包括被称为"颓废派"（Decadent）的艺术家们的实验，人们在文学上、造型艺术上尝试前所未有的多样化的挑战。其中包括与时代同步调的事物，但也有明确表现出对物质丰富之下想象力贫乏的哀叹，以及对权威、保守的社会规范的反抗态度。

英国兴起的工艺美术运动（Arts and Crafts Movement）、法国的新艺术运动（Art Nouveau）、德国和奥地利的青年风格派（Jugendstil）采用中世纪匠人技法以及曲线来制作彰显生命张力的设计，从而备受瞩目。但是它也包含着一种矛盾的心态。一方面，他们彻底地抨击产业文明所产生的整齐划一的粗俗生活环境；但另一方面，他们却在建筑、家具、广告和日用工艺品等方面进入了与以绘画和雕刻为中心的学院派不同的层面，在艺术性魅力方面反而成为了时代的宠儿。这是19世纪末到"美好时代"这一时期城市文化中装饰性不断得到张扬所造成的结果。这一潮流继续发展，也分离出了20世纪装饰派艺术（Art Deco）等现代设计潮流。

尽管如此，西欧也有包括德国在内能称作"美好时代"的地区。比较深刻表现这一点的是东欧和南欧。在这些地区，像沙俄、奥匈帝国、意大利等国，确实可以看到工业化的某种发展和国民政治参与的扩大。但是，依然占据人口多数的贫农对从属地位和贫困不满，没有对未来的展望。一方是日益发展的一部分城市和统治阶级，另一方是农民和劳苦大众，双方的贫富差距非常大。在移民到美国寻求新天地的人之中，仅20世纪开头的十年间，就有一百五十万俄国人、二十万奥匈帝国人、一百九十万意大利人。无论哪一组数字都达到了19世纪末二十年间合计人数的二倍以上。

旧式战争印象的存续　　19世纪中期以后，特别是从19世纪末开始，欧洲各国围绕势力竞争、殖民地争夺或者经济霸权的斗争，一方面促使了与工业化进一步发展并行的扩军竞争，另一方面也带来了战争的危机感。这种危机感又促使各国增强军备，并且强化了即便要消灭他国也要获得对自己国家安全有利的地位、要确保权利和扩张领土的观念。

1877年到1878年，围绕巴尔干半岛斯拉夫民族的动向，奥斯曼帝国和沙俄发生了军事冲突。但是，仅就欧洲范围内来说，从德法直接对决的1870年至1871年的战争以后，一直到1914年第一次世界大战爆发，主要国家都没有经历过战争。而且，普法战争虽然已经吸收工业化发展的成果，但由于拿破仑三世被俘，战争在短时期内结束，双方并没有切身体验到近代战争的残酷。这时也有围绕殖民地而发生的战争，但多数战争不仅是以当地反抗势力为对手的局部战争，而且远离欧洲，并没有成为欧洲人的切身体验。

再远一点说，1861年到1865年爆发的美国南北战争也是如此。在很高程度的工业化之后发生的南北战争，开始使用以高性能的毛瑟枪和机关枪为首，包括早期潜水艇等在内的近代兵器。然而，在历时四年的内战当中，士兵的布阵依然沿袭旧式战法，即大量士兵在广阔的战场上组成阵形，拿着武器一齐展开攻击。因此，这导致南北军双方超过六十万人的死亡。

但是，欧洲的军方和政治家们多数没有从这场战争中汲取教训。可以说，他们甚至都没有想过要正确预测一下工业化真正发展之后的战争到底是怎样的。尽管他们认识到了武器的破坏力增大，但这种认识反而使他们形成一种乐观的、认为这对本国有利的想法，相信那肯定可以短时间内结束战争。报纸的论调也是如此。当1914年战争真正爆发并不断扩大规模时，有关国家的军方和政治家们依然认为这不过是旧式战争的扩大版而已。

连军方和政治家们都是这样的状态，那么无论是在哪个国家，对于大多数国民来说，新出现的真正的战争到底能杀害多少生命、会使社会陷入怎样的悲惨状态是完全超出想象的事情。因为排外性民族主义情绪和时代性的闭塞感，有很多人幻想着一旦发生战争，也许就能改变状况，也许状况就会好转。即使在那些试图颠覆现存体制的革命家当中，也有一部分人将战争视为变革的契机，期待着它的发生。

一战爆发时，军方和治安当局警惕逃避征兵和反战运动的行为，但各国都出现了即便未被征召也志愿入伍的年轻人。这里肯定有认可保卫战这一战争目的、受爱国情绪、民族主义和英雄主义的感召的因素，但另一方面，借去前线从军来摆脱日常生活、摆脱闭塞感的因素也不可否认。开战消息使一部分人的爱国情绪高涨，但当然不是所有人都这样，特别是恰值农忙期的农民们是在困惑中接受的。无论怎样讲，当时各界普遍对战争抱有幻想，但是正确的战争认识不可思议地缺失。

同盟关系的摸索与阵营的两极化　虽说军方和政治家的战争印象尚未从旧式套路中超脱出来，但不久之后，战争可能爆发的观察却一直在各国领导人的脑海中，即便根据时局变换而时弱时强。在各国利害关系错综复杂之下，无论是哪个国家都认为仅靠一个国家是不能保障安全的，因此开始摸索各种各样的同盟关系。

　　在普法战争后，德国与法国之间的尖锐对立进一步加大。刚实现统一的德意志帝国在首任宰相俾斯麦的带领下，与沙俄、奥匈帝国缔结了"三皇同盟"，采取军事上孤立法国的政策。但是，在19世纪后半期衰落下去的奥斯曼帝国控制的巴尔干半岛，局面演变成了支持斯拉夫各民族并想扩张势力的沙皇帝国，与恐惧以塞尔维亚为代表的南斯拉夫势力崛起的奥匈帝国之间的对立。

　　这两个帝国间的对立，使德国构想的同盟关系失去了实质意义，所以，德国重新私下与奥匈帝国结成了军事同盟，并将意大利拉拢进来，结成了三国同盟。另一方面，它与沙俄交换了《再保险条约》，修正了孤立假想敌法国这一安全保障战略。但是，

1890 年威廉二世上台后，撤换了推行这一政策的俾斯麦，采取强硬的"世界政策"，反而威胁到了德国在国际政治和军事上的地位。迅速成为经济大国的德国，开始逐步变成军事大国。

德国拒绝续签《再保险条约》后，沙俄与法国缔结同盟关系，并不断强化二者间的关系。第七章已经提到，这与法国对沙俄的投资有关，但它也是针对急速强国化的德国而结成的明确的军事同盟关系。俾斯麦长期推行的孤立法国政策到 19 世纪 90 年代中期就烟消云散了。

威廉二世明确推行强硬的军事姿态和外交姿态，迫使长期与欧洲大陆的国际政治保持距离的英国不得不转变态度。竭力维持和扩大帝国利益的英国长期与法国对立。但是 20 世纪后，在北非地区，法国承认英国管理埃及，作为交换条件，英国承认法国在摩洛哥的权益。1904 年的《英法协约》意味着帝国之间交易的开始。德国海军实力的增强和对摩洛哥的直接干预，进一步加深了英国的警惕心理。英国坚定了假如德国越过比利时进攻法国就不惜与之一战的方针。1907 年，英国与沙俄缔结《英俄协约》，调整了两国在西亚的利益，提前做好应对德国侵略的准备。英法、英俄的合作关系，加上法俄同盟，合称三国协约，包括三国军事方面在内的同盟关系已经在事实上成立。

这样一来，在欧洲内部形成了两极化格局。英法俄三国协约和德奥意三国同盟是考虑诸多利弊后形成的互相合作或对立的集团。

但实际上，在20世纪初期，这两大军事集团几乎没有具体设想要怎样发动战争。同盟关系并不意味着立即采取共同的军事行动。两极化也并非要发生正面冲突的事态。对三国协约集团来说，共同利益是压制上升的德国。这样的同盟关系无论怎样称为军事同盟，也不过是平时的一种自利策略而已，对于战争真正爆发时如何有效发挥效果来说并无保障。作为现实的事例，我们看一下意大利的状况。

意大利在19世纪80年代初向北非扩张中与法国发生矛盾，因此与德国联手。德国和意大利同为后起的统一国家，并且与法国有矛盾。后来，奥地利也加入其中。但是，对于意大利来说，的里雅斯特一带是长期处于奥地利统治下的"未恢复的国土"。在意大利看来，加入同盟将会提供要回国土的机会，但是到一战开始之后，这样的要求也没有实现。1915年5月，一开始观望形势并采取中立政策的意大利，得到了英法两方面关于返还"未恢复的国土"的保证后，向同盟国奥地利宣战。

这里并非想强调意大利脚踩两只船、耍小聪明。事实上，这个鲜活的事例显示无论是哪个当事国都要优先考虑本国利益。如果同盟关系不是基于这样的利益关系，那么它不过是水中幻影而已。保全并尽可能地扩大本国的领土和势力范围，是这次大战的所有当事国共同关心的问题。我们知道，在1914年，欧洲主要国家纷纷参加了战争，因此容易将"美好时代"中产生的多样化动向都理解成一战的战前史，但是生活在当时的人们只是在形势不明朗的情况下探索同盟关系而已。

当时人们普遍有一种模糊的可能会爆发战争的感觉，因此不停地摸索同盟关系。同时，他们还强化征兵制和增强军备。但是另一方面，1899 年以及 1907 年，在沙皇尼古拉二世的邀请下，各国在荷兰海牙召开了国际和平会议，讨论了战时国际法，探索如何避免战争。可见，当时并非所有人都有一种战争逼近的感觉。

尖锐对立最深的德国与法国都做了有可能冲突的准备。法国将兵力集中在法德边境地带，即阿尔萨斯、洛林邻近的地区。德国为避免两线作战，制订了首先击败法国的闪电战计划，即施里芬计划。但是谁也没有意料到战争在何时以何种方式展开。

长期化的战争与全面战争体制

**战争的爆发与
连续的误算**

政局不稳的巴尔干各国之间爆发了围绕争取独立和势力范围的战争。即 1912 年和 1913 年爆发的两次战争。巴尔干半岛被奥匈帝国视为自己的势力范围。至少奥匈帝国的领导层是这么认为的。他们采取扩张政策，通过 1878 年《柏林条约》，将奥斯曼帝国控制的波斯尼亚和黑塞哥维那两个地方变成保护国，并于 1908 年吞并了这两个地区。根据该条约获得国际认可的独立国家塞尔维亚，本来希望合并这两个斯拉夫裔居民较多的地区。

因此，塞尔维亚自然
强烈反对奥匈帝国对
这两个地区的管理与
吞并。

在这样的局势之
下，1914 年 6 月 28
日发生了访问波斯尼
亚首府萨拉热窝的奥

萨拉热窝事件 访问波斯尼亚首府的奥地利皇储夫妇（中央）被刺。这一事件成为将世界卷入战争旋涡的导火索

地利皇储夫妇被刺杀事件。凶手是一个反对奥匈帝国侵略巴尔
干的斯拉夫裔青年民族主义分子。奥匈帝国认为事件背后有塞尔
维亚的支持，将此作为攻击塞尔维亚的绝好机会。7 月 23 日，奥
匈帝国发出最后通牒，其中有某种程度上干涉塞尔维亚内政的
要求。对此，塞尔维亚激烈反对并拒绝。奥匈帝国事先与德国
协商，得到一旦发生战争德国将在军事上支持同盟国奥匈帝国的
承诺。

塞尔维亚得到了主张斯拉夫人大团结的沙俄的支持。法国与
沙俄是军事同盟关系，又与德国对立，因此站在了塞尔维亚和沙
俄一方。奥匈帝国对塞尔维亚的最后通牒确实有点过分，但沙俄
和法国好像都没有阻止事态恶化的打算。也许他们认为这也同
以前一样，总会通过外交谈判来解决。法国总统雷蒙·普恩加莱
已经于 7 月 15 日开始了既定的沙俄友好访问。

但现实是，在谁都没有预料到的时期内，这次暗杀事件成为了第一次世界大战的导火索。在最后通牒的考虑期之后，7月28日，奥匈帝国对塞尔维亚宣战。德国想在各国没有做好战争准备的情况下闪电般地取得胜利，进而开始外交谈判。德国和奥匈帝国都在敌人沙俄周边，处于被沙俄包围的位置，但沙俄国土巨大，要在现实中完成准备并达到战争状态需要花费时间。这就是德国制订的首先钳制宿敌法国的施里芬计划。

7月30日，当沙俄发出支持塞尔维亚的总动员令之际，德国以与奥匈帝国同盟关系为由向沙俄宣战，8月3日向沙俄的同盟国法国宣战。为了能够立刻从北部攻击法国，德国要求比利时允许德国军队过境。他们认为比利时会因为寡不敌众而同意，即使被拒绝则强行突破就可以了。但现实却是比利时拒绝了德国的请求，8月4日德军进攻比利时，两军开始交战。德国的闪电战如字面意义上进行。但是，对于德国来说，此举出现了失误。英国以德国侵犯宣布中立的比利时领土为由，向德国宣战，并立即进行派遣军队的准备。英国与已经同德国开战的法国组成联军在西线开战。欧洲许多国家连锁般地被卷入了战争。同盟关系不再是安全保障，反而成了扩大战争的导火索。

开战后，随着时间的推进，奥斯曼帝国、保加利亚、意大利、希腊等国也为了扩大领土和确保权益参加了战争。即便规模不大，欧洲主要国家在殖民地和海外领土也采取了军事行动。从一开始就宣布中立并向两大军事集团出售物资的美国也遭到了德国潜艇的无差别攻击，并于1917年加入盟军一方，对战争的

东部战线的俄军　俄军的集结，比预想的要早，为了调整攻击的态势，德军被迫采取对策

结局产生了重大影响。日本以日英同盟为由，于1914年8月23日向德国宣战，参加了第一次世界大战。众所周知，对日本来说，这次参战几乎没有直接战斗，但它通过战时需求实现了经济发展以及扩大了在中国的权益。在巴尔干半岛的一隅发生的事件，成为了谁都未预料到的世界规模的战争，并最终导致欧洲参战国超过九百万士兵战死。

　　战争的具体过程不在这里详述。攻入法国境内的德军进攻到了首都巴黎附近，但是军需给养没有及时跟上，部队的调动也欠缺统一步伐。这是一种失策。此后，法军开始殊死防卫，德军被迫后撤很远。这时候又出现了一个对德国来说的失策，即俄国军队比预想要早地在东线开战了。德国必须应战。在广大的东部战线，尽管两大阵营都展开了机动战，但实在难分优劣。

　　这样一来，战争超出了短期内结束的设想，在初秋时呈现出两大集团都不具有绝对优势的持久战态势。西部战争的持久战表现为堑壕战。堑壕是两米多深的壕沟，恰似网状的细小道路覆盖在阵地上。所谓的堑壕战，就是在和敌军对峙中向四周挖掘堑壕，在关键地点建造坚固的要塞，不在地上露面，寻求攻击敌人的机会。超出预想的持久战首先造成了两大集团武器弹药的不足。1914年,堑壕里士兵们的紧张情绪似乎并没有很高,反而是日复一日的恶劣条件和寒冷侵蚀着蹲伏在堑壕里的士兵的身心。

在卷入战争之际,两大军事集团的领导者打出的理由都是祖国防卫战。他们宣称这是一场不得不进行的防御战,因此必须停止一切国内对立,打出国内和平、神圣联合等团结一致的口号。领导者们提出的打击顽敌、保卫祖国的战争将以短期决战方式结束的号召,开始得到了多数国民的响应。但是,战争前途不明并拖延了下来。事后回顾,1914年末之后,经过开战之初的激战,双方都出现了武器弹药不足的情况,此时并非没有停战的机会,但是那些呼吁保卫祖国的各国领导人根本没有想撤退的想法。人们对工业化以后的战争所带来的残酷性缺乏想象力。

**持久战中损失的扩大
与前线士兵的连带感**
欧洲工业化生产技术似乎因为战争而被最大限度地动员起来。在持久性的堑壕战中,此前未有的武器被发明出来,已经发明了的武器则性能得到提高。

原有武器,比如大炮,炮弹种类开始多样化、大型化,大炮射程得到了极大的延长。同时,各国也开发出多种机动的小型火炮。原有的机关枪的性能得到迅速提高,和新开发出来的火焰喷射器、毒气武器等一起应用于堑壕战中。虽然存在时间差,

但两大军事集团都
开发这些武器并且
应用在战争中。悲
惨的是飞跃出堑壕、
面向枪口的指挥官
和士兵们。

堑壕战也促进了
能够应对枪击和地

挖掘战壕的士兵们　蜷缩在泥沟里、忍耐长时间战斗的战
场士兵萌生了一种集体意识

面凸凹不平的坦克的开发。英国率先研制出来的坦克成为了协约
国联军在西线抢占优势地位的重要原因。用飞机进行轰炸的战
术虽然只是初级的方式，但已经正式得到应用，而到了战争的
后半程则出现了战斗机的空战。德军也使用飞艇进行轰炸，令人
恐惧。在海上，早在战前，战舰的大型化和多样化就有明显的
发展，在战争期间，潜艇的性能也被德军迅速地提高。

武器的大型化和战争规模的扩大，带来的不仅是前线士兵
相残，也使得村镇因炮击和轰炸而遭受彻底的破坏，有时，非战
斗人员的平民也被卷入战争。

在堑壕里，或许什么时候就得到突击的命令，或许什么时候
就遇到敌军的炮击和突袭。一直抱着紧张情绪度过漫长时日的士
兵之间形成了强烈的同伴意识。这是两大军事集团共有的现象。
与敌军近距离对峙，忍耐着冬天的寒冷，蜷缩在泥沟里的士兵们
之间所产生的集体意识也被称为"阵地共同体"。这时有军队的

在西部战线登场的坦克 英国开发的坦克首次投入战场，在西部战线，协约国联军占据优势

内部检查，不过他们还是给阵地后方的家族和恋人写了许多书信。然后，士兵们无法逃脱与后方生活差距巨大的感受，那里是远比前线悠闲的生活。士兵在堑壕战的恶劣条件下共同感受到的紧张促成了战后地方军人会的组织化，但另一方面，它也成为遗留到战后的心理创伤的基底。

1916年，在后方重整武器弹药生产体制的两大军事集团，采取了与日常重复的小规模攻击完全不同的总攻策略。法国东部凡尔登要塞周边的攻防战，从2月一直持续到12月。据推算，法德两国共有五十万士兵战死沙场。两军的炮击烧光了森林，大地像波浪一样坑洼不平，许多村庄被彻底毁掉。在英吉利海峡附近的索姆河地区，英法联军在7月到9月发动总攻，但留下来的只有破坏和堆积成山的尸体。在东线，俄军也在5月到8月间发动总攻，但战况与西线大体相似。

这样的状况在1917年仍然持续，前线士兵在持久战中郁积下来的不满和批评也成为不服从和抵抗的重要原因。不服从进攻等命令有被军事法庭处罚的风险，所以他们的反抗应当有一个明确的理由。多数情况下，那是让士兵们无法认同的、战争目的不明确及重复无意义的攻击命令。在坦克和飞机等机动作战力量真正投入使用之前，阵地战的进攻中，考虑到机关枪和速射器的性能，发动进攻的一方一般会付出重大人员牺牲。尽管如此，那些根本没有清楚把握前线战况的上层司令官们不断下达进攻命令。

1917 年，法国的军事法庭判处三千四百二十七名反抗士兵有罪，其中五百五十四名士兵死刑。实际上被处刑的只有四十九人，但在前线，因为无谓的进攻而死亡的士兵的可怜尸首堆积如山。在沙俄，前线士兵的不满与后方工人等的要求重合在一起，引发了推翻帝国的革命的混乱。俄国革命参与者的口号是"面包与和平"。

布尔什维克（之后的共产党）通过革命取得了政权，于1918年春单独与德国签订了媾和条约，撤出了战场。尽管如此，战局还是朝着有利于英法联军的方向进展。其中，1917 年美国的参战发挥重大作用。美国总统威尔逊主张中立，刚刚再次当选总统，但是德国潜艇发动的无差别攻击对美国的民间船舶也造成了重大损失，因此他的方针发生了一百八十度的大转变。这样，美国给欧洲提供的大量兵员、物资和资金从 1918 年春开始发挥了作用。1918 年 11 月，德国尽管仍在西线的法国境内与英法联军对峙，但是已经做出了对停战，即事实上的战败的承诺。德国国内，批判战争体制的势力兴起，出现了士兵起义，在帝政面临崩溃的革命形势下，政府不得不停战。

全面战争体制的构筑 战争胶着的持久战过程中出现了也可以叫
作"战争日常化"的状态。因为参战的欧
洲各国为了将规模扩大了的战争进行到底，被迫倾尽全力，系统
地动员所有的物力与人力。不用说，这肯定需要庞大的经费支持。
战时体制下，国家需要对几乎所有方面进行有计划的管理。这就
是不仅动员军队，还要动员后方的全面战争体制。所有的国民都
被迫卷入其中。

国家的管理方式因各国所处战时状况不同而不同。从整体
上看，严重受到经济封锁影响的德国和奥地利，不得不采取更
为彻底的管制。德国在大战中所采用的战时管制体制是一种彻
底的国家主导型体制。革命后的我国共产党为了打败外国干涉力
量，采用了战时共产主义的经济政策，而德国的战时体制就是这
一政策可以参照的模板。

在大战前的欧洲，公共权力也已经通过社会立法以及多样
的行政制度和公共服务制度，开始大力干涉社会生活领域。可以
说，某些地方已经开始迈出通向"福利国家"或"社会国家"的
一步。但是，即便说组织化的时代已经开始，或者说工业化方面
有自上而下的增产兴业政策性参与，但国家在经济社会领域的参
与仍极为有限，人们遵守着基于市场原理的自由经济原则。可是，
在此次大战的战时状态下，为形势所迫，不管愿不愿意，这种状
态都必然进行了根本性的转变。

最先的当然是为了将战争进行到底的军需生产。这不仅包

括直接与战争有关的武器和弹药，还包括士兵所需的被服、装备、医药品等。当短期决战的最初预想破灭时，两大军事集团都将迅速重整支持军队的生产体制视为当务之急。平日里生产民生用品的工厂转换成军需工厂，优先分配给它们需要的原材料，同时也确保这些工厂的劳动力供应。这些行动都按计划进行。一方面，像构成德国兵器生产中心的克虏伯这样的大型企业进一步得到了优待，重要度提高；另一方面，得不到原料和劳动力的中小企业等不得不倒闭。

驻守前线的士兵往往是正当盛年的男性，并且从最初的开战以来兵员损失就很大。例如奥匈帝国，至1915年末，伤亡及被俘人数总计达到令人吃惊的三百二十万。在历史上没有实行过征兵制的英国，也基于兵员的稳定供给和国民负担平等的考虑，实施了征兵制。为了将战争进行到底，当然有必要确保兵员的补充。

结果，后方劳动力进一步不足。为了弥补这个窟窿，女性劳动力得到了重视。在战前被认为是男性的工作岗位，现在不借助女性也无法维持。许多女性被动员起来，甚至从事武器和弹药生产。不管愿不愿意，女性走上社会的目标得以实现。

此外，在劳动力依然不足的领域，如果可能，也从殖民地引进劳动力。特别是英法两国，殖民地民众也作为士兵参战。殖民地从被人忽视之所变成了重要之地。

全面战争体制下，国家对整个社会生活的介入尤其以统制生活物资的形式表现出来。配给制就是清楚的表现形式。为支援前线作战，必须确保粮食供应。后方也必须顺应这样的形势要求。但是，由于谷仓地带变成了战场、许多农民被征召为士兵、很难弄到肥料等，粮食生产大大降低。在战时状态下，物资流通也出现困难。

这样一来，作为主食的面包及其原料小麦自不用说，肉、乳制品、蔬菜等食物，砂糖等调味品，以及冬季取暖必须用的柴薪和煤等燃料，在许多地方都成为了配给制的对象。有些地方还下达了冻结房租的指令。这是为了防止在战时趁火打劫，恶意提高房租。

但是，物资管控下黑市阴魂不散，激化了社会内部的矛盾和对立。随着战争的持久化，人们对政策的信赖动摇。即便仍处于战争时期，但到了后期，各地都出现工人群众的罢工和示威游行。在沙俄和德国，这种信赖的动摇与对战争目的的共识瓦解，一起成为国家及其领导者急速丧失信用的一大原因。

强化国家管制物资的背后，也有两大军事集团分别进行经济封锁的原因，即所谓的大规模切断后方补给。为阻止军需生产所需原料资源的供给，双方在陆海作战，此外，粮食等整个生活物资也都成了攻击的对象。他们希望通过这些行动，致使支撑敌国军事行动的各方经济社会出现混乱，从而挑起帝国的厌战情绪。

在第一次世界大战当中，带有目的性的信息操纵和政治宣传正式被应用。不管怎么说，为了动员国民，必须巧妙地获得他们的同意。典型的例子就是，在开战之际，为了寻求正当化，两大集团的政府都极力宣传这是一场为了防卫祖国而不得不进行的战争。在消息统制这一点上，从对国内、军内的邮件检查和对新闻报道的检查等开始的信息管理，不久就变成事先计算好了的信息操纵。针对国内人民的信息操纵自不用说，政府有意识地放出只对本国有利的情报，禁止不利信息流出，之后也增加了对敌国士兵和国民的政治宣传。等到飞机开始使用的时候，他们也开始采取了播撒政治传单的方式，宣传敌方形势不利，应该停止无谓的抵抗，放弃战斗等。

这样一来，在全面战争的形势下，国家加强对整个后方社会生活的干涉，而这意味着那些通过各种部署来统括政策的专业化精英官僚的重要性得到增强。拥有专业知识和技术的精英或者专家处于政策的中枢位置，不久就被称为技术官僚。他们对20世纪国家运行很重要。第一次世界大战也是一场明确显现出这群不管政治立场、不管意识形态的技术官僚，并使他们被人们所注意到了的战争。

欧洲霸权的崩溃

欧洲的凋落与美国的兴起

主动承担世界文明化使命的欧洲各国将世界卷入战争的境地，最终结果是相互给予在开战时谁都不会想到的、前所未有的打击。战争在许多方面留下来的消极影响非常大，我们很难准确地把握损失。

直接的战斗中，死亡人数超过一千万，此外，随着战争的混乱、流行病蔓延，也致使很多人失去了生命。特别是1914年从西线开始流行起来的流感，因为迅速席卷了法国、西班牙而被称为"西班牙型流行性感冒"，但实际上那是一场带来的危害远远超过战祸的大瘟疫。截至1917年，在中国为首的东亚地区也流行过的"西班牙型流行性感冒"，在全世界造成两千五百万人死亡，甚至也有一说认为达到了四千万人。各地的战争状态加剧了流感的传播，就连19世纪末开始自诩战胜疾病的西医也在这场流行病面前束手无策。

战争造成了青壮年男子的锐减，使得战后社会中的人口结构变形。失去了顶梁柱的家庭为了重建生活不得不拼命工作。在战后的一段时间里，粮食生产没有立即恢复，欧洲各地的人们忍受了长时间的饥饿。即使被抢救回来，但是战争带来的伤痕不仅留在了身体上，还残留在心里。经历过残酷阵地战的复员军人们，很难再适应战后社会。

战争是相互破坏，所以对经济的打击也很彻底，战后不能马上恢复过来。例如，我们可以看一下战胜国法国。成为西线战场的法国北部到东北部地区是零星分布着重要工业地的富饶农业区，但那里遭到了毁灭性的打击。耕地、工业设施、铁路和道路等大体恢复是在1925年。我们很难一概而论，认为这一恢

凡尔赛媾和会议 各国在豪华的镜厅签订条约，要求德国偿付巨额赔偿金，致使其经济困窘

复是快还是慢。工业生产指数如果以战前的1913年为一百的话，刚刚战后的1919年跌落到了五十七，到了1924年则恢复到超过战前水平的一百零九，但是复兴资金使得战时累积的国家债务更加严重。法国不仅没有如愿得到计划中的德国赔款，而且实际赔款还使法德更加敌对。巨额战费成为了遗留到战后的沉重负担。

法国并非唯一受到巨额战费负担和战后通货膨胀困扰的国家，所有国家都同样面临这样的困境。特别是战败国德国，艰难的局面已非"严重"可以形容。战前是欧洲最大工业国的德国，根据战后讲和的《凡尔赛条约》的规定，不仅要支付巨额的赔偿金，还失去了重要的工业地带，因此经济恢复上困难至极。德国通货膨胀最严重的1923年，马克汇兑美元的比率跌落到战前的一兆分之一。这等于说马克几乎毫无价值。靠养老金生活的人自不用说，货币价值的下跌也从根本上动摇了多数工薪阶层的生活基础。国民对国家的信赖崩溃也成为批评现状的纳粹势力抬头的重要背景。通过来自美国的资金投入，德国经济在20世纪

20 年代后半期总算得到了一定程度的恢复。但是，这也使德国对美国经济的依赖达到危险的高程度。

实际上并不仅是德国一个国家依赖美国经济。无论是战胜国的英国，还是法国，为了维持全面战争体制，早已经在战时向美国借下了巨额贷款，沦为了债务国。

1917 年，美国支援英法并参战，1918 年以后，美国动员了近四十三万士兵，正式派兵参加西线战斗，超过十一万士兵战死。但是美国本土远离战场，所以没有遭到破坏。截止到参战前，美国向两大军事集团出口物资，给英法等国提供借款，因此一战对美国经济的发展必然起到了帮助作用。美国在战前就已经发展成为世界最大规模的工业国，但另一方面，那时美国也依赖外国资本，背负债务。然而，通过这次大战，美国变身为债权国，发展成拥有巨大经济实力的国家，纽约的金融市场和美元在世界经济动向上开始占据决定性的位置。

协约国一方出于返还战时债务的考虑，严厉地逼迫德国支付赔款，法国甚至一时采取了进驻德国鲁尔工业区等强硬措施。这当然引起了德国的强烈反抗，政治上的不稳也使其面临危险的状态。与欧洲政治划清界限的美国，在这种政治形势之下，决定向德国提供资金。在政治方面，美国也成为一个对欧洲影响力巨大的国家。

从大暴跌到大危机 从 1925 年到 1928 年，主要国家相继恢复了金本位制，通货膨胀好转，经济水平恢复到了战前，实现了大致可以说是繁荣的经济状态。乍一看，欧洲已经再次恢复了繁荣和自信。但是，这种繁荣和稳定实际上是由美国的巨额资金注入支撑。1929 年 10 月，前一年就已经开始经济下行的美国发生了纽约股票市场暴跌的事件，使这层关系尽显。由于美国资本的撤出，看似战后终于恢复了的欧洲经济也没能维持住。世界陷入严重的经济大危机当中。刚开始，包括美国在内的主要国家尝试通过互相合作来应对，但最终事态无法控制。

各国相继停止了金本位制，竭力保护本国的经济，甚至在势力范围之间建立地区结盟。到了 20 世纪 30 年代，经济民族主义日益高涨。使 19 世纪欧洲霸权得以实现的自由主义经济体系出现了难以解决的难题。

欢迎这场世界经济混乱的是德国的纳粹党和意大利的法西斯党。他们主张摆脱本国在既存秩序中的边缘位置，并得到了民众支持。在斯大林不断构筑起独裁统治的苏联，政府也在重心已经转移到美国的国际经济范围之外倡导独自的计划经济。苏联共产党主导下的国际共产主义组织——共产国际——助长了世界各地的革命运动。

欧洲在政治方面也面临着这些不安因素。当时各国的领袖们在多大程度上意识到欧洲霸权正在崩溃，令人相当怀疑。事实

纽约股票市场大暴跌 1929 年 10 月 24 日，人们纷涌至华尔街证券交易所。这一天被称为黑色星期四

是，在已经不可能再现欧洲掌握主导权的国际政治秩序的情况下，世界开始迈向了下一场世界大战。在 1914 年愚蠢地开启的世界大战被称为第一次世界大战。而第二次世界大战给世界各地人们的身心留下不一样的悲惨伤痕。

两次大战间的社会与国家的变化

由于第二次世界大战的爆发，第一次世界大战和第二次世界大战之间的时期就被称为"战间期"或"两战间期"。最近，有人将两次世界大战之间大约三十年时间视为一个延续的时代，并效仿 17 世纪时的"三十年战争"的说法，将此称为 20 世纪的"三十年战争"，或者称之为欧洲的"内战时代"。

不管怎么说，在社会全体都被卷入进去的第一次世界大战后，当时的欧洲社会好像都感受到一种冲击，即至今为止的某些事物发生了彻底的变化。即使在第二次世界大战发生后，如果只说"世界大战"就是指第一次世界大战的现实就反映了这一点。从各种各样的角度都能够分析出这种冲击的感受，一战后欧洲的知识分子也发出了"西方的没落""欧洲的衰退"或者"凋落"等感慨；但现实是，在还没有充裕时间真正思考欧洲近代的时候，世界又再次变成二战的舞台。

一战前的欧洲，虽说内部主要国家展开了争霸斗争，但作为整体统一在欧洲近代文明系谱之下时，在世界其他地区确实发挥了强大的支配力和影响力。这也是能将19世纪称为"欧洲的世纪"的理由。但这种局面在第一次世界大战后发生了巨变，欧洲失去了霸权。那么，欧洲各国中，社会和国家形态如何变化？国家间关系、国际政治形态又是如何变化的呢？在梳理近代欧洲霸权的确立以及崩溃过程的最后，我简单地归纳一下要点。

正如上文所述，第一次世界大战中士兵战死数庞大，导致了正值壮年的、应该成为下一代中心的男性锐减。这样的战后社会产生了与战前不同的状况。从国外引进劳动力也不再是稀奇的事情。在战时全面战争体制下成为重要劳动力的女性们，在战后被要求重回家庭。但是在多数社会当中，女性在以选举权为代表的政治权利，以及社会生活的重要性上无疑有了更大的话语权。整个20世纪与19世纪以前相比，值得特别关注的地方就是在政治、经济、文化和社会的所有方面上，女性自立地位的获得与通向获得的过程。从结果上看，第一次世界大战只是一个契机，不过它是一个最大的契机。

同样，作为对配合战争的补偿，工人的发言权也有所扩大。战前大都被视为体制外或者反体制力量的工会组织，开始被看作是维持体制安定的组织之一。工会获得了经营者谈判对象的位置，成为议会之外的一种对政局有压力的团体。

更宏观地来看，在战时全面战争体制下，国民清晰地意识到自身与国家间的直接关系。可以说，19世纪以来国民的形成过程借此一举加快。作为国民一分子的自我认识的确立一般意味着要响应国家的兵役和管制。但是，另一方面，一种反对单纯付出的观点也得到强化，他们认为，作为国民承担义务和合作的报酬，国家应该照顾国民的生存。不管充分与否，国家也开始向战死者家庭支付生活保障津贴了。

战时已经被视为不响应国民呼声的政府，在完成战争上遇到了困难。在认为是短期战的开战之初，陆军大臣和军队司令在国家政治上有重要的发言权。但是，在长期性的全面战争之下，较之军人，政治家渐渐决定国家的大政方针并成为领袖。这也是国民和国家间关系变化的一种反映。因为比起军队性的判断和命令，这时更有必要的是要向国民说明情况并征得其同意。在某种意义上，全面战争体制下的战争经验促进了民主主义国家的运营。此外，前面已经提过，这一经验也加速了向福利国家的转变。与女性进入社会一样，这是被时局助推的一种结果，但本质上只是从世纪转换期开始的趋势在这时被彻底加速了。

这样看来，虽然只是一种客观结果，但或许可以说，第一次世界大战带来值得肯定的发展。不过，一战背景下，民族国家构建的实质终归是为了与敌人作战。并且，对敌国的界定也不单单是指军队和统治者，而是将它也视为民族国家，认为其包括全体国民。在19世纪末还是局部的排外性民族主义，现在浓重地笼罩着一战下的社会。就连远离欧洲的美国，在做出参战决定时也发生了袭击德裔移民及其后代经营的店铺的事件，其借口就是他们是敌国后代。

默许纳粹暴行的背景　　在第一次世界大战末期，德国几乎以一国之力对战协约国。这时，希望在高纯度的同一性之下把控包含多样化的民族国家内部的想法，演变成一种特殊的观点，即认为战败是因为内部潜藏着的敌人，也就是扰乱团结的社会主义者和犹太人。这就是所谓的"背后的刀子"或者"背后的攻击"的转嫁责任论。纳粹党最大限度地利用了这种言论，倡导追求民族纯化的极端手段，在第二次世界大战下则变成实际行动，即犹太人大屠杀。

实际上，在第一次世界大战后的凡尔赛体制下成立或者被承认的东欧、东南欧新兴国家，虽然开始建设各自的民主主义的民族国家，但因为国家内部包含诸多少数民族，也产生了各种各样的矛盾以及排外性的民族主义情绪。一度作为奥匈帝国、奥斯曼帝国和沙俄帝国内部被压迫民族的解放理论的民族主义，在民族自决这一战后方针下，成为了承认新兴国家的根据。但是，在诸多民族混住的地区，某个特定的"民族"被认可了主导权并建立民族国家。此后，如果追求建立一个更加纯洁的民族国家的话，必然就产生了排外性的民族主义以及与国内少数民族间的矛盾。

主要位于东欧的新兴国家，一方面存在着这种内部问题，另一方面，在本国经济混乱的状态下遭到共产主义苏联的威胁。议会几乎毫无例外地形式化，政治转换成近似于集权主义独裁的政治体制。

确实，在两战之间的欧洲也出现了推动国际合作和实现和平的政治努力。如果忽视了这些现象，那就不公平了。各种裁军谈判就是其中一例。1925年，英国、法国、德国等七国召开会议，缔结了旨在形成欧洲集体安全保障体制的《洛迦诺公约》。作为缔结这个条约的中心人物，英国的张伯伦、法国的白里安、德国的施特雷泽曼三位外交部长均获得了诺贝尔和平奖。

《洛迦诺公约》终归是以民族国家为前提的协定。白里安和奥地利外交官康登霍维·凯勒奇等再往前迈出一步，提议建立欧洲联邦。但是在民族认同享有特权的时代，限制国家主权的倡议不可能被接受。在这一点上，两战之间的欧洲没有从19世纪秩序观当中摆脱出来。

国际联盟作为调整国际性的协商机构，也在美国总统威尔逊的倡议下成立。但是1920年，美国议会拒绝批准加盟已成立了的国联，美国回归到孤立主义的外交政策。期待欧洲各国发生连锁革命的愿望落空后，苏联将本国社会主义的防卫视为第一要务，优先考虑本国的权益。

尽管已经到了仅凭一国之力无法解决多数问题的时期，但是，毋庸说构筑维护世界和平的框架，就连国际合作的新秩序也尚未明确下来。各国领导者为了应对眼前的经济危机，不得不疲于应付地维护本国权益。纳粹德国将民族国家的纯化、国家利益最优先、民族自决权的理论纳入自己的理论之中，利用这种局面的间隙谋划战争，势力迅速扩大，而其他国家已经难以抑制了。

终章

历史文化的传承与欧盟的未来

近代欧洲的多样面貌 本书在16世纪到20世纪前半期的长时段中，分析近代欧洲霸权的成立及崩溃过程。最终来看，可以归结到产业文明的确立、作为其推进单位的民族国家的构建这两点的历史发展，可以说是这一长时段的主趋势。这一过程伴随着针对设定的目标而重视理性的战略性态度，以及可以说是相当乐观的信念。他们认为历史即是展现人类进步，而位于历史进步前端的就是欧洲。

确实，这个时期的欧洲在内部方面，政治自由，即民主主义扩大，经济、科学技术等领域取得长足的发展，在外部军事上也在世界上占压倒性优势。可以说，我们现在所应用的多数思想、学术以及几乎所有科学技术的源头都能够在这个时代的欧洲找到。这样的现实支撑近代欧洲的自信及乐观的世界观。

但另一方面，我们也不能忽视这种现实也是一种对非欧洲世界极具侵略性和攻击性的负面现实。对于欧洲内部被看作是"非欧洲"的地区也是如此。

但是从19世纪末到20世纪，欧洲内部也出现了一些历史性的反省运动。欧盟的成立本身无疑具有历史反省的一面。此外，在政治世界方面，像1970年西德总理勃兰特在华沙犹太人受害纪念碑前向被害的犹太人道歉，或者2006年法国总统希拉克公开对曾经的奴隶贸易的反省以及设立追悼纪念日等，都是可以马上联想到的鲜明例证。

如果仅仅接受长期的主流趋势来理解近代欧洲文明，必然会存在一些问题。本书也多次提到了欧洲内部的差异和多样性。城乡差异、男女差异、国家间变化程度的差异、一国内部存在的多样化差异。这些如同扒开褶皱的视角，每一个都很重要。

一般认为欧洲近代是肯定理性的时代，是视古典主义为均衡范式的时代。这样的理解虽说正确，但是我们也不能忽视作为19世纪欧洲基底氛围的感性的浪漫主义。理性与浪漫时而冲突，时而共鸣。不过，在如何定义浪漫主义这一点上，在文学、造型艺术、音乐等方面因领域不同而不同，根据各自社会的状况也有差异，此外，这也涉及以历史学为代表的学术领域，或者是政治上的态度立场。

浪漫主义重视表达多样情感、强调看起来矛盾的个人行为自由与自我牺牲、敌视压迫、保护弱者、称颂践行这些主张的英雄主义。这种态度也顺应了民族主义的扩大。此外，浪漫主义还有礼赞自然、重视各地区传统以及历史记忆的一面。在固守自然和历史这一点上，浪漫主义与朝向产业文明的主趋势相背离，但在歌颂民族性和祖国方面，简直搭上了时代的风潮。

19 世纪是"历史的世纪" 明确踏上产业文明之路的 19 世纪欧洲，实际上也是可被称作"历史的世纪"的时代。我想就此可以归纳为三点。

第一点，历史学和考古学作为近代学术的确立。19 世纪前半期，在充满浪漫主义感性的历史探究中，基于近代性的史料批判的历史学明确出现。不论政治立场如何，历史学家们共同面临的现实性问题是以史料为根据探明民族的过去、欧洲的过去，搞清楚他们的延续，并据此明确现在的存在依据。从这一观点出发，出现了高度称赞希腊罗马时期、关注中世纪、"文艺复兴"这一称谓普遍使用等情况。与各国不同的历史发展并行，这些状况带来了对欧洲文明发展的共同理解。

第二点，随着这些学问的确立，史料整理与保存，历史遗产的调查、保存与修复，为此而设立的专门组织和设施都得以发展。19 世纪欧洲基于国民这一理念，正式在各地建立档案馆、史料馆。这些做法与用资料作为政策、目标等的判断依据的态度有关，与同一时代政治自由的扩大同出一辙。另一方面，这也是具有社会教育性作用的事业，并同时带有共享、牢记、传递有关本民族过去记忆的意图。此后设立的博物馆和美术馆，也可以从这种脉络上理解。

第三点，在更日常的态度中体现出来的与历史的关联。作为支撑档案馆、博物馆设立并维持的态度，人们在日常生活中认真对待传承至今的东西、从先辈那里承继下来的事物。工业化带来的经济发展带有一种持续要求新东西、新变化的侧面；但同时，对于祖先代代传承下来的事物，尽管有些许的不便和不适应，人们仍珍惜地使用。对此没有人有任何的疑问和抵制。不仅是个别家族和家庭生活，市镇的生活样式和景观也是如此。

概括而言，这就是历史文化的继承。这时的社会并不是全被新生事物席卷的社会。在经过大众消费时代的 21 世纪的今天，这样的态度和行为方式也没有消逝，对于建设可持续社会来说，其重要性反而增加。但是，在全球规模的人、物、信息的移动以绝对性的速度和密度开展的 21 世纪，这种继承各地历史文化的态度，如果仅凭本国或欧洲来实现恐怕会遇到困难吧！现在已经到了不断遭遇困难，探究新道路的时代。

战后复兴与欧盟的形成　第一次世界大战自不用说，第二次世界大战也造成众多伤亡及破坏，给各地留下了深深的伤痕。此后怎样重建？可以说，这一战后复兴的课题再一次在美国经济援助下拉开了序幕。这就是欧洲复兴计划，即所谓的"马歇尔计划"。对此，苏联与要在欧洲增加军事、政治影响力的美国对峙，以所谓的东欧诸国的包围为开端，欧洲被分成东西两部分，卷入冷战格局。

欧盟成立的功臣 法国外长舒曼（左），1951年提倡建立欧洲煤钢联营共同体；西德总理阿登纳（右），倡导限制主权的合作协调机制

谁都清楚，19世纪以来，欧洲军事对立转化为战争的过程中，法国与德国的对立一直处于核心位置。如果不想办法消除这个矛盾，那么将来欧洲也难以安定。回顾历史，无论是有必要从纳粹占领和维希政权的经历中再次站起的法国，还是有必要历史性地总结纳粹做出的各种犯罪行为的德国，都出现了寻求构建新的德法合作机制的动向。1949年，美国在冷战格局明确的局面下，结成了北大西洋公约组织（NATO），建立了以美国强大军事实力为基础的西方各国的军事防御体系。

第二次世界大战战后初期，欧洲各国合作建立的组织是欧洲经济合作组织（OEEC）。1948年，这个关于分配马歇尔计划经济援助的调整机构成立，成为德国复归欧洲外交舞台的第一步。1960年，该机构的使命得以扩展，并成为一直持续到今天的经济合作开发组织（OECD）。美国也从大战后的冷战现实考虑，采取了推进西欧加强政治合作的立场。

1951年，根据法国外长舒曼的提议，法国与西德、意大利、荷兰、比利时、卢森堡结成了欧洲煤钢联营共同体（ECSC），希望通过六国的共同政策快速重建煤和钢铁生产等重要的战略部门。

舒曼的想法是建立欧洲主要国家间的合作机制，而在此之中，结束德法长期对立正是实现欧洲稳定发展的第一条件。现实的做法是不仅要达成理念上的共识，而且要双方共同推进具体复兴计划。这也是游历英美的法国经济学家让·莫内的想法。他是通过"莫内计划"为法国经济的战后复兴确定路线的重要人物。此外，就像后来被称为"欧洲之父"那样，莫内倡导应该建立各国参加的限制主权的欧洲合众国，也是为此组建的行动委员会的创始人之一。

在德国，呼应莫内和舒曼想法的代表人物是二战后长期担任总理的阿登纳。他也认为在共同实施现实性计划的过程中，可能形成各国不局限于追求本国利益的、限制某种程度主权的合作体制。阿登纳在欧洲煤钢联营第一次部长理事会上的发言，指出固守民族国家的想法是愚蠢的。他是曾因为批判纳粹统治而一度被投入监狱的老政治家。

1957年，欧洲煤钢联营的六个成员国在罗马签署了新的条约，决定从1958年1月成立欧洲经济共同体（EEC），其目标是以十二年为期在成员国间建立没有关税壁垒的自由市场。但实际上，他们寻求的不仅是自由贸易体制，而且是实现资本、物品、人员在成员国间自由地流动，即互相撤除国境壁垒，并在经济政策和法律体系上趋同。较之 19 世纪以来以民族国家为大前提来调整国家利益的观念，这明显跨越了一步。

　　欧洲各国间的合作，对于向一体化方向迈进有何影响，因国际形势的转变、以法国和德国为代表的各国环境的不同而难有定论。法国面临着来自东方的威胁，对于美国的介入也并没有隐藏自身的警戒感。对盎格鲁－美利坚的共同性也有警惕的法国，到 1960 年已经明确表现出反对英国参与欧洲各国间合作的态度。特别是戴高乐总统时代，这种态度更为显著。德国位于东西分裂的冷战最前沿，即便是维持被柏林墙封锁的柏林西部地区，如果没有美国的援助，也会变得很困难。因此，德国在对美国的应对和态度上与法国完全不同。

　　欧洲经济共同体如名称显示的那样，从实现经济方面的政策开始推进实质化发展，到了 1967 年，它与煤钢联营等组织整合重组为欧洲共同体（EC）。关税同盟的完成、共同农业政策的实现、欧洲地域开发基金的设置等经济举措是其代表性成就。20 世纪 70 年代前半期，随着"尼克松冲击"，布雷顿森林体系崩溃，货币从固定汇率转变为浮动汇率。欧共体为稳定欧洲货币，在 1979 年建立了欧洲货币体系（EMS）。这确立了其后的路线，经过作为结算货币的欧洲货币（ECU）后，到 21 世纪，现实社会中已经使用共同货币欧元。

**堆积如山的问题与
不确定的未来**

从欧洲经济共同体到欧洲共同体，再到
欧洲联盟（EU），这一进程绝非一帆风顺。
20世纪60年代，在倡导伟大法国的戴高
乐时期，欧洲经济共同体多次遇到政治危机。此外，也曾出现过
连维持预算的准备金都出现问题的时期。当时想避免欧洲合作
体系变成联邦制的法国，或许是预计英国也持同样的反对立场，
转而同意英国加盟。结果，1973年英国与爱尔兰、丹麦一起加
入了欧洲共同体。

接着，希腊于1981年、西班牙和葡萄牙于1986年加入。这
些南欧国家的加盟，扩展了欧洲共同体的一体化范围。不过，当
时西班牙从佛朗哥体制、葡萄牙从萨拉查体制、希腊从军事政
权状态中摆脱出来，转变为民主主义体制的时间都还很短。因
此，这一举措也有支持这些国家、将其吸纳进来以确保其安定
发展的战略考虑。尊重民主主义和人权、健全欧洲近代确立的制
度，与没有过高债务负担的国家财政状态一起成为了加盟的重要
条件。

此后，《马斯特里赫特条约》的签署和1993年欧盟的成立、
成员国的增加，特别是2004年向东欧各国的扩大等在此就不再
详叙。对于这个扩大路线，从东欧各国来看，可以认为是随着
苏联的解体和冷战的崩溃后，他们回归欧洲。而从原欧洲共同
体时代的成员国来看，与刚才就南欧各国加盟问题所指出的一样，
他们对此有着战略性的政治判断，认为从长远来看，扩大西欧民

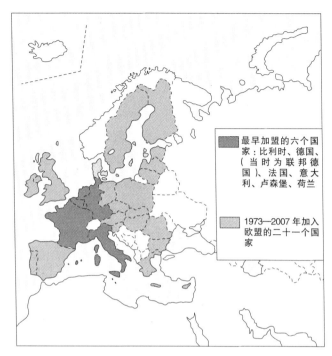

欧盟的发展示意图 （截止 2008 年）

主主义的范围才能得到军事同盟以上的安全保障。成员国的扩大，从经济层面上反而可以说容易带来问题，但这也并非没有导致欧盟内部政治不安定的疑虑。

实际上，在欧盟内部，《马斯特里赫特条约》虽然得到批准，但也仅仅是各国的欧洲一体派以微弱优势获得的胜利而已。进一步限定个别国家主权相关的决定，在各国国民投票中屡屡遭到否决。各国内部的新纳粹主义和排外性的民族主义运动依然得到相应的支持，对犹太人的攻击和对移民工人的歧视事件也未断绝，这些就像重现近代欧洲出现的愚行部分的状况，依然是亟须解决的问题。

但是，另一方面，从 20 世纪 80 年代开始，在已经合作的欧洲内部开始推行没有国境限制的大学生留学制度，即后来的"伊拉斯谟世界之窗计划"（Erasmus Mundus）。可以说，这一举措不断培养不受国家利益局限，关注欧洲整体，以多元文化存在为前提的年轻的"伊拉斯谟一代人"。

现在，全世界都面临许多问题，诸如近代欧洲在霸权之下将其扩张至全球规模的产业文明造成的资源枯竭危险、事关生命存续的环境问题、全球规模的贫富差距的扩大、新兴事物的产生等等。从对历史的自省中诞生、发展起来的欧盟这一前所未有的事物，究竟能否超越单独的欧洲区域化规模，为整个世界做出贡献呢？这是下一代要不断承担的课题。

主要人物小传

查理大帝（Charlemagne，742—814）

将法兰克王国扩充到最大版图的国王。公元800年，加冕"罗马人的皇帝"。他在亚琛修筑了宫殿，灭掉了位于意大利半岛的伦巴底王国。另一方面，征服了当时还被视为是异教地区的萨克森，并将巴伐利亚置于统治下，奠定了以后德国的基础。此外，查理大帝不仅统治了现在整个法国地区，还越过比利牛斯山脉，试图占领处于伊斯兰势力控制的伊比利亚半岛，即后世的西班牙地区。他死后不久，法兰克王国被划分为三部分，构成了后来的意大利、法国和德国的基础。在德国和法国，查理大帝（在法国也被称为查理曼大帝）被看成是在历史上构筑国家基础的人物，而到了欧洲联盟的时代，他也被看作欧洲一体化的历史起源。

科尔特斯（Hernán Cortés，1485—1547）

征服了阿兹特克帝国，西班牙征服者（Conquistador）的先驱。出身下级贵族家庭，攻读法律，中途辍学。1504年，横渡大西洋，到达伊斯帕尼奥拉岛，开始了在美洲地区的冒险旅程。带领只有六百人组成的探险队从墨西哥湾向内陆进发，于1519年入侵到阿兹特克帝国的首都特诺奇蒂特兰（Tenochtitlan，现在的墨西哥市）。据说阿兹特克帝国很欢迎，误认为他是神的化身。此后虽出现了西班牙人的内讧、当地居民的反叛等，但最终科尔特斯还是破坏首都，灭亡了阿兹特克帝国。他在墨西哥地区获得了领地，经营以制糖业为首的农场，并且热心于改变印第安人的信仰，成为初期西班牙委任统治的模范。但是在晚年，由于和本国政府的不合，他在郁郁不得志中结束了一生。

查理五世（Karl V, 1500—1558）

1516 年，作为西班牙国王卡洛斯一世即位，与法国瓦卢瓦王朝的弗朗索瓦一世争夺皇位。1519 年被选定为神圣罗马帝国皇帝，极大地扩展了哈布斯堡家族的势力范围。他统治的时代与西班牙在美洲殖民统治的扩大期重合在一起，但是也面临意大利战争、德意志境内诸侯间的对立、应对以路德为首的宗教改革等诸多难题，并非安定的时代。

弗朗索瓦一世（Francois I, 1494—1547）

从中世纪的秩序当中摆脱出来，实现了强化法国王权目标的国王。与查理五世争夺皇位败北，在意大利战争当中也屈从于查理，但是在法国内部，他致力于整顿王权统治体系，明确地赋予了法语公用语的地位，构筑了王权支配下的近代主权国家的基础。他从小受母亲的教育，熟悉意大利文化，具备人文主义的教养。通过聘请晚年的列奥纳多·达·芬奇等措施，在法国引入了文艺复兴。

马丁·路德（Martin Luther, 1483—1546）

德意志宗教改革家。1510 年到 1511 年，作为一名研究神学的虔诚传教士，因修道院的任务而访问罗马，惊诧于教廷处处都被世俗所染。因公开批判罗马教廷，几次遭到审问，但是他断然坚持神的恩宠的绝对性，拒绝收回自己的言论。路德最终在 1521 年被开除了教籍，但这和他翻译的德语版《圣经》的出版一起，进一步扩大了改革派。他虽不是一个活动家，但可以说是一位秉持信念、把握时代脉搏、推动社会局势的宗教家。

黎塞留（Richelieu，1585—1642）

法国路易十三的首席顾问官，事实上的宰相。对缩小贵族权力、强化法国王权的中央集权做出贡献。同时，作为天主教会的枢机，黎塞留不惜使用武力镇压国内新教派，但是在三十年战争期间，为了法国的利益，与新教势力结盟，向天主教的西班牙宣战。他积极扶持国内产业、扩大海外殖民地。在文化上，通过建立法兰西学术院等措施，尽心提高法国作为文化国家的威信。

路易十四（Louis XIV，1638—1715）

法国绝对王权时期的代表国王，也被称为路易大帝。五岁即位，执政时期超过七十年。即位后不久，因出现以巴黎高等法院和贵族为中心的福隆德运动（La Fronde）而命悬一线地逃出巴黎，之后就在凡尔赛地区修筑了豪华奢侈的宫殿，并在此设置宫廷，剥夺了巴黎的首都资格。他虽然是亲赴前线的国王，但是由于连年征战的花费、歉收以及饥馑的影响，治世绝对不是安泰的。路易十四也奖励音乐和戏剧、芭蕾等公演活动。

腓特烈二世（大帝）（Friedrich II，1712—1786）

普鲁士国王，被称为典型的开明君主，生前就被尊称为大帝。年轻时热衷于启蒙思想，一度与父亲产生了激烈的对立。曾经说过"国王是国家的第一公仆"，在成为国王之后，结交伏尔泰和达朗贝尔等人，专心于改革国家制度。他整顿军制，建立常备军，扶持产业，同时也振兴文化，将新兴普鲁士国家建设成为强国，确立了其后国家的发展方向。

玛丽娅·特蕾莎（Maria Theresia，1717—1780）

奥地利王后，匈牙利波西米亚女王。熬过了围绕哈布斯堡家族王位继承所发生的干涉战争，将皇位委任给丈夫弗朗茨一世，但是在内政外交上，她巧妙地利用身边的人，发挥高超的政治手腕，推进国内改革。一生生育十六个子女，在丈夫死后，与长子约瑟夫二世一同统治，将女儿玛丽·安托瓦奈特嫁给了后来的路易十六，实行了与宿敌法国联手的"外交革命"。

叶卡捷琳娜二世（Catherine II，1729—1796）

俄国女皇。出身德国贵族家庭，与后来的彼得三世结婚，皈依了俄国东正教，名字也改成了俄国风格。她与近臣合谋废掉了丈夫的皇位，担任女皇。一开始，她向伏尔泰和狄德罗征求执政意见等，有意推行启蒙的近代化，但是在普加乔夫起义和法国革命后走向了反动。叶卡捷琳娜二世积极推进瓜分波兰和开发西伯利亚，是为将俄国建设成为强大帝国做出贡献的女杰。

约翰·洛克（John Locke，1632—1704）

英国的哲学家、政治思想家。用现代的话说，他不仅精通人文、社会科学，而且还精通自然科学，作为医生也成了大贵族的侍医，学识渊博，并与各地的学者交流。更为重要的是，他作为启蒙思想的先驱，提出了社会契约论，并主张以君主立宪制为现实政体。洛克对近代思想史有巨大影响。

伏尔泰（Voltaire，1694—1778）

代表法国启蒙思想的文学家。本名弗朗西斯·马利·阿鲁埃，伏尔泰是他的笔名。经历了因发表讽刺现实的作品而被投入监狱等动荡时期后，他短暂逗留英国并回国，特别是在出版了《哲学书简》之后，作为文学作品的著者，以及启蒙思想家，在沙龙等场合得到了很高的礼遇。伏尔泰写了从《路易十四时代》等历史书到小说的多部作品，产生了巨大的影响力。

让-雅克·卢梭（Jean-Jacques Rousseau，1712—1778）

给欧洲近代思想带来重大影响的启蒙思想家。他出生在日内瓦，在艰辛的青年时代，通过自学提高自身修养。到巴黎后，因文笔优秀和逻辑清晰而一跃而成为沙龙的宠儿。其他的启蒙思想大多站在怀疑论的立场上，而卢梭坚持一种自然宗教理论，主张人类回归自然性。他的教育论与社会契约论不断给质疑个体和全体的近代思想带来强有力的刺激。

亚当·斯密（Adam Smith，1723—1790）

代表英国（苏格兰）的启蒙思想家和经济学家。提出了劳动是创造财富的源泉的主张，正如"完全依靠看不见的手在运作"的著名论断一样，他奠定了以每个人自由开展经济活动为基本的自由主义经济思想的基础。但是，不能忽视的一点是，这种经济学并不是将自由市场的竞争绝对化，而是由伦理思想支撑的综合性社会科学。

拿破仑·波拿巴（Napoléon Bonaparte，1769—1821）

试图建立欧洲帝国的法国皇帝。科西嘉岛出身的军人，年轻时，作为法国革命军的指挥官能力出众，以结束革命末期混乱的形式，通过政变掌握了政权。一方面，拿破仑通过确认私有财产权及颁布《民法典》等，显示了继承革命的姿态；另一方面，他复活独特的贵族制和任用近臣等，又带有军事独裁的色彩。拿破仑在树立自身形象来笼络国民、敏锐地观察时局方面能力出众，但是对于其是否是军事天才方面仍有讨论。

费希特（Johann Gottlieb Fichte，1762—1814）

在德国国家主义理论形成上占有重要位置的哲学家。以继承康德哲学的方式发展自己的思想，最著名的事情是在德国被拿破仑军队占领期间，连续发表了数篇《对德意志民族的演讲》，呼吁重建德国。他还参与创立柏林大学，并通过推选成为首任校长。

阿尔弗雷德·克虏伯（Alfred Krupp，1812—1887）

用一生建立了巨型钢铁公司的德国实业家。十四岁时继承了父亲留下来的炼铁厂，通过自身努力，以及借助当时普鲁士俾斯麦主导的富国强兵路线，将村镇工厂发展成为了巨型的军工企业。他成为产业资本主义兴隆时期名人传中的代表经营者。

拿破仑三世（Napoléon Ⅲ，1808—1873）

效仿拿破仑皇帝，以结束第二共和国乱局的政变形式，取得了权力，加冕成为法国皇帝，开创了法兰西第二帝国。他以一种开发独裁（developmental dictatorship）的方式推进法国的工业化和巴黎的改造，与英国和德国的竞争意识十分强烈。到二月革命爆发前，他周游欧洲各地，过着相当不正派的生活，可以说，他是最大限度地利用了拿破仑侄子身份的非常规人物。

俾斯麦（Otto von Bismarck，1815—1898）

德意志政治家。容克出身而成为普鲁士官吏，历经大使等外交职务，后官至宰相一职。在19世纪后半期强力推行富国强兵政策，利用巧妙的外交手腕，实现了普鲁士主导下的德意志帝国的统一，作为帝国首任宰相支持皇帝威廉一世。虽然因与威廉二世政见不合而退休，但是德国各地普遍建立了俾斯麦塑像，将其作为国家主义的象征。

卡尔·马克思（Karl Marx，1818—1883）

德国社会主义理论家、革命活动家。从黑格尔哲学研究出发，出版了哲学思考类的书籍，不过他从年轻的时候就开始积极参与社会主义革命运动，并发表了《共产党宣言》等著作。另一方面，在《路易·波拿巴雾月十八日》等论著中，他也充分显示出了记者式的分析现状的才能。未完成的大作《资本论》在死后由朋友恩格斯整理出版，给 19 世纪末以后的社会主义运动带来相当大的影响。

茹费理（Jules Ferry，1832—1893）

法兰西第三共和国首任首相、政治家。作为共和派的领袖，确立了免费义务初等教育制度，在对外方面，实行积极的殖民地扩张政策，批评派讥讽他是"机会主义"，或者因中法战争中法国军队在中南半岛苦战，而挖苦他是"越南船长"，但是，茹费理无疑对共和主义体制在法国的扎根做出了贡献。

巴斯德（Louis Pasteur，1822—1895）

法国化学家、细菌学家。通过研究发酵，发现了乳酸菌等微生物，解释了细菌的存在及运动。他的研究成果多数以实用为第一目标，留下了许多成果，比如低温杀菌法的发明对法国葡萄酒生产的大发展做出贡献，微粒子病研究帮助了养蚕业的发展，还有狂犬病预防接种的开发等等。以他的名字命名的巴斯德研究所，现在也是位于世界前列的理化研究所。

爱迪生（Thomas Edison，1847—1931）

一生当中获得一千三百余项各式发明专利的美国发明家。一边在火车上当报童，一边以自己的方式做实验等，通过自学获得学识，以发明电信中使用的自动转发器为开端，陆续发明了各种设备。特别是在 1879 年，经过艰苦的劳作，他成功地发明了使用碳丝的白炽灯，一改全世界的社会生活。

亨利·福特（Henry Ford，1863—1947）

美国工业家、实业家。从爱迪生照明公司的机械工开始发迹，1890 年成功按照自己的方式组装了汽车。1902 年创立福特汽车公司后，设计、推行了一套基于零部件标准化和流水作业的福特生产线，成功地大批量生产出廉价汽车，奠定了家用汽车普及的基础。他是虔诚的新教徒，践行彻底的理性、刻苦勤奋的伦理以及贡献社会的精神，可以说是美国上升时期实业家的代表。

居里夫妇（Pierre Curie，1859—1906；Marie Curie，1867—1934）

夫妻均为物理学家、化学家，现代原子核物理学的开拓者。1895 年结婚，共同研究，从铀矿中确认了放射性元素，命名为镭、钋。钋是为了纪念居里夫人出身于波兰。夫妻二人在 1903 年获得了诺贝尔物理学奖。在任巴黎大学教授的丈夫皮埃尔死后，玛丽接任。作为女性而且是外国人，玛丽在巴黎大学担任教授在当时是破格的事情。玛丽在 1911 年再次获得了诺贝尔化学奖。

达尔文（Charles Darwin，1809—1882）

英国博物学家。曾搭乘海军测量船贝格尔号（H. M. S. Beagle），从博物学的角度对南非沿岸、太平洋诸岛、澳大利亚等地进行了调查，形成了生物进化的想法。回国后，他一边从事于动物学、地质学等研究，一边着力于物种起源与生物进化的论证，并与几乎同一时期写成的华莱士（Wallace）自然淘汰论一起，在林奈学会（Linnaean Society）上发表。他们的学说有人赞成有人反对，引起了许多争论。

西贝柳斯（Jean Sibelius，1865—1957）

芬兰作曲家。在赫尔辛基音乐学院学习作曲，后赴柏林、维也纳留学。归国后第二年的 1892 年，西贝柳斯发表了非常受欢迎的成名作、交响曲《库莱尔沃》，并着手构思芬兰叙事曲《卡勒瓦拉》（Kalevala）。此外，他在 1899 年发表了交响诗

《芬兰颂》，得到了当时想摆脱俄国统治的国民们的狂热支持，充分显示了音乐也能够作为彰显国家主义的重要手段。

诺思克里夫（Viscount Northcliffe，1865—1922）

英国新闻事业家，因报业成功而被授予子爵。本名哈姆斯沃思（A. Harmsworth）。1896年创办《每日邮报》，作为一份以广告宣传收入为基础而创办的面向大众的廉价报纸，取得巨大成功。1905年收购了周报《观察家报》，1908年收购了历史悠久的《泰晤士报》。他的报纸通过爱国新闻抓住大众心理，在第一次世界大战期间，作为负责宣传机构，进行打击德国的宣传活动。

维多利亚女王（Victoria，1819—1901）

英国女王，1877年兼任印度女王。1837年，十八岁时继承王位，1840年与阿尔伯特亲王结婚，给国民留下了和平、模范家庭的王室形象。同时，她发挥了立宪君主的作用，稳定了王室的地位。在被称为维多利亚道德的、女性应该活跃在私人场合的意识形态占支配地位的时代，她通过长达六十四年的统治，维持了繁荣的时代，在政治领域也显示了强大力量。必须说的是，她有一些与时代矛盾的地方。

戴维·利文斯通（David Livingstone，1813—1873）

苏格兰传教士，非洲探险家。刚开始志在到中国传教，但是由于鸦片战争爆发而未成行。作为医疗传教士前往非洲。深入当时尚未人知的非洲内陆探险，并进行医疗传教。暂时回国后再次去非洲探险，行踪不明。后来，美国记者斯坦利为了搜索利文斯通，进入非洲内陆并搜寻到了他，一时成为逸闻。

托克维尔（Alexis de Tocqueville，1805—1859）

法国政治家、政治学家。虽然出身贵族世家，但是做的是自由主义的政治活动。

作为学者，他指出法国革命不是简单的断绝，在中央集权国家的整合方面具有与旧体制接续的特征。同时，托克维尔观察了美国的民主主义，指出其可能性的同时，也预先指出了暴民政治的危险。但是作为具有此种慧眼的理论家而言，他对阿尔及利亚表现出了彻底的歧视意识，这一点非常值得玩味。

威尔逊（Woodrow Wilson，1856—1924）

美国第二十八任总统。法学和经济学双学位，在担任普林斯顿大学校长期间实施校内改革，此后加入民主党，历任州长后于 1912 年当选总统。他建立了联邦贮备银行体系、颁布了反托拉斯法、实现了女性参政等等，推进了多项国内改革措施。但是，威尔逊在中南美洲的政策强硬。在第一次世界大战爆发时采取不参战的态度并因此再次当选，但由于德国发动无差别潜艇攻击，美国损失很大，在反德社会舆论的推动下决定参战。在战后的媾和会议上，他成为了具有决定权的人物，呼吁建立国际联盟，但是在本国内，其外交活动并没有得到很好的评价。

白里安（Aristide Briand，1862—1932）

法国政治家。一生中担任过十一任总统、十任外长。年轻时以律师和新闻记者为业，属于激进的改革派。1902 年以社会党议员的身份开展政治活动。从 20 世纪初的《政教分离法》运动以后，在议会当中影响力增大。在第一次世界大战中，出任联合内阁的总统兼外长，在战后开始摸索欧洲内的合作机制中，提出了可以被称为后来欧盟雏形的建议。

施特雷泽曼（Gustav Stresemann，1878—1929）

德国政治家。从第一次世界大战以前就作为帝国议会议员活跃于政治舞台上，在大战后的 1923 年，出任魏玛共和国总理兼外长，在担任外长直到 1929 年去世前，一直奉行所谓的"施特雷泽曼外交"。为了使德国能够获得国联的信任，实现德国在国际社会地位的提高，他积极开展外交活动，与法国外长白里安合作寻求法德合作机制，坚忍不拔地、强烈地追求在安定对外关系基础上的德国经济复兴。

舒曼（Robert Schumann，1886—1963）

法国政治家，与莫内并称为"欧洲之父"。曾从事律师工作，在第一次世界大战后成为议员。纳粹占领时期参加了抵抗运动。战后在历任了财长和总理之后，出任外长，对法国战后复兴做出了贡献。他寻找包括德国在内的欧洲各国间的合作机制，提倡共同管理重要资源的"舒曼计划"，成为了实现欧洲煤钢联营共同体的中心人物。

莫内（Jean Monnet，1888—1979）

在第二次世界大战后，被称为"欧洲之父"的法国经济学家。在第一次世界大战后，出任国际联盟副秘书长。在第二次世界大战期间，协助英国政府筹集军需物资等。拥有丰富的以美国为首的海外经济活动和交涉经验。在战后，为了法国经济的复兴，推进"莫内计划"，协助欧洲煤钢联营共同体的形成。晚年，致力于构建欧洲联邦的活动。

阿登纳（Konrad Adenauer，1876—1967）

德国政治家。出任科隆市长期间，对城市发展做出了贡献，但因反对纳粹而经历了被免职、入狱等悲惨遭遇。战后，在英国分管的占领区成立基督教民主同盟，担任党首，并参加联邦德国（西德）宪法制定，在共和国成立的同时，出任第一任总理。他在致力于西德战后复兴和复归国际社会的同时，也在竭力促成德法和解。

参考文献

首先，出于责任，列举两部本人写的与本书构成姊妹篇的论著：《欧洲近代社会史——工业化和民族的形成》（岩波书店，2005 年）；《近代欧洲史——在18、19 世纪的世界之中》（放送大学教育振兴会，2005 年）。后者是放送大学电视讲义用的印刷教材，在卷末附录了相当多的参考文献。

木村靖二、近藤和彦著的《近现代欧洲史》（放送大学教育振兴会，2006 年）同样作为放送大学研究生院教材而出版，其中包含了参考文献。

由于本书在时间上跨度很长，因此与《兴亡的世界史》丛书中很多卷相关。此外，中央公论社《世界历史》全三十卷中，与本书内容有关的卷册也有多部。该系列最近作为中公文库版也相继再版。在更专门的讲座论著的《岩波讲座世界历史》全二十八卷中也有相关的卷册。山川出版社出版的《世界历史大系》和《新版 世界各国史》《地区世界史》丛书，对于确认历史事实来说是必备的很有意义的书籍。这些论著的卷末均列举了参考文献，可以顺藤摸瓜地探寻文献出处。

再有，在易读性方面也很优秀的英国已故历史学家罗伯特（J. M. Roberts）独自撰写的通史《世界历史》全十卷中的后六卷。与欧洲历史学家容易陷入西欧中心主义论有所不同，他极为自由地关注到欧洲的各个侧面，给我帮助甚大。

以下，按照各章顺序列举的参考文献，除一部分外均为 20 世纪 90 年代以后出版的日语图书，出于篇幅所限，每章列举二十本左右，选取的都是不那么专业的论著。当然，这里只是一个线索，没有被列举的论著并非就可以忽视。此外，这里不列举原文文献和古典作品。排列顺序按照著名字的五十音序。

序

西川长夫，《(新)殖民主义论——全球化时代的殖民主义问题》，平凡社，2006 年。

吕西安·费弗尔(Lucien Febvre)，《什么是"欧洲"？——从第二次世界大战后的
连续讲义开始》，长谷川辉夫译，刀水书房，2008 年。

福井宪彦、稻叶宏尔，《世界历史之旅 法国1——从卢瓦尔河(Loire)流域北上》，
山川出版社，2005 年。

罗杰斯·布鲁贝克(Rogers Brubaker)，《法国和德国的国籍与民族——国籍形成
的比较历史社会学》，佐藤成基、佐佐木てる译，明石书店，2005 年。

克日什托夫·波米扬(Krzysztof Pomian)，《什么是"欧洲"？——分裂与统一的
1500 年》，松村刚译，平凡社，1993 年。

宫岛乔，《移民社会法国的危机》，岩波书店，2006 年。

渡边和行，《异邦人的法国史——国民·移民·外国人》，山川出版社，2007 年。

第一章

珍妮特·利普曼·阿布卢格霍德(Janet Lippman Abu-Lughod)，《欧洲霸权之前》，
佐藤次高等译，岩波书店，2014 年。

生田滋，《大航海时代与摩鹿加群岛——葡萄牙、西班牙与特尔纳特王国的丁香
贸易》，中公新书，1998 年。

池本幸三等，《近代世界与奴隶制——在大西洋体系中》，人文书院，1995 年。

弥永信美，《幻想中的东方——东方主义系谱》(上、下)，筑摩学艺文库，2005
年(初版 1987 年)。

伊曼努尔·沃勒斯坦(Immanuel Wallerstein)，《现代世界体系：1600—1750 重

商主义与"欧洲世界经济"的凝聚》，川北稔译，名古屋大学出版会，1993年。

菲利普·D. 柯廷（Philip D. Curtin），《跨文化贸易的世界史》，田村爱理等译，NTT出版，2002年。

川北稔，《砂糖的世界史》，岩波少年新书，1996年。

川北稔，《欧洲与近代世界》，放送大学教育振兴会，1997年。

关哲行、立石博高编译，《大航海时代——西班牙与新大陆》，同文馆出版，1998年。

杰弗里·帕克（Geoffrey Parker），《长筱合战的世界史——欧洲军事革命的冲击1500—1800》，大久保桂子译，同文馆出版，1995年。

深泽克己编，《国际商业》，密涅瓦书房，2002年。

第二章

彼得·H. 威尔逊（Peter H. Wilson），《神圣罗马帝国——1495—1805》，山本文彦译，岩波书店，2005年。

上山安敏、牟天和男编，《狩猎女巫与恶魔学》，人文书院，1997年。

诺贝特·埃利亚斯（Norbert Elias），《宫廷社会》，波田节夫等译，法政大学出版局，1981年。

小仓欣一编，《近世欧洲的东与西——共和政治的理念与现实》，山川出版社，2004年。

近藤和彦，《民众的道德——近世英国文化与社会》，山川出版社，1993年。

阪上孝，《近代统治的诞生——人口·舆论·家族》，岩波书店，1999年。

罗杰·夏蒂埃（Roger Chartier），《读书文化史——文本·图书·读解》，福井宪彦译，新曜社，1992。

杰弗里·斯卡雷（Geoffrey Scarre）、约翰·卡洛（John Callow），《猎杀女巫》，小
　　泉彻译，岩波书店，2004 年。

高泽纪慧，《主权国家体制的成立》，山川世界史小丛书，1997 年。

二宫宏之，《法国旧体制论 —— 社会结构·权力秩序·叛乱》，岩波书店，
　　2007 年。

二宫素子，《宫廷文化与民众文化》，山川世界史小丛书，1997 年。

彼得·伯克（Peter Burke），《制造路易十四》，石井三记译，名古屋大学出版会，
　　2004 年。

长谷川辉夫，《神圣的王权波旁家族》，讲谈社选书技巧（メチエ），2002 年。

吕克·贝努瓦（Luc Benoist），《凡尔赛的历史》，泷川好庸译，白水社，1999。

伊夫－玛丽·贝赫西（Yves-Marie Bercé），《真实的路易十四——从神话到历史》，
　　阿河雄二郎等译，昭和堂，2008 年。

约翰·亨利（John Henry），《17 世纪科学革命》，东慎一郎译，岩波书店，2005 年。

罗贝尔·穆尚布莱（Robert Muchembled），《近代人的诞生——法国民众社会与习
　　俗的文明化》，石井洋二郎译，筑摩书房，1992 年。

森田安一，《路德形象 —— 在木版画上所读到的宗教改革》，山川出版社，
　　1993 年。

第三章

赤木昭三、赤木富美子，《沙龙的思想史——从笛卡尔到启蒙思想》，名古屋大学
　　出版会，2003 年。

保罗·阿扎尔（Paul Hazard），《欧洲思想的危机》，野泽协译，法政大学出版局，

1973 年。

乌尔里希·伊姆·霍夫（Ulrich Im Hof），《欧洲的启蒙》，成濑治译，平凡社，
1998 年。

恩格哈德·威格尔（Engelhard Weigl），《周游启蒙城市》，三岛宪一、宫田敦子
译，岩波书店，1997 年。

艾耶尔（A. J. Ayer），《伏尔泰》，中川信、吉冈真弓译，法政大学出版局，1991 年。

小林善彦，《备受称赞的市民——成为卢梭的让-雅克》，岩波书店，2001 年。

琳达·科利（Linda Colley），《英国人——国家的形成 1707—1832》，川北稔监译，
名古屋大学出版会，2000 年。

近藤和彦编，《英国漫长的 18 世纪及其政治社会》，山川出版社，2002 年。

罗杰·夏蒂埃，《法国革命的文化起源》，松浦义弘译，岩波书店，1994。

高桥安光，《旅行、战争、沙龙——启蒙思想的暗流与源泉》，法政大学出版局，
1991 年。

田村秀夫编，《克伦威尔与英国革命》，圣学院大学出版会，1999 年。

丹后杏一，《哈布斯堡帝国的近代化与约瑟夫主义》，多贺出版，1997 年。

土肥恒之，《彼得大帝及其时代——圣彼得堡的诞生》，中公新书，1992 年。

中川久定，《启蒙世纪之光——狄德罗与〈百科全书〉》，岩波书店，1994 年。

乔纳森·巴里（Jonathan Barry）、克里斯多夫·布鲁克斯（Christopher Brooks），
《英国的中产阶级——通过中产阶级看近世社会》，山本正监译，昭和堂，
1998 年。

罗伊·波特（Roy Porter），《启蒙主义》，见市雅俊译，岩波书店，2004 年。

屋敷二郎，《纪律与启蒙——腓特烈大帝的开明专制》，密涅瓦书房，1999 年。

弓削尚子，《启蒙的世纪与文明观》，山川世界史小丛书，2004 年。

第四章

明石纪雄，《托马斯·杰斐逊与"自由帝国"的理念》，密涅瓦书房，1993 年。

柴田三千雄，《法国革命》，岩波现代文库，2007 年。

帕特里克·夏穆瓦佐（Patrick Chamoiseau）、拉斐尔，《何谓克里奥尔》，西谷修
　　译，平凡社，1995 年。

高桥均，《拉丁美洲史》，山川世界史小丛书，1998 年。

田中治男等编，《法国革命与周边国家》，Books Libro，1992 年。

迟冢忠躬，《法国革命——历史的烈性药品》，岩波少年新书，1997 年。

迟冢忠躬等编，《法国革命与近代欧洲》，同文馆出版，1996 年。

威廉·多伊尔（William Doyle），《何谓旧制度》，福井宪彦译，岩波书店，2004 年。

浜忠雄，《来自加勒比的问题——海地革命与近代世界》，岩波书店，2003 年。

浜忠雄，《海地的光荣与苦难——第一个黑人共和国的未来》，刀水书房，2007 年。

蒂莫西·勃朗宁（Timothy C. W. Blanning），《法国革命》，天野知惠子译，岩波书
　　店，2005 年。

松浦义弘，《法国革命社会史》，山川世界史小丛书，1997 年。

乔治·勒费弗尔（Georges Lefebvre），《1789 年——法国革命序论》，高桥幸八郎
　　等译，岩波书店，1975 年。

蒂埃里·朗茨（Thierry Lentz），《拿破仑传》，远藤佑里香译，知识再发现丛书，
　　创元社，1999 年。

第五章

唐纳德·奥尔森（Donald J. Olsen），《作为艺术品的城市——伦敦·巴黎·维也纳》，和田旦译，芸立出版，1992 年。

川北稔，《大英帝国的民众——近世英国社会与美国移民》，岩波书店，1990 年。

川越修等编，《生活于近代的女性们——9 世纪德国社会史》，未来社，1990 年。

川岛昭夫，《植物与市民文化》，山川世界史小丛书，1999 年。

喜安朗，《巴黎的圣星期——19 世纪城市骚乱的舞台》，岩波现代文库，2008 年。

喜安朗，《梦想与反叛的市郊——1848 年巴黎民众运动》，山川出版社，1994 年。

路易斯·舍瓦利埃（Louis Chevalier），《工人阶级与危险的阶级——19 世纪前半期的巴黎》，喜安朗等译，岩崎书房，1993 年。

福井宪彦，《时间和习俗社会史——生活在近代的法国》，筑摩学艺文库，1996 年。

阿萨·布里格斯（Asa Briggs），《英格兰社会史》，今井宏等译，筑摩书房，2004 年。

费尔南·布罗代尔（Fernand Braudel），《十五至十八世纪的物质文明、经济和资本主义 1-1 日常生活的结构》，村上光彦译，岩崎书房，1985 年。

艾伦·麦克法兰（Alan Macfarlane），《英国与日本——从马尔萨斯圈套向近代的跳跃》，船曳建夫监译，新曜社，2001 年。

松井道昭，《法兰西第二帝国时期巴黎的城市改造》，日本经济评论社，1997 年。

松冢俊三，《历史中的教师——近代英国国家与民众文化》，山川出版社，2001 年。

迈克尔·米特罗尔（M. Mitterauer）、雷因哈德·西德尔（R. Sieder），《欧洲家庭史——中世纪至今的父权制到伙伴关系》，若尾典子译，名古屋大学出版会，1993。

山根彻也，《面包与民众——19世纪普鲁士的道德经济》，山川出版社，2003年。

第六章

乔治·维加莱洛（Georges Vigarello），《清洁的自我——身体管理文化志》，见市
　　雅俊译，同文馆出版，1994年。

罗莎琳德·威廉姆斯（Rosalind Williams），《梦想的消费革命——巴黎国际博览
　　会与大众消费的兴起》，吉田典子、田村真理译，工作舍，1996年。

内山武夫监修，《现代设计之父——威廉·莫里斯》（展览会图录），NHK大阪放
　　送局，1997年。

帕特里克·奥布莱恩（Patrick O'Brian），《帝国主义与工业化1415—1974——从
　　英国与欧洲的视角观察》，秋田茂、玉木俊明译，密涅瓦书房，2000年。

川本静子、松村昌家编，《维多利亚女王——性别·王权·象征》，密涅瓦书房，
　　2005年。

斯蒂芬·卡恩（Stephen Ker），《时间与空间的文化》（上、下），浅野敏夫等译，
　　法政大学出版局，1993年。

让·皮埃尔·古贝尔（Jean Pierre Goubert），《水的征服》，吉田弘夫、吉田道子
　　译，莎草纸（パピルス），1991年。

种田明，《近代技术与社会》，山川世界史小丛书，2003年。

富山太佳夫，《世纪末的达尔文》，青木社，1995年。

福井宪彦，《世纪末与美好时代的文化》，山川世界史小丛书，1999年。

阿兰·贝尔特朗（Alain Beltran）、帕特里斯·凯尔（Patrice Carré），《电气精灵与
　　巴黎》，松本荣寿、小浜清子译，玉川大学出版部，1999年。

穗鹰知美，《城市与绿——近代德国绿化文化》，山川出版社，2004年。

松浦寿辉，《埃菲尔铁塔的实验》，筑摩书房，1995年。

见市雅俊，《霍乱世界史》，晶文社，1994年。

简·莫里斯（Jan Morris），《不列颠治世——大英帝国最盛期的群像》，椋田直子译，讲谈社，2006年。

简·莫里斯，《天堂指令——大英帝国的兴隆》，椋田直子译，讲谈社，2008年。

山田登世子，《度假胜地世纪末——水的记忆之旅》，筑摩书房，1998年。

吉见俊哉，《博览会政治学——目光的近代》，中公新书，1992年。

第七章

有田英也，《两个民族主义——犹太系法国人的"近代"》，岩崎书房，2000年。

本尼迪克特·安德森，《想象的共同体——民族主义的起源与扩散》，白石隆、白石和译，NTT出版，1997年。

井野濑久美惠，《女性的大英帝国》，讲谈社现代新书，1998年。

木谷勤，《帝国主义与世界一体化》，山川世界史小丛书，1997年。

木畑洋一，《大英帝国与帝国意识——探究支配的深层构造》，密涅瓦书房，1998年。

工藤庸子，《欧洲文明批判序说——殖民地·共和国·东方主义》，东京大学出版会，2003年。

栗本英世、井野濑久美惠编，《殖民地经验——基于人类学和历史学的方法》，人文书院，1999年。

彼得·约瑟夫·凯恩（Peter Joseph Cain）、安东尼·G.霍普金斯（Anthony Gerald

Hopkins),《绅士资本主义与大英帝国》(全两卷),竹内幸雄等译,名古屋大学出版会,1997年。

欧内斯特·盖尔纳(Ernest Gellner),《民族与民族主义》,加藤节校译,岩波书店,2000年。

杉本淑彦,《文明帝国——儒勒·凡尔纳与法国帝国主义文化》,山川出版社,1995年。

竹内幸雄,《英国人的帝国——商业、金融及其博爱》,密涅瓦书房,2000年。

谷川稔,《民族国家与民族主义》,山川世界史小丛书,1999年。

奥托·丹恩(Otto Dann),《德国民族与民族主义 1770—1990》,末川清等译,名古屋大学出版会、1999年。

平野千果子,《法国殖民地主义的历史——从奴隶制的废除到殖民地帝国的瓦解》,人文书院,2002年。

藤泽房俊,《大理石的祖国——近代意大利民族的形成》,筑摩书房,1997年。

安德鲁·波特,《帝国主义》,福井宪彦译,岩波书店,2006年。

艾瑞克·霍布斯鲍姆(Eric Hobsbawm),《民族主义的历史与现在》,浜林正夫等译,大月书店,2001年。

艾瑞克·霍布斯鲍姆、特伦斯·兰杰(Terence Ranger)编,《被创造的传统》,前川启治等译,纪伊国屋书店,1992年。

约翰·麦肯齐(John MacKenzie),《大英帝国的东方主义——历史·理论·诸艺术》,平田雅博译,密涅瓦书房,2001年。

松本彰、立石博高编,《民族国家与帝国——欧洲诸民族的创造》,山川出版社,2005年。

迈克尔·耶斯曼（Michael Jeismann），《国民及其敌人》，木村靖二编，山川出版
　　社，2007年。

泽维尔·亚科诺（Xavier Yacono），《法国殖民地帝国的历史》，平野千果子译，白
　　水社，1998年。

历史学研究会编，《什么是民族国家》，青木书店，1994年。

第八章

石井规卫，《苏联文明——现代初期的终结》，山川出版社，1995年。

温特（J. M. Winter），《第一次世界大战》（上、下），小林章夫、深田甫译，平凡
　　社，1990年。

莫德里斯·埃克斯坦斯（Modris Eksteins），《春之祭——第一次世界大战与现代
　　的开端》，金利光译，TBS－大英百科全书，1991。

木村靖二，《两次世界大战》，山川世界史小丛书，1996年。

罗伯特·格雷夫斯（Robert Graves），《再见吧! 古老的东西》（上、下），工藤政
　　司译，岩波文库，1999年。

罗伯特·萨维斯（Robert John Service），《俄国革命1900—1927》，中岛毅译，岩
　　波书店，2005年。

樱井哲夫《战争的世纪——第一次世界大战与精神危机》，平凡社新书，1999年。

沃尔夫冈·施菲尔布施（Wolfgang Schivelbusch），《败北文化——战败创伤、恢
　　复、再生》，福本义宪等译，法政大学出版局，2007年。

芝健介，《希特勒的纽伦堡——第三帝国的光与影》，吉川弘文馆，2000年。

柴宜弘，《匈牙利民族主义》，山川世界史小丛书，1996年。

巴巴拉·塔奇曼（Barbara Tuchman），《骄傲之塔——战前世界的肖像》，大岛香译，筑摩书房，1990年。

艾瑞克·霍布斯鲍姆，《极端的年代》（上、下），河合秀和译，三省堂,1996年。

三宅立，《德国海军的炎热夏季——水兵们和海军将校团 1917年》，山川出版社，2001年。

乔治·拉赫曼·莫斯（George Lachmann Mosse），《大众的国民化——纳粹主义的政治象征与大众文化》，佐藤卓己、佐藤八寿子译，柏书房，1994年。

乔治·拉赫曼·莫斯，《英灵——被创造出来的世界大战记忆》，宫武实知子译，柏书房，2002年。

雷马克，《西线无战事》，秦丰吉译，新潮文库，1955年。

终章

石田勇治，《克服过去——希特勒之后的德国》，白水社，2002年。

克里斯蒂娜·奥克伦特（Christine Ockrent），《讲述欧洲一体化的梦想——从罗马帝国到欧元的诞生》，伴野文夫译，日本放送出版协会，2002年。

谷川稔编，《欧洲历史的同一性》，山川出版社，2003年。

迟冢忠躬、近藤和彦，《尚未逝去的近代——欧洲再考》，山川出版社，1993年。

西川长夫、宫岛秀编，《欧洲一体化和文化、民族问题——论民族国家时代的可能性》，人文书院，1995年。

皮埃尔·诺拉（Pierre Nora），《记忆之场》（全三卷），谷川稔监译，岩波书店，2002—2003年。

平岛健司，《欧盟能否超越国家？——政治一体化的未来》，岩波书店，2004年。

广田功、森建资编，《战后欧洲经济的重建——从复兴到一体化》，日本经济评论社，1998 年。

宫岛乔，《欧洲市民的诞生——通往开放的国籍之路》，岩波书店，2004 年。

宫岛乔、羽场久浞子编，《欧洲一体化的未来——民族·地域·国家》，人文书院，2001 年。

历史年表

西历	欧洲世界与周边	其他世界
800 年	查理大帝加冕	
1415 年	葡萄牙攻陷休达城	
1453 年	奥斯曼帝国灭亡拜占庭帝国	
1488 年	迪亚士到达好望角	
1492 年	哥伦布横渡大西洋	
1494 年	意大利战争开始（—1559）	
1498 年	达·伽马到达印度	
1509 年	人文主义者伊拉斯谟撰写《愚人颂》	
		1510 年，葡萄牙占领印度西岸的果阿
		1511 年，葡萄牙占领要地马六甲
1516 年	托马斯·莫尔完成《乌托邦》	
1517 年	路德发表《九十五条论纲》，开始宗教改革	
1519 年	麦哲伦船队环球航行（—1522）	
		1520 年，奥斯曼帝国苏莱曼一世继位（—1566）
1521 年	科尔特斯征服阿兹特克帝国	
1532 年	马基雅维利《君主论》	

1534 年	英国颁布《至尊法案》，英国国教会成立
1540 年	耶稣会被承认为修道会
1543 年	哥伦布发表《天体运行论》，宣扬地动说。 葡萄牙人漂到种子岛
1545 年	西班牙在南美发现波托西银矿 罗马教廷在特伦托大公会议（—1563）上决定天主教改革
1549 年，耶稣会士沙勿略开始在日本传教
1555 年	奥格斯堡宗教和议
1557 年，葡萄牙在澳门取得居留地
1558 年	英国伊丽莎白女王继位（—1603）
1559 年	《卡托—康布雷奇和约》签订，意大利战争结束
1562 年	法国爆发宗教战争，陷入内乱状态（—1598）
1576 年	博丹完成《国家六论》
1581 年	荷兰（尼德兰）宣布独立
1582 年，日本派遣天正遣欧使节团（—1590）
1592 年，耶稣会士利玛窦在中国传教
1598 年，丰臣秀吉进攻朝鲜（—1593）（1597—1598）
1600 年	法国颁布《南特敕令》，整顿宗教对立
1602 年	英国东印度公司成立
1602 年	荷兰东印度公司成立
1603 年，德川家康建立江户幕府（—1867）

1612 年	江户幕府颁布基督教禁教令，与此同时，山田长政在泰国建设日本街
1618 年	三十年战争（一1648）
	1619 年，荷兰在巴达维亚修建商馆
	1623 年，荷兰通过安汶事件将英国从摩鹿加群岛赶走
1625 年	格劳秀斯出版《战争与和平法》
	1628 年，印度第五代莫卧儿皇帝沙贾汉继位（一1658）
1633 年	伽利略被宗教法庭宣告有罪
1637 年	笛卡尔出版《方法论》
	1641 年，江户幕府颁布一系列禁令，确立了锁国体制
1642 年	英国清教革命（一1649年）
1648 年	《威斯特伐利亚和约》
1651 年	英国制定最初的航海法
1661 年	路易十四开始亲政（一1715）
1662 年	英国皇家学会成立
1664 年	英国占领新阿姆斯特丹，更名为纽约
1666 年	巴黎科学院成立
	1674 年，法国在印度东海岸建立金德纳格尔殖民据点
1682 年	法国凡尔赛宫完工；俄国彼得大帝继位（一1725）

		1683 年，奥斯曼军队包围维也纳失败
1687 年	牛顿的《自然哲学的数学原理》出版	
1689 年	英国根据《权利法案》确立立宪主义	
1690 年	洛克完成《人类理解论》《政府论》	英国在加尔各答修建东印度公司商馆
1700 年	俄国与瑞典爆发大北方战争（—1721）	
1701 年	西班牙王位继承战争（—1714）	
1707 年	英格兰与苏格兰合并，大不列颠王国成立	
1721 年	英国成立沃波尔内阁	
1740 年	普鲁士腓特烈大帝即位（—1786） 奥地利王位继承战争（—1748）	
1748 年	孟德斯鸠所著《论法的精神》出版	
1751 年	法国开始出版《百科全书》（—1772）	
1756 年	英法爆发七年战争（—1763），同时，两国也在印度与北美爆发战争	
		1757 年，英国在普拉西战役战役中打败法国，强化对印度的统治
1758 年	重农主义者魁奈著作《经济表》出版	
1762 年	卢梭著作《社会契约论》出版	
1765 年	奥地利玛丽娅·特蕾莎与儿子约瑟夫二世共同统治（—1780）	
1769 年	瓦特发明改良蒸汽机并实用化	

1772 年	第一次瓜分波兰（1793 年、1795 年还有两次）
1776 年	托马斯·潘恩出版《常识》 美国宣布独立 亚当·斯密出版《国富论》
1779 年	克隆普顿发明骡机
	1782 年，泰国曼谷王朝成立（一现在）
1783 年	《巴黎条约》承认美国独立
1785 年	卡特莱特发明水力织布机
1788 年	《美利坚合众国宪法》生效
1789 年	华盛顿就任美国第一任总统 巴黎市民攻陷巴士底狱，法国革命爆发 在革命形势下法国通过《人权宣言》
1792 年	法国废除君主政体，成立共和政体
	俄国使节拉克斯曼强迫日本通商
1793 年	法国大革命中制定了统一计量标准
1795 年	康德出版《永久和平论》
	1796 年，清朝发生白莲教起义
1799 年	拿破仑政变，大革命结束
1804 年	拿破仑在法国就任皇帝 海地共和国在加勒比岛成立
	1805 年，穆罕默德·阿里就任埃及总督，与拿破仑对抗

1807 年	费希特发表系列演讲《对德意志民族的演讲》	
1814 年	维也纳会议(一1815)	
1815 年	拿破仑被流放到圣赫勒拿岛	
1823 年	美国总统门罗发表《门罗宣言》	
1825 年	俄国十二月党人起义	
1829 年	希腊脱离奥斯曼帝国统治,获得独立	1828 年,根据《土库曼恰伊条约》,波斯卡扎尔王朝屈从俄国
1830 年	法国七月革命	荷属东印度实施强制栽培制度
1831 年	英国正式开始铁路运输(从曼彻斯特到利物浦)	
	比利时独立获得国际认可	
1833 年	英国颁布儿童劳动相关法律	
1834 年	德意志关税同盟成立	
1837 年	英国维多利亚女王即位(一1901)	1839—1876 年,奥斯曼帝国开始坦志麦特
		1840—1842 年,第一次鸦片战争
1842 年	法国直辖统治阿尔及利亚	英国通过《南京条约》,占领香港
1846 年	英国废除《谷物法》,推行自由贸易体制	
1848 年	欧洲各地同时爆发革命	1848—1850 年,伊朗巴布教徒起义
1849 年	利文斯通到非洲内陆探险	
1851 年	伦敦举办第一次国际博览会	

1852 年	法国拿破仑三世开始第二帝国统治（—1870）	
1853 年	克里米亚战争（—1856）	佩里率领美国舰队到达日本浦贺港 法国占领新喀里多尼亚
		1854 年，《日美亲善条约》签订，锁国体制崩溃
		1856—1860 年，第二次鸦片战争
		1857—1859 年，印度民族大起义
		1858 年，莫卧儿帝国灭亡 《日美修好通商条约》签订
1859 年	达尔文出版《物种起源》	
		1860 年，清朝洋务运动
1861 年	意大利统一，王国成立 俄国颁布解放农奴法令 美国爆发南北战争（—1865）	
		1863 年，法国将柬埔寨变成保护国
1866 年	普鲁士打败奥地利 大西洋海底电缆铺设成功 德国人西门子发明发电机	
1867 年	奥地利与匈牙利合并组成奥匈帝国	1868—1910 年，明治维新 泰国拉玛五世继位

1869 年	横贯美洲大陆的铁路开通 苏伊士运河开通	
1870 年	普法战争（—1871）	
1871 年	德意志帝国成立，俾斯麦就任宰相	
1874 年，日本侵略中国台湾		
1875 年	国际邮政联盟成立 英国收购苏伊士运河公司	江华岛事件爆发，日本强迫朝鲜开国
1876 年	贝尔在美国发明电话机	
1877 年	英国成立印度帝国	奥斯曼帝国颁布《米德哈特宪法》
1878 年	柏林会议承认塞尔维亚等国独立	
1879 年	爱迪生发明白炽灯	
1880 年	英国初等教育义务化	
1881—1882 年，埃及爆发阿拉比起义		
1882 年	科赫发现结核菌 英国将埃及变成事实上的保护国 德奥意三国同盟	法国将突尼斯变成保护国
1884 年	柏林会议上达成瓜分非洲的协定	法国将越南变成保护国 围绕越南爆发了中法战争（—1885）
1885 年，印度国民大会党成立		
1886 年	戴姆勒制造四轮汽油汽车	缅甸并入英属印度帝国

1889 年	巴黎国际博览会召开，法国修建埃菲尔铁塔	1887 年，法属印度支那联邦成立（—1945）
1894 年	法俄同盟强化	日本颁布《明治宪法》《大日本帝国宪法》 朝鲜发生东学党起义（甲午农民战争） 甲午战争（—1895）
1895 年	伦琴宣布发现 X 射线	英属马来西亚联邦成立
1896 年	雅典举办第一次现代奥林匹克运动会	法国宣布拥有马达加斯加 菲律宾革命及其失败（—1902）
1898 年	居里夫妇证明放射线存在 美西战争	因法绍达事件，英法军方对立 清朝戊戌变法（政治改革失败）
1899 年	英布战争（—1902）	1900 年，义和团运动与列强干预
		1902 年，日英同盟
1903 年	莱特兄弟试飞成功	日俄战争（—1905）
1904 年	《英法协约》	
1905 年	摩洛哥事件，德国与英法两国矛盾激化	伊朗立宪革命及其挫败（—1911）
1907 年	英俄协约，三国协约成立	1908 年，青年土耳其党人革命
		1910 年，日本吞并朝鲜
		1911 年，中国爆发辛亥革命（—1912）
		1912 年，中华民国成立

1914 年	第一次世界大战爆发（—1918）	1915 年，日本向中国提出"二十一条"
1916 年	爱因斯坦提出狭义相对论	
1917 年	俄国爆发革命，布尔什维克夺取政权	关于巴勒斯坦的《贝尔福宣言》
1918 年	斯宾格勒《西方的没落》第一卷出版（第二卷，1922）	
1919 年	《凡尔赛条约》	朝鲜各地爆发"三一运动"
		五四运动从北京开始
1920 年	在俄国共产党控制下成立共产国际	
	国际联盟启动，美国没有参加	
	美国开始出现无线电广播节目	
1922 年	墨索里尼进军罗马	
		1923 年，土耳其共和国成立，奥斯曼帝国灭亡
1925 年	《洛迦诺公约》签订，各国摸索和平道路	五卅运动从上海开始
1929 年	纽约股市暴跌，世界危机爆发	
1930 年	苏联成立斯大林模式（—1953）	
1931 年	英国放弃金本位制	
		1932 年，沙特阿拉伯王国成立
		伊拉克王国独立
1933 年	德国建立纳粹政权（—1945）	
		1936 年，日本皇道派发动"二二六事件"
		1937 年，日本侵华战争开始

1939 年	第二次世界大战爆发（—1945）	1941 年，太平洋战争爆发（—1945）
1944 年	盟军实施诺曼底登陆作战	
1945 年	罗斯福、丘吉尔、斯大林雅尔塔会谈 联合国成立，世界银行和国际货币基金成立	广岛、长崎被投下原子弹 1946 年，法越战争（—1954） 1947 年，印度独立
1948 年	欧洲经济合作组织成立（OEEC）	缅甸独立 以色列建国与第一次中东战争（—1949）
1949 年	北大西洋公约组织建立（NATO） 西德（德意志联邦共和国）与东德（德意志民主共和国）成立	中华人民共和国成立 1950 年，联合国部队进入朝鲜（—1953） 1951 年，《旧金山和约》签署，日本恢复主权
1952 年	欧洲煤钢联营共同体（ECSC）建立（1951 年签署条约）	
1955 年	华沙条约组织成立，与北约对立（—1991）	万隆会议（亚非会议）
1956 年	匈牙利反苏运动，苏军镇压	埃及苏伊士运河国有化
1958 年	欧洲经济共同体成立（1957 年签署）	1959 年，卡斯特罗领导古巴革命 1960 年，日美签订新安全保障条约 非洲殖民地相继独立

	1961年，贝尔格莱德召开同非同盟国家首脑会议
	1962年，古巴危机（核战争危机）
1963年	美国总统肯尼迪遇刺
	1965年，美军轰炸越南北部
	1966年，中国文化大革命（一20世纪70年代初）
1967年	欧洲经济共同体发展成欧洲共同体（EC）
	东盟（ASEAN）成立
1968年	布拉格之春，苏军镇压
	第三次中东战争（六日战争）
	1969年，阿拉法特就任巴勒斯坦解放组织（PLO）主席
1971年	布雷顿森林体系崩溃
1972年	中日邦交正常化
1973年	第一次石油危机
1975年	峰会（发达国家首脑会议）召开
	越南战争结束
1979年	苏联军事介入阿富汗（一1988）
	伊朗伊斯兰革命
	1980—1988年，两伊战争
	1982年，艾滋病在世界各地日益严重
1983年	欧洲酸雨日益严重
1986年	苏联切尔诺贝利核电站事故
1990年	欧洲共同体国家签订《申根协议》，内部废除过境检验
	卢旺达内战（一1994）
	西德合并东德，德国统一

1991 年	南斯拉夫内战（—1995） 苏联共产党解散，苏联解体 波罗的海三国脱离苏联，取得独立	海湾战争 南非废除种族隔离 非洲因大旱灾与内战，饥荒日益严重
1992 年	欧洲共同体成员国签署《马斯特里赫特条约》 联合国环境开发会议召开，各国签订《里约宣言》	
1993 年	欧洲共同体发展成为欧洲联盟（EU）	
1997 年	防止地球温暖化会议召开，各国签订《京都议定书》	香港回归中国
1999 年	欧洲共同货币欧元开始使用 纽约发生恐怖袭击事件	
2001 年	欧洲共同货币欧元开始使用 纽约发生恐怖袭击事件	
		2002 年，非洲联盟会议（AU）启动
		2003 年，SARS（新型肺炎）传播至世界的警示